EPHARD WÜSTMANN

Rolle und Rollenkonflikt im Recht

Schriftenreihe zur
Rechtssoziologie und Rechtstatsachenforschung

Herausgegeben von Ernst E. Hirsch und Manfred Rehbinder

Band 26

Rolle und Rollenkonflikt im Recht

Von

Ephard Wüstmann

DUNCKER & HUMBLOT / BERLIN

Gedruckt 1972 bei Alb. Sayffaerth, Berlin 61
Printed in Germany

ISBN 3 428 02598 9

„Niemand kann zweien Herren dienen."

(Matthäus 6, 24)

Vorwort

Der Leser findet zum ersten Mal in dieser Schriftenreihe eine Arbeit, deren Verfasser keinen akademischen Titel führt. Hier und da mögen ihm auch stilistische und technische Unebenheiten auffallen, die er in dieser Reihe sonst nicht gewohnt ist. Der Verfasser hat sie nicht mehr beseitigen können: Ephard Wüstmann ist Anfang dieses Jahres in die Berge gefahren, um sich vor der mündlichen Doktorprüfung noch einen kurzen Skiurlaub zu gönnen. Er ist seitdem verschollen.

Die Promotion hätte Ephard Wüstmann die erstrebte akademische Karriere eröffnet. Er hatte sich bereits als Student in den Berliner Seminaren von Ernst E. Hirsch ausgezeichnet. Als er dann nach den letzten Studiensemestern in Freiburg und Köln und mit einem glänzenden Referendarexamen versehen nach Berlin zurückkehrte, äußerte er den Wunsch, unter meiner Betreuung Gedanken weiterführen zu können, die ich gerade in der Festschrift für Ernst E. Hirsch publiziert hatte. Zunächst erstaunt, weil er damit das Thema meiner ungeschriebenen Habilitationsschrift aufgreifen wollte, zögerte ich keinen Augenblick, ihm diese Aufgabe anzuvertrauen. Wußte ich doch durch den persönlichen Kontakt, in dem wir seit seiner Berliner Studienzeit geblieben waren, daß er sich in den Seminaren von Hesse und Kriele und besonders durch intensives Selbststudium das notwendige Rüstzeug erarbeitet hatte, um sich an dieses Thema zu wagen. Das hiermit vorgelegte Ergebnis seiner Bemühungen hat mir, so glaube ich, Recht gegeben.

Ich danke der Fakultät für Rechtswissenschaft der Universität Bielefeld, daß sie die Arbeit als Promotionsleistung von Rang anerkannt und die Drucklegung durch Gewährung eines Zuschusses ermöglicht hat. Handelt es sich hier doch um den Nachweis, daß auch die theoretische Sozialwissenschaft — bisher in der Rechtssoziologie im wesentlichen mit sich selbst beschäftigt — durchaus in der Lage ist, einen nützlichen Beitrag für die praktische Jurisprudenz zu leisten.

Bielefeld, im Oktober 1971

Manfred Rehbinder

Inhaltsverzeichnis

Einleitung 15

Erstes Kapitel

Rolle und Recht

§ 1 *Einführung in die Rollentheorie* ... 17
1. Begriff der Rolle ... 17
2. Person — Rolle — Gesellschaft ... 21
a) Rolle und Individualität ... 22
b) Rolle und Identität ... 26

§ 2 *Rollenbegriff und Rechtsordnung* ... 31
1. Grundzüge ... 31
2. Nachweise des Rollenverständnisses ... 40
a) Das Recht leistet verbindliche Rollendefinitionen ... 40
b) Der Rollenbegriff im öffentlichen Recht ... 41
c) Der Rollenbegriff im Handelsrecht ... 53
d) Der Rollenbegriff im bürgerlichen Recht ... 53
e) Der Rollenbegriff im Strafrecht ... 64
f) Der Rollenbegriff im Zivilprozeßrecht ... 77

§ 3 *Thesen zu: Recht und Rolle* ... 77

§ 4 *Stellungnahme* ... 78

Zweites Kapitel

Der Rollenkonflikt

§ 5 *Erscheinungsformen* ... 86
1. Intrarollenkonflikte ... 86
a) Inter-Normen-Konflikte ... 86
b) Intra-Norm-Konflikte ... 87
c) Eigen-Rolle-Konflikte ... 87
2. Interrollenkonflikte ... 88

§ 6 *Gesellschaftsspezifisches Vorkommen* 90

§ 7 *Schichtspezifische Konfliktverteilung* 101

§ 8 *Folgen der Konflikte* 102

§ 9 *Lösungsformen* 105

1. Soziale, nicht rechtliche Konfliktvermeidungsmechanismen 105
2. Verteidigungsmechanismen zur Milderung von Konflikten 107
   a) Auf rein psychisch-somatischer Ebene 107
   b) Im sozialen Verkehr 108
3. Lösung des Konflikts durch Entscheidung zwischen mehreren Erwartungen bzw. Gruppen oder Neudefinition einer Rolle 110

Drittes Kapitel

Rechtliche Regelung von Rollenkonflikten

§ 10 *Darstellung* 112

1. Anordnung ausschließlicher Unvereinbarkeit 112
   a) „Öffentliche“ Rollen 112
      aa) „Neutrale“ Spitzenfunktionsträger 112
      bb) „Politische“ Spitzenfunktionsträger 116
      cc) Parlamentsabgeordnete 120
      dd) Kommunalvertreter und Richter 128
      ee) Ehrenamtliche Richter 131
      ff) Sonstige Mitglieder der Rechtspflegeorganisation (im weiteren Sinne) 134
      gg) Wehrpflichtige 135
      hh) Nebentätigkeiten 136
   b) „Private“ Rollen 137
      aa) Normen, die der Statusintegration dienen 137
      bb) Normen, die die Unvereinbarkeit von Rollen aus rein funktionellen Gründen anordnen 140
      cc) Wettbewerbsverbote 141
      dd) Verbot der Urlaubsarbeit 142
2. Anordnung partieller, situationsbedingter Unvereinbarkeit 142
   a) „Öffentliche“ Rollen 142
      aa) Richter 142
      bb) Andere Gerichtspersonen 148
      cc) Träger eines unabhängigen Amtes, Notare 149
      dd) Soldatischer Disziplinarvorgesetzter 149
      ee) Beamte 149
      ff) „Befangenheit“ von juristischen Personen des öffentlichen Rechts und Behörden 151
      gg) Mitglieder der kommunalen Vertretungsorgane 152
   b) „Private“ Rollen 155

3. Ausdrückliche Vereinbarkeit von Rollen 157

a) Vereinbarkeit von „öffentlichen“ Rollen untereinander sowie von „öffentlichen“ und „privaten“ 157

b) Vereinbarkeit von „privaten“ Rollen untereinander 158

4. Bereitstellung von Handlungsalternativen 159

5. Berücksichtigung des sonstigen gesamten Rollensatzes oder jedenfalls zumeist der Rollen der Primär- und Intimgruppe 167

a) Sicherung der anderen Rollen bei Ausführung der notwendig ausschließlichen, „öffentlichen“ Rollen 167

b) Völlige oder teilweise Freistellung von „öffentlichen“ Rollen auf Antrag 168

c) Befreiung von einzelnen Rollenanforderungen oder allgemein verbindliche neue Eingrenzung von Rollen 172

d) Stellvertreter für öffentliche Funktionsinhaber 173

6. Positive Wertung einer bestimmten Rolle oder Handlungsalternative 173

7. Entlastung von den Folgen einer Entscheidung oder einer notwendig gefährlichen Handlung des Rollenträgers 179

8. Berücksichtigung der möglicherweise schon entstandenen oder jedenfalls wahrscheinlich eintretenden Konflikte 181

a) Durch Strafbefreiung 181

b) Durch Anwendung eines „Sonderstrafgesetzes“ (Jugendgerichtsgesetz) 182

c) Bei der Strafzumessung 182

d) Bei sonstiger Würdigung (etwa Prognose) von Verhaltensweisen 183

9. Schaffung konfliktreicher Positionen, um durch die jeweiligen Rollenträger den Ausgleich divergierender sozialer Kräfte herbeizuführen 183

Viertes Kapitel

Zusammenfassung

§ 11 Zusammenfassende Würdigung 186

1. Vergleich der rechtlich geregelten Bereiche 186

2. Motivationen der Konfliktsnormen 187

3. Verschränkung von sozialen und rechtlichen Lösungsmechanismen 190

§ 12 Rechtspolitische Forderungen 191

Literaturverzeichnis 197

Abkürzungsverzeichnis

AcP	= Archiv für die civilistische Praxis (Band, Jahr und Seite)
AG	= Aktiengesellschaft
AktG	= Aktiengesetz
Americ. Journ. of Soc.	= American Journal of Sociology (Band, Jahr und Seite)
Americ. Soc. Rev.	= American Sociological Review (Band, Jahr und Seite)
AO	= Reichsabgabenordnung
AöR	= Archiv des öffentlichen Rechts (Band, Jahr und Seite)
AP	= Nachschlagewerk des Bundesarbeitsgerichts. Arbeitsrechtliche Praxis
ArbGG	= Arbeitsgerichtsgesetz
Arch. f. ges. Psych.	= Archiv für die gesamte Psychologie (Band, Jahr und Seite)
AT	= Allgemeiner Teil
AVG	= Angestelltenversicherungsgesetz
BayOblG	= Bayerisches Oberstes Landesgericht
BAG	= Bundesarbeitsgesetz
BAT	= Bundesangestelltentarifvertrag
BB	= Betriebsberater (Jahr und Seite)
BBG	= Bundesbeamtengesetz
BDBl	= Dienstblatt des Senates von Berlin
BetrVerfG	= Betriebsverfassungsgesetz
BGB	= Bürgerliches Gesetzbuch
BGH	= Bundesgerichtshof
BGHSt	= Entscheidung des Bundesgerichtshofs in Strafsachen
BGHZ	= Entscheidungen des Bundesgerichtshofs in Zivilsachen
BlnVerwVerfG	= Berliner Verwaltungsverfahrensgesetz
BMinG	= Bundesministergesetz
BNotO	= Bundesnotarordnung
BRAO	= Bundesrechtsanwaltsordnung
BRHG	= Gesetz über Errichtung und Aufgaben des Bundesrechnungshofes
Brit. Journ. of Soc.	= British Journal of Sociology (Band, Jahr und Seite)
BRRG	= Beamtenrechtsrahmengesetz

BSG	=	Bundessozialgericht
BT	=	Besonderer Teil
BUrlaubG	=	Bundesurlaubsgesetz
BVerfG	=	Bundesverfassungsgericht
BVerwG	=	Bundesverwaltungsgericht
DAR	=	Deutsches Autorecht (Jahr und Seite)
DB	=	Der Betrieb (Jahr und Seite)
DGO	=	Deutsche Gemeindeordnung
DÖV	=	Die öffentliche Verwaltung (Jahr und Seite)
DRiZ	=	Deutsche Richterzeitung (Jahr und Seite)
DStR	=	Deutsches Strafrecht (Jahr und Seite)
DVBl	=	Deutsches Verwaltungsblatt (Jahr und Seite)
E	=	Entscheidung(en)
EheG	=	Ehegesetz
EVwVerfG	=	Muster eines Verwaltungsverfahrensgesetzes mit Begründung, Köln und Berlin 1964
FamRZ	=	Ehe und Familie, Zeitschrift für das gesamte Familienrecht (Jahr und Seite)
FGO	=	Finanzgerichtsordnung
GA	=	Goldtdammer's Archiv für Strafrecht (Jahr und Seite)
GeschOBRat	=	Geschäftsordnung des Bundesrates
GeschOBReg	=	Geschäftsordnung der Bundesregierung
GO	=	Gemeindeordnung
GVG	=	Gerichtsverfassungsgesetz
HandwO	=	Handwerksordnung
HGB	=	Handelsgesetzbuch
h. M.	=	herrschende Meinung
i. V. m.	=	in Verbindung mit
Jherings Jb	=	Jherings Jahrbücher der Dogmatik des bürgerlichen Rechts (Band, Jahr und Seite)
JGG	=	Jugendgerichtsgesetz
JR	=	Juristische Rundschau (Jahr und Seite)
JRR	=	Jahrbuch für Rechtssoziologie und Rechtstheorie (Band, Jahr und Seite)
JZ	=	Juristenzeitung (Jahr und Seite)
JuS	=	Juristische Schulung (Jahr und Seite)
JW	=	Juristische Wochenschrift (Jahr und Seite)
KG	=	Kammergericht
KG	=	Kommanditgesellschaft
KJ	=	Kritische Justiz (Jahr und Seite)
KZfSS	=	Kölner Zeitschrift für Soziologie und Sozialpsychologie (Band, Jahr und Seite)
LM	=	Nachschlagewerk des Bundesgerichtshofs, hrsg. v. Lindenmaier/Möhring

MDR	= Monatsschrift für Deutsches Recht (Jahr und Seite)
MitbestG	= Gesetz über die Mitbestimmung der Arbeitnehmer in den Aufsichtsräten und Vorständen der Unternehmen des Bergbaus und der Eisen und Stahl erzeugenden Industrie
NJW	= Neue Juristische Wochenschrift (Jahr und Seite)
NW	= Nordrhein-Westfalen
OGHSt	= Entscheidungen des Obersten Gerichtshofes für die Britische Zone
OLG	= Oberlandesgericht
OVG	= Oberverwaltungsgericht
PrOVGE	= Entscheidungen des Preußischen Oberverwaltungsgerichts
RGSt	= Entscheidungen des Reichsgerichts in Strafsachen
RGZ	= Entscheidungen des Reichsgerichts in Zivilsachen
RHO	= Reichshaushaltsordnung
Rn	= Randnummer
RVO	= Reichsversicherungsordnung
SoldatenG	= Soldatengesetz
StBerG	= Steuerberatungsgesetz
StGB	= Strafgesetzbuch
StuKommV	= Staats- und Kommunal-Verwaltung (Jahr und Seite)
Urt.	= Urteil
VerwArch	= Verwaltungsarchiv (Band, Jahr und Seite)
VGH	= Verwaltungsgerichtshof
Vorbem.	= Vorbemerkung
VRS	= Verkehrsrechts-Sammlung (Jahr und Seite)
VVDStRL	= Veröffentlichung der Vereinigung deutscher Staatsrechtslehrer (Band, Jahr und Seite)
VwRspr.	= Verwaltungsrechtssprechung in Deutschland
WDO	= Wehrdisziplinarordnung
WPflG	= Wehrpflichtgesetz
ZBR	= Zeitschrift für Beamtenrecht (Jahr und Seite)
ZgesStW	= Zeitschrift für die gesamte Staatswissenschaft (Jahr und Seite)
ZPO	= Zivilprozeßordnung
ZRP	= Zeitschrift für Rechtspolitik (Jahr und Seite)
ZStW	= Zeitschrift für die gesamte Strafrechtswissenschaft (Jahr und Seite)

Einleitung

Die Entzauberung des Rechtes hat eingesetzt[1]. Diese Arbeit soll dazu beitragen. Um die Ordnungsfunktion des Rechtes in der modernen Gesellschaft erkennen zu können, darf auf eigenständige Würde und Hoheit des Rechtes nicht sonderlich Rücksicht genommen werden. Vielmehr erweist es sich, daß das Recht nur ein Ordnungsmechanismus unter anderen und richtig erst in der Zusammenschau mit diesen zu würdigen ist. Zur Aufschlüsselung des Rechtes bietet sich die Hilfe der anderen Wissenschaften vom Sozialen an. Der Unterschied zu ihnen wird nicht verkannt. Geht es dort vorrangig um Wahrheit, so wird in der Rechtswissenschaft um die vernünftige Regelung des Alltäglichen gerungen. Um aber sinnvolle verbindliche Verhaltensweisen zu entwerfen, ist Kenntnis des zu Gestaltenden notwendig. Durch das Vorfinden von Gesetzen, in die bereits die soziale Wirklichkeit eingegangen ist, ist der Jurist seiner Aufgabe zumeist nicht enthoben. Wohl weisen die vorgefundenen Normen Richtung und Ausmaß des Gewollten, aber schon aus der Zeitbedrängnis ihrer Erzeuger sind Gesetze heute lückenhaft und nicht selten in sich widerspruchsvoll. Auch bieten überkommene Gesetze bei veränderter Sozialstruktur oft nur unzulängliche Lösungen. In allen diesen Fällen ist der Jurist zu schöpferischem Tun angehalten. Da aber die heutige Wirklichkeit nicht in den privaten, sozialen Erfahrungen eines einzelnen „aufgeht", braucht der Jurist die Hilfe des Sozialwissenschaftlers, um zu sachgerechten Entscheidungen zu kommen. Die vertiefte Kenntnis erlaubt es ihm, seine Entscheidungen auch mit Begründungen zu versehen, die der rationalen Prüfung durch die Betroffenen und die Kontrollinstitutionen zugänglich sind. Erreicht wird dadurch, daß der Entscheidende sich weniger leicht von Vorurteilen und Gefühlshaltungen lenken läßt und daß der Betroffene größeres Vertrauen zum Ordnungsmechanismus Recht gewinnen kann.

In dieser Arbeit soll versucht werden, die Fruchtbarkeit einer sozialwissenschaftlichen Analyse rechtlicher Gestaltungen sowohl für den Soziologen, der im Recht nicht selten eine Bestätigung seiner Hypothesen finden kann, wie für den Juristen, darzutun. Der erste Teil soll den Nachweis bringen, daß sich eine soziologische Grundkategorie, der

---

[1] Vgl. *E. Franßen*, Positivismus als juristische Strategie, in: JZ 69, 766 ff. und *H. Weinkauff*, Was heißt das: „Positivismus als juristische Strategie?", in: JZ 70, 54.

Rollenbegriff, treffend zur Beschreibung der modernen Rechtsstruktur eignet. Eine kritische Betrachtung der Rollengesellschaft und ihre Abbildung im Recht führt dann zur Untersuchung ihrer spezifischen Störungen, die unter anderem in Rollenkonflikten erblickt werden. Nach einer notwendig umfassenden, wenn auch im Rahmen dieser Arbeit entsprechend unvollständigen Darstellung des Rollenkonfliktes wird seine Lösung im Recht untersucht. Die gefundenen Ergebnisse sollen ein vertieftes Verständnis sowohl einzelner Normen erlauben, deren Eigenart erst im Zusammenhang mit ähnlichen anderen bewußt wird, wie auch den Einblick in die Anlage einer gesamten Rechtsordnung mit ihren vielfältigen Regelungstechniken im Hinblick auf ein Grundproblem ermöglichen. Dabei wird sich insbesondere zeigen, welche Konflikte wohl unumgänglich einer Berücksichtigung durch das Recht bedürfen, wenn gewisse Ziele erreicht werden sollen. An vielen Stellen der Arbeit wird deutlich, daß empirische Untersuchungen zur Stützung von Argumenten erforderlich sind, wenn die Jurisprudenz ihr vorwissenschaftliches „Meinungs"-Stadium überwinden will. Insoweit konnte hier nur der Hinweis auf den Mangel kritikfähiger Belege geleistet werden. Da im bisherigen rechtssoziologischen Schrifttum die allgemeinen Betrachtungen über die Normen, das Funktionieren eines Rechtssystems usw. überwiegen[2], wird hier der etwas mühevollere Versuch gemacht, jeweils an konkreten Gesetzestexten Art und Brauchbarkeit funktionalistischer, d. h. insbesondere rollentheoretischer Analysen nachzuweisen.

---

[2] Vgl. W. *Naucke*, Über die Zusammenarbeit zwischen Juristen und Rechtssoziologen, in: JRR 1 (1970), S. 492.

Erstes Kapitel

Rolle und Recht

§ 1 Einführung in die Rollentheorie

1. Begriff der Rolle[1]

Ihre Entstehung verdankt die Rollentheorie einem schlichten, schnell skizzierten Sachverhalt. Menschliches Zusammenleben hat zu mehr oder weniger detaillierten Verhaltensmustern geführt, die in ihren Grundzügen unabhängig vom einzelnen bestehen.

Sprachlich bildet sich diese Verfestigung von Verhaltensweisen in Ausdrücken ab, die durch ihre Nennung bestimmte Erwartungen hervorrufen. Ob wir Vater, Ehemann, Nachbar, Prokurist, Verkehrsteilnehmer oder Deutscher sagen, mit jedem Begriff verbindet sich die Vorstellung gewisser Handlungen und zum Teil auch Einstellungen[2].

Gemeinsam ist diesen Begriffen weiter, daß sie auf den mitmenschlichen Verkehr bezogen sind. Selbst der die Interaktion meidende Außenseiter wird gerade durch seine Trennung von der Gesellschaft charakterisiert. Unter Gesellschaft soll die Gesamtheit aller gleichartigen und unterschiedlichen Beziehungsgefüge verstanden werden[3]. Dem einzelnen Beziehungsgefüge wird als Grundeinheit die soziale

---

[1] Der Wortgeschichte nach ist Rolle dem französischen rôle entlehnt, das aus dem lateinischen rotulus, rotula (Rädchen) entwickelt ist. Eine „Eindeutschung" ist die im bayerischen Voralpenland zuerst gebräuchliche Form „Rodel", die zunächst zur Kennzeichnung von technischen Vorrichtungen benutzt wird. Später wird „Rodel" für Papierrolle, Liste, Urkunde verwandt. Die Zusammensetzungen: Meister-, Stamm-, Steuer-, Zunftrolle erinnern noch heute hieran. Der Brauch des Schauspielers, seinen Anteil am Spiel auf einen zusammengerollten Streifen zu schreiben und bei den Proben die gerade benötigte Stelle zu entfalten und die daran anknüpfende übertragene Bedeutung von Rolle, Rollenfach usw. setzt sich erst am Ende des 16. Jahrhunderts durch. Von der Bühne ins Leben überträgt Lessing *1759* „eine doppelte Rolle spielen". Seitdem sind Verwendungen wie „die Rollen verteilt", „aus der Rolle fallen" alltäglich (so *F. Kluge*, Etymologisches Wörterbuch der deutschen Sprache, S. 605, und ausführlich *Götze/Mitzka*, in: Trübners Deutsches Wörterbuch, S. 426, 433).

[2] *F. H. Tenbruck*, Rolle, in: Handwörterbuch der Organisation, Sp. 1468.

[3] *R. Dahrendorf*, Soziale Position, in: *W. Bernsdorf*, Wörterbuch der Soziologie, S. 986.

Position zugeordnet. Sie soll hier abstrakt Vorhandensein, Richtung und Partner einer sozialen Beziehung angeben. Die Verhaltensinhalte, etwa Rechte und Pflichten, werden durch die soziale Rolle herausgestellt. Die soziale Position ist unabhängig vom konkreten Einzelnen zu denken. Wie der Stellenplan eines Betriebes oder einer Behörde etwa die Stelle eines Abteilungsleiters ausweist, gleichgültig, ob sie zur Zeit besetzt ist oder nicht, so überdauert auch die soziale Position ihren Inhaber. Im Regelfall hat der einzelne eine Vielzahl von Positionen inne. So lassen sich die beispielhaft angeführten sozialen „Eigenschaften" Vater bis Deutscher einer Person zuschreiben und dienen zur Kennzeichnung der jeweils relevanten Beziehung.

Die Scheidung in Position und Rolle ist oft als überflüssig empfunden worden, weil mit der Beschreibung des Beziehungsinhaltes (Rolle) notwendig auch Bestand, Richtung und Partner der Beziehung (Position) angegeben sind[4]. Dennoch lassen sich den Abbildungen des gleichen Sachverhaltes sinnvolle, unterschiedliche Bedeutungsinhalte geben. So assoziiert „Position" einen angebbaren feststehenden Ort in Beziehungsfeld und Gesellschaft, „Rolle" dagegen verengt die Vorstellung auf einzelne Beziehungen, ohne die mehrdimensionale Struktur der Gesellschaft bewußt zu machen. Um die jeweilige Sicht sofort zu kennzeichnen, soll die von der Wortbedeutung her gewählte Unterscheidung hier beibehalten werden[5].

Jeder sozialen Position ist zur Aktualisierung also eine soziale Rolle zugeordnet, und von Rolle soll erst bei positioneller Verfestigung der Verhaltenskomplexe die Rede sein[6].

---

[4] *S. F. Nadel,* The Theory of Social Structure, S. 35.

[5] Talcott Parsons unterscheidet bei der Beschreibung des differenzierten Faktors des einzelnen Handelnden, durch den er im Gegensatz zu seiner Totalität an den meisten Beziehungen teilnimmt, Positionsaspekt und Prozeßaspekt. Dem Positionsaspekt ist der Platz zu entnehmen, den der in Frage stehende Handelnde in dem sozialen System relativ zu anderen Handelnden einnimmt. Was der Handelnde in seinen Beziehungen dann tut, gesehen im Kontext seiner funktionellen Bedeutung für das soziale System, verdeutlicht der Prozeßaspekt, die Rolle.

Parsons operiert hier noch mit einem Positionsbegriff, der dem Statusbegriff gleichkommt, also auch Aussagen über die Hierarchie des sozialen Ansehens macht. Das Lintonsche Begriffspaar Status — Rolle, (in: Study of Man, entwickelt) hat sich aber nicht als fruchtbar erwiesen. Vgl. die Kritik von *R. Dahrendorf,* in: Pfade aus Utopia, S. 236, allgemein auch H. Hartmann (Hrsg.), Moderne amerikanische Soziologie, S. 250.

[6] Auf die „positionelle Verfestigung" legt insbesonder *H. Popitz,* Der Begriff der sozialen Rolle, S. 12, Wert.

Für den mit der soziologischen Kategorie der Rolle noch nicht Vertrauten sei hervorgehoben, daß hier Rolle nicht im Zusammenhang mit dem Begriffspaar, Spiel und Ernst, wie es die Verwendung beim Theater nahelegt, gesehen werden darf. Vielmehr wird hier „Rolle" nur zur Beschreibung des „ernsten", „echten" Lebens verwandt.

Für die Definition des Rollenbegriffes, von dem die soziologische und psychologische Literatur unübersehbare Varianten aufweist[7], bleibt dem bisher Entwickelten wenig hinzuzufügen. Mit Rolle sind die an einen Positionsinhaber gerichteten Verhaltenserwartungen gemeint. Damit ist das tatsächliche Verhalten des Einzelnen angesichts von Erwartungen für die soziologische Betrachtung ausgeklammert[8].

Nur ein vom bloß Individuellen abstrahiertes Modell ermöglicht das Verständnis regelmäßiger gesellschaftlicher Prozesse. Diese auf das Allgemeine beschränkte Untersuchung entspricht zudem in etwa unserer Art, den Interaktionspartner zu sehen und auf ihn zu reagieren.

Georg Simmel[9] hat es plastisch geschildert, daß wir den anderen vornehmlich in seiner, wenn auch durch eigene Nuancen gestalteten sozialen Rolle, also als leitenden Angestellten, als Familienvater, sehen würden und kaum den anderen in seiner umfassenden Individualität erkennen könnten. Wohl wüßten wir von dem Beamten, daß er nicht nur Beamter, von dem Kaufmann, daß er nicht nur Kaufmann sei. Aber dieses andere geahnte Sein wirke sich nur als geringer Unsicherheitsfaktor unseres empfangenen Eindruckes aus. Simmel[10] hält diese beschränkte Wahrnehmung des Interaktionspartners für unumgänglich, da sonst Kommunikation nicht zustandekommen würde oder jedenfalls an den unüberbrückbaren Verschiedenheiten scheitern müßte[11].

Hier ist wohl etwas schärfer zu differenzieren. Bei der flüchtigen Interaktion beim Einkauf in der Großstadt, beim kurzen Besuch in einer Großorganisation, beim Zahlen des U-Bahn-Geldes wird der Partner in der Tat nur in seiner augenblicklichen Funktion wahrgenommen. Allenfalls werden Geschlecht und Alter bei Besonderheiten am Rande aktualisiert, sonst bleibt es beim unpersönlichen Eindruck.

Kennen wir dagegen unseren Interaktionspartner in vielen Rollenbezügen, so können diese durchaus in den gerade angesprochenen hineinspielen. Wohl ist dann in der Regel die augenblickliche Funktion dominant und der formelle Verkehr wird von ihr bestimmt, aber unsere Einschätzung, unser Echo auf seine „Ansehens-(Status-)Erwartung" bezieht zumeist auch die anderen Rollenerfahrungen mit ein[12].

---

7 Vgl. Übersicht bei *D. Claessens*, Rolle und Macht, S. 12; *Rocheblave-Spenlé*, La notion de rôle en psychologie sociale, S. 59, 111, 140, 162—163,

8 Dabei werden bei der Untersuchung Rückgriffe auf individuelles Abweichen vom Regelmäßigen unvermeidbar sein. Aber auch Abweichungen lassen sich generalisiert darstellen.

9 *G. Simmel*, Soziologie, S. 21—30, vorbereitet schon in *G. Simmel*, Über soziale Differenzierung. Vgl. auch *F. J. Stendenbach*, Zur Theorie sozialen Handelns, in: KZfSS 16 (1964), S. 50, 58.

10 *G. Simmel*, Soziologie, S. 25.

11 Ausführlich hierzu *H. Popitz*, Der Begriff der sozialen Rolle, S. 32—39.

12 Grund für die integriert-differenzierte Sicht ist das Eigenbewußtsein von der Mannigfaltigkeit unserer eigenen Rollenbeziehungen.

Simmel ist insoweit zuzustimmen, daß die umfassende Kenntnis des anderen uns regelmäßig versagt ist und sich unser Verhalten an generalisierten Erwartungen orientiert und stabilisiert.

Unerörtert ist bisher geblieben, ob alle Verhaltenserwartungen unabhängig von dem Grad ihrer Durchsetzung: kann — soll — muß, vom Rollenbegriff erfaßt werden.

Dahrendorf[13] präzisiert in seinem Essay ‚Homo Sociologicus', der die deutsche Rollendiskussion entschieden vorantrieb, die soziale Normierung von Verhaltenskomplexen nicht näher, sondern setzt sie voraus. Dagegen beschränkt Popitz[14] den Rollenbegriff auf „Muß"-Erwartungen. Verhaltensnormen unterscheiden sich bei ihm von anderen sozialen Verhaltensregelmöglichkeiten durch äußerlich erkennbare negativ sanktionierende Reaktionen auf Abweichung[15]. Ob mit dieser Einschränkung des Begriffes viel gewonnen ist, erscheint zweifelhaft[16]. Sicherlich können damit soziale Verhältnisse formaler Organisationen mit starkem Konformitätsdruck treffend beschrieben werden. Aber muß nun für Beziehungsgefüge, die nicht durch zwingende spezielle Verhaltensvorschriften charakterisiert werden, sondern eher von diffusen unspezifischen, ein neuer Begriffsapparat eingeführt werden? Wohl alle Kleingruppen (Familie, Freundeskreis, Skatrunde und andere Spielgruppen) wie informelle Gruppen würden der Rollenanalyse nicht mehr zugänglich sein. Selbst in formalen Organisationen lockern sich die einst festumrissenen erwarteten Verhaltensweisen[17]. Berufskleidung (Rollenattribute) und Verhalten gegenüber Vorgesetzten sind heute meist dem begrenzten Ermessen des einzelnen überlassen[18], wenn auch der Ermessensspielraum in der Regel noch recht eng, zuweilen zu eng erscheint.

Popitz' Rollenbegriff verringert die Verwendungsbreite allzusehr, ohne dabei — von der terminologischen Schärfe abgesehen — einen sichtbaren Gewinn zu erzielen. Auch sind die Sanktionsmechanismen, wie die Erforschung der Internalisierungs- und Sozialisations-Prozesse aufgedeckt hat, zu verschiedenartig, um fast willkürlich nur die äußerlich erkennbaren negativen Reaktionen als signifikant für Rollen-

---

13 *R. Dahrendorf*, Homo Sociologicus.

14 Allerdings nur indirekt: *H. Popitz*, Der Begriff der sozialen Rolle, S. 14, 28 f.

15 *H. Popitz*, Der Begriff der sozialen Rolle, S. 28.

16 *H. Hartmann*, Besprechung von H. Popitz, Der Begriff der sozialen Rolle, in: KZfSS 55 (1969), S. 170.

17 Am Vergleich der Dienstvorschriften zur Zeit der ‚Buddenbrocks' Thomas Manns mit denen heutiger Betriebe mag das deutlich werden.

18 Immerhin gibt es noch groteske, die Hierarchie betonende und stabilisierende Festlegungen: z. B. schwarze Toilettendeckel für einfache Ingenieure, weiße für Diplomingenieure in einem chemischen Großbetrieb der BRD.

verhalten anzugeben[19]. Die jeweilige Sanktionsstärke (keine — auch nicht positive — Reaktion bis zur gerichtlichen Bestrafung) soll deshalb hier nicht zum Kriterium der Rollenerwartung gemacht werden.

Als Ergebnis ist daher unter *Rolle der Inbegriff der an einen Inhaber einer sozialen Position gerichteten Verhaltenserwartungen zu verstehen.*

Neben der Rollenerwartung ist[20] die Selbstdeutung der Rolle durch den Rollenträger und seine tatsächliche Rollenausführung zu unterscheiden[21].

Die Rollenerwartungen sind häufig nicht nur von einer einzigen Bezugsperson wie beim Schachspiel oder von einer homogenen Bezugsgruppe wie etwa Schüler, die von ihrem Lehrer die Fallgesetze erläutert bekommen, zusammengesetzt, sondern es werden zahlreiche unterschiedliche Bezugsgruppen ein entsprechend differenziertes Rollenverhalten erwarten. So wird die Chefarztrolle eines Kreiskrankenhauses durch die Erwartungen des Trägers, etwa des Landkreises, der Ober- und Assistenzärzte, der Krankenschwestern, des sonstigen Verwaltungspersonals und schließlich der Patienten bestimmt. Der Vielzahl von Positionen, die der einzelne also einnehmen kann, ist eine komplementäre Rollenmenge zugeordnet. Die spezifische Verteilung oder Zusammensetzung der vielen Rollen des einzelnen soll hier durch die Begriffe „Rollensatz“ oder spezieller „Rollenhaushalt“[22] angesprochen werden.

2. Person — Rolle — Gesellschaft

Das eingeführte Rollenmodell vernachlässigt bewußt die Eigenheit des jeweiligen Rollenträgers, um die allgemeinen Mechanismen gesellschaftlichen Verhaltens aufzudecken. Die Frage nach dem Verbleib von Individualität und Identität des einzelnen scheint demnach von mehr anthropologischem Interesse zu sein[23]. Störungen des Rollenverhaltens

---

[19] Daran ändert auch Popitz' Hinweis auf diese Prozesse nichts. Für die ungleiche Einstufung kann er keine überzeugenden Gründe anführen. (*H. Popitz,* Der Begriff der sozialen Rolle, S. 29 f.). Ausführliche Kritik auch bei *H. P. Dreitzel,* Die gesellschaftlichen Leiden, S. 112 f.

[20] Für Rollenerwartung wird in der Literatur auch Rollenzumutung gebraucht. Die damit mögliche Differenzierung ist für diese Untersuchung nicht fruchtbar.

[21] Auf die Rollenselbstdeutung und tatsächliche Rollenausführung einzugehen, hat sich insbesondere bei konkreten einzelnen Rollenanalysen als nützlich erwiesen. Beispiele hierfür bei *H. Gronau,* Die soziologische Rollenanalyse als betriebsorganisatorisches und berufspädagogisches Instrument.

[22] Den m. E. treffenden Begriff „Rollenhaushalt“ hat *H. P. Dreitzel,* Die gesellschaftlichen Leiden, S. 274 zuerst in die Literatur eingeführt.

[23] Indirekt so *R. Dahrendorf,* Homo Sociologicus; Kritik dazu bei *H. P. Dreitzel,* Die gesellschaftliche Leiden, S. 114 f.

und generelle Abweichungen vom üblichen Rollenspiel sind aber aus einem isolierten Rollenverständnis nicht hinreichend zu erklären.

a) Rolle und Individualität

Einen Zusammenhang von Person, Rolle und Gesellschaft herzustellen, regt auch die Beobachtung an, daß der einzelne dazu neigt, sich als etwas Besonderes, vom bloßen Rollenspieler Abgehobenes zu verstehen und sich um eine entsprechende Anerkennung bemüht. Selbstwertgefühl und Individualität bezeichnen jenes Streben.

Diese Empfindungen sind dem Menschen nicht von jeher eigen, sondern sind, wie die relativ junge Geschichte der „Individualität“[24] belegt, gesellschaftsbedingt entstanden. So war es der mittelalterlichen Gesellschaft noch fremd, vom Einzigartigen der Person auszugehen und es herauszustellen. Sich selbst begriff der einzelne allein durch das Mittlertum seiner gesellschaftlichen Rolle. Auch den anderen sah er nur als Bauer, Goldschmied oder Soldat. Selbst Angehörige der verschiedenen Stände empfanden sich gegenseitig als Fremde[25].

Jakob Burckhardt[26] beschreibt plastisch diesen Zustand: Im Mittelalter lagen die beiden Seiten des Bewußtseins — nach der Welt hin und nach dem Innern des Menschen selbst — wie unter einem gemeinsamen Schleier träumend oder halbwach. Der Schleier war gewoben aus Glauben, Kindesbefangenheit und Wahn; durch ihn hindurch gesehen erschienen Welt und Geschichte wundersam gefärbt, der Mensch aber erkannte sich nur als Rasse, Koch, Partei, Korporation, Familie oder sonst in irgendeiner Form des Allgemeinen. Ein allumfassendes Tugendsystem regelte in der höfischen Gesellschaft Haltung und Tätigkeit eines Mitgliedes bis ins kleinste. Für individuelle Entfaltung im Sinne der Humanitas was kein Raum[27]. Natürlich gab es den empirischen einzelnen mit seinen individuellen Eigenschaften wie zu jeder anderen Zeit, nicht aber den differenzierten „Einzelnen“ als Vorbild.

Erst gegen Ende des Mittelalters ermöglichte die wirtschaftliche und politische Lage persönlicher Initiative den Durchbruch. Starker Konkurrenzkampf begünstigte die Bildung einer neuen, aus einzelnen

---

[24] *Individualität* stammt aus dem Lateinischen „Unteilbares, Einzelwesen“, mit deutscher Flexion *erst Ende des 18. Jahrhunderts;* zuerst individuell, 1748; Individualität 1775; Individuen, Lavater 1777; individualisieren 1789; (so *Paul/Betz,* Deutsches Wörterbuch, Individualität, S. 325).

[25] Hierzu ausführlich *E. Fromm,* Die Angst vor der Freiheit, S. 51; und in: Der moderne Mensch und seine Zukunft S. 57 f.; vgl. auch *A. Gehlen,* Moral und Hypermoral, S. 156 f.

[26] *J. Burckhardt,* Die Kultur der Renaissance in Italien, Gesamtausgabe, Bd. 5, S. 99.

[27] *T. Scharmann,* Persönlichkeit und Gesellschaft, S. 77.

bestehenden Schicht, der Geldaristokratie. Nur der erfolgreiche ‚Kapitalist' setzte sich durch. Damit war das Leistungs- und Aufstiegprinzip für einen Teilbereich der Gesellschaft anerkannt. Eine Wandlung des Selbstverständnisses konnte bei dieser Entwicklung nicht ausbleiben[28] und erfaßte auch andere nichtständische Gruppen der Gesellschaft, wie die geistige Elite.

Einengende, „ins Glied" verweisende Vorstellungen der Kirche konnten leicht überwunden werden. Der Sturz des Papsttums hatte so dem geistig Hochstehenden den geheiligten Glaubensinhalt entfremdet und ihn einsam, auf sich selbst gestellt, zur neuen Begründung seiner Existenz gezwungen. Die entstehende Humanisten-Elite, Petrarca als erster unter ihnen, verkörpert im geistigen Bereich den neuen Menschentyp[29].

Die politischen Wirren jener Zeit lenken den Blick auf „große Gestalten", die zum Retter und entscheidenden Lebensfaktor werden[30].

Diesen Frühindividualismus benennt Gehlen[31] treffend Oberklassenphänomen des Spätfeudalismus und aufsteigenden Bürgertums, an dem die dienenden Stände in keiner Weise beteiligt gewesen sind[32]. Diese wenigen, die den neuen Menschentyp ausfüllen konnten, machten aber den Anfang einer bis in die Gegenwart reichenden Folge von Leitbildern, von großen Gestalten, deren Einfluß sich nicht auf das Bewußtsein ihrer Klasse beschränkte. Seinen Höhepunkt fand der Individualitätskult im 19. Jahrhundert, wo der Bildungsbürger und wiederum nur er und nicht die Massen, die Hervorhebung und Entfaltung seiner Eigenart pflegte und geradezu zur Pflicht machte.

Auch die heutigen Erziehungsideale jedenfalls nicht-sozialistischer Gesellschaften orientieren sich noch primär am Einzigartigen der Person. Ob in den modernen Gesellschaften, die Aufstieg, Leistung, Selbstdarstellung, Interaktion und Vergnügen weitgehend normieren, dieser hohe, an den großen Gestalten gemessene Individualitätsanspruch eingelöst werden kann, ist wohl sehr fraglich. Für den namenlosen, mehr oder weniger gleichförmig funktionierenden Angestellten sind die Chancen ausgesprochen gering. So leidet er — eingestanden oder nicht — unter seinem Rädchen-Schicksal.

---

28 Der nunmehr einflußreiche Bankier und Kaufmann bedurfte wie jeder Neureiche besonderer Selbst-Bestätigung, allein schon, um sich psychisch gegenüber den herkömmlichen Standesangehörigen abzusichern. Daß das nunmehr von vielen Bindungen befreite Individuum zugleich auch innerlich hilfloser wurde, ist die Kehrseite.

29 Vgl. ausführlich *A. Weber*, Kulturgeschichte als Kultursoziologie, S. 288 ff.

30 *Machiavellis* „Il Principe" gibt davon Zeugnis.

31 *A. Gehlen*, Moral und Hypermoral, S. 156.

32 *A. Mitscherlich*, Das soziale und das persönliche Ich, in: KZfSS 18 (1966), S. 21, 22.

Die überspannte Trennung von Individualität[33] und Gesellschaft überwindet C. G. Jung[34] mit seiner Darstellung der Eigenartigkeit des Individuums. Er sieht sie nicht als Fremdartigkeit seiner Substanz oder seiner Komponenten, sondern eher als besonderes Mischungsverhältnis oder graduellen Differenzierungsunterschied von Funktionen und Fähigkeiten, die an und für sich universal sind. Insofern ist der einzelne eher lebendige Einheit universaler Faktoren, also selbst Kollektiv. Die individualistische Betonung erzeugt, C. G. Jung folgend, daher einen unnatürlichen Gegensatz zum Kollektiven.

Die Rollengesellschaft kommt der so verstandenen Entfaltung und Verwirklichung der Person entgegen. Rollenausfüllung und vor allem die Zusammenstellung des Rollenhaushaltes gestatten in gewissem Umfange, Individualität einzubringen, besser zu entwickeln. Pointiert wird so von Persönlichkeit als einzigartigem Rollengefüge im Sinne einer einzigartigen Anpassung an seine Umwelt gesprochen[35].

Nach einer anderen Definition sei Persönlichkeit heute nur der rollenmodifizierende oder rollenschöpferische Mensch, der als Leitbild repräsentativ für kulturelle und soziale Tendenzen seiner Epoche gelte[36]. Dieser speziellen Anforderung genügen aber durchaus nicht alle jene Personen, die wegen ihrer Ausstrahlung usw. vom Sprachlichen her (treffend) als Persönlichkeiten eingestuft werden. Um ein letztes Wort über diese Einteilungen zu sprechen, bedarf es wohl noch intensiver Forschung.

Abzuwehren ist aber schon jetzt der spöttische Angriff Gehlens[37] gegen das Bestreben junger Menschen, „sich zur Persönlichkeit zu entfalten".

---

[33] Ein übersteigertes Individualitätsstreben verringert die Kooperationsfreudigkeit und bereitet u. a. dem auch in der Wissenschaft mehr und mehr auch notwendigen team-work erhebliche Startschwierigkeiten. Ein Grund für die Verzögerung der Hochschulreform liegt sicher in der mangelnden Bereitschaft der Ordinarien, zusammenzuarbeiten.

[34] *C. G. Jung,* Die Beziehungen zwischen dem Ich und dem Unbewußten, S. 43, Anm. 9, 47 f.

[35] *G. W. Allport,* Persönlichkeit, S. 49. Pointiert, weil sich Rolle(n) und „Personkern" in der Regel nicht völlig decken, vgl. *W. Hehlmann,* Rollenverhalten, in: Wörterbuch der Psychologie, S. 490. Hierzu auch die Formulierung *G. Mühles:* „Die Rolle ist nicht etwas dem Selbst attributiv Hinzugefügtes, sondern etwas dieses Selbst Konstituierendes", in: Rolle und Rollenbewußtsein als entwicklungspsychologisches Problem, in: Arch. f. ges. Psych. 116 (1964), S. 267, 272; kritisch aber jetzt dazu *M. Sader,* Rollentheorie, in: Handbuch der Psychologie, Bd. 7/1, Sozialpsychologie, S. 215.

[36] *T. Scharmann,* Persönlichkeit und Gesellschaft, S. 77 f.

[37] *A. Gehlen,* Moral und Hypermoral, S. 156 f., mit Zitat Hofmannsthal: „Sie haben da früher etwas sehr Interessantes gesagt, nämlich daß die Zeit unerlöst ist; und Sie wissen auch, wovon sie erlöst sein möchte? Vom Individuum. Sie schleppt zu schwer an dieser Ausgeburt des sechzehnten Jahrhunderts, die das neunzehnte großgefüttert hat." (Das Theater der Narren, Lustspiele IV, 1956).

Die Schwierigkeit, angesichts der pluralistischen Gesellschaft zu einer Integration des Ich zu kommen, wird nicht übersehen; hierauf wird auch in dieser Arbeit einzugehen sein. Aber damit ist der Anspruch des einzelnen, seine Begabung, seine Fähigkeiten, seinen Grad an möglicher Mündigkeit in einer auch toleranten oder eben wieder tolerant zu machenden Gesellschaft einzubringen und zu fördern, nicht allgemein als undurchsetzbar oder gar vermessen anzusehen (Art. 1 GG). Man kann sich des Eindrucks nicht erwehren, als wenn Gehlen, der allein in den Institutionen Heil und Zuflucht sieht, den einzelnen klein und gefügig für die Übernahme vornormierter Funktionen usw. halten will[38], und jede partielle oder absolute Mitbestimmung von System- oder Subsystemprozessen, wie sie Persönlichkeiten entsprechen würde, (Art. 1 GG) von vornherein unterbinden möchte. Das in Gehlens Schriften auffällige Rang-Denken legitimiert im Grunde nur eine elitäre Führung.

Eine weitere, neuerdings etwa von Wellershoff[39] ausdrücklich vertretene These geht dahin, daß der einzelne sich nur bestätigen könne, indem er sich aus dem System zurückziehe, das Leben also erst nach Dienstschluß begönne, oder wie Gehlen es formuliert[40]: „Die Thematisierung der eigenen Subjektivität ist in der Welt nicht mehr unterzubringen, sie ist institutionell steril."

Individualität muß keinen Gegensatz zum alltäglichen Rollenspiel bedeuten. Es gibt auch keine Rolle, die nur „Individualität" enthält. Eine von derartig „leeren" Erwartungen bestimmte Position ist nicht angebbar. Wie beobachtet wurde[41], empfinden Menschen Unordnung, Wertlosigkeit, Regellosigkeit als ebenso unbehaglich wie den Zwang zur Domestikation.

Auch ist es nicht einmal allen Menschen gegeben, einen individuellen Stil zu entwickeln. Sie haben die Möglichkeit, da erkennbare Individualität jedenfalls in kleiner Münze heute zur Selbstdarstellung gehört, auf Individualitätsmuster, wie Popitz[42] sie nennt, zurückzugreifen. So können die sentimentalen Allüren des rüden Geschäftsmannes, die handfesten Burschikositäten der eleganten, älteren Dame zugelegte Erscheinungsformen sein.

---

[38] Die Parallele zum Calvinismus und Protestantismus, die den Menschen unbewußt für die Rolle im Frühkapitalismus vorbereiteten, nämlich das Selbst als Unbedeutendes, Nebensächliches zu empfinden und einsatzbereit zu sein für Zwecke, die nicht seine eigenen waren, ist vielleicht etwas gewagt, aber doch wohl nicht abwegig. Vgl. allgemein: *E. Fromm*, Die Furcht vor der Freiheit, S. 107.

[39] *D. Wellershoff*, Literatur und Veränderung, S. 33 f.

[40] A. Gehlen, zitiert von D. Wellershoff, (s. Anm. 39), S. 35.

[41] *T. Scharmann*, Persönlichkeit und Gesellschaft, S. 69.

[42] *H. Popitz*, Der Begriff der sozialen Rolle, S. 15.

Die zuletzt genannte These macht eine für unsere Zeit geradezu typische Antinomie bewußt. Einmal ist in der Tat ein Schwinden funktionaler individueller Handlungen zu verzeichnen. Der zweckrationale Produktionsprozeß, der die Gestaltung anderer Lebensbereiche mehr oder weniger beeinflußt, bietet nur wenigen die Möglichkeit, selbst über Prioritäten und weitere Ausführung zu entscheiden. Die Vollzugsrollen[43] überwiegen, wenn sich auch ein geringer Trend zur Delegierung in eigener begrenzter Verantwortung aufzeigen läßt.

Andererseits benötigt gerade die differenzierte Sozialordnung eine Vielzahl unterschiedlicher Persönlichkeiten für die zahlreichen speziellen auseinandergelegten Funktionen[44]. War zum Beispiel früher die soziale Betätigung auf Almosengeben, Unterhalten von Findel- und Armenhäusern beschränkt, so können heute Menschen mit entsprechender gefühlsmäßiger Neigung in der Sozialpolitik, in der Rechtspflege als Vormundschaftsrichter, in der Verwaltung als Vormund, Fürsorgerin, Sozialarbeiter und als sonstiger Mitarbeiter des Sozialamtes, sowie in den unzähligen karitativen Verbänden und Einrichtungen nach ihrer jeweiligen Leistungsfähigkeit und Ausbildung tätig sein. Die dann ausgeübte spezielle Tätigkeit ist aber wieder in der Regel im einzelnen vorgeschrieben, so daß der Individualität leider häufig nur durch die Möglichkeit einer „passenden" Berufs- und Aufgabenwahl Rechnung getragen wird und die Ausführung eben leicht wieder zur bloßen Vollzugshandlung gerät[45].

Wenn auch die Vollzugsrollen heute dominieren, so bleibt doch als Positives festzuhalten, daß niemals zuvor eine größere Zahl von Menschen durch Wahl und in gewisser Weise Ausgestaltung ihrer Berufs- und sonstigen Rollen ihr Leben in gewissen Grenzen individuell gestalten konnten[46].

b) Rolle und Identität

Neben der Individualität ist hier noch die Identität näher aufzuschlüsseln. Der Zusammenhang von Rolle und Identität zeigt besonders einleuchtend die Konstituierung des ‚Selbst', der Identität. Ein-

[43] Vollzugsrollen lassen wenig Raum für eigene Gestaltung. Der detaillierten Befehlen nachkommende Soldat ist dafür ein Schulbeispiel. Gegensatz dazu sind die sogenannten Gestaltungsrollen, bei denen die Ich-Leistungen im Vordergrund stehen, weil der individuelle Stil und die persönliche, zuweilen neuartige Problemlösung gerade die spezifische Rollenerwartung ausmachen. Gastgeber oder Liebhaber etwa haben typische Gestaltungsrollen auszufüllen. — Ausführlich bei *H. P. Dreitzel*, Die gesellschaftlichen Leiden, S. 135 f., 167.

[44] *N. Luhmann*, Grundrechte als Institution, S. 48.

[45] Vgl. dazu *J. Habermas*, Theorie und Praxis, S. 173.

[46] *E. L. Hartley/R. E. Hartley*, Die Grundlagen der Sozialpsychologie, S. 361.

helligkeit darüber haben die verschiedenen Ansätze sozialpsychologischer, psychoanalytischer und philosophischer Schulen allerdings noch nicht gebracht[47]. Die folgende, bewußt lückenhafte Darstellung steht so unter dem Vorbehalt des Hypothetischen. Dennoch sind einige Erkenntnisse bereits als relativ gesichert anzusehen.

Identität entsteht prozeßhaft. Nicht etwa ist der Mensch bei der Geburt mit einer voll entwickelten Identität versehen[48], die sich im Laufe der Jahre nur zu entpuppen braucht, sondern vorhanden ist nur der seelische Grund, der eine Ich-Fixierung ermöglicht. Zuerst erfährt das Kleinkind sich nur aus den Reaktionen seiner engsten Beziehungspersonen gegenüber seinen Bedürfnissen. Auch wenn es schon einige Worte sprechen kann, redet es von sich selbst bezeichnenderweise nur in der Benennung durch die anderen, kennzeichnet sich also in der dritten Person und benutzt dazu seinen Rufnamen[49]. Im ersten Trotzalter schafft sich das Kleinkind dann durch die angestrebten Gegenreaktionen seiner Umwelt erste Konturen eines Selbst[50]. Nach weiteren Entwicklungsphasen setzt im 3. und 4. Lebensjahr das Rollenspiel ein[51]. Das Kind hat etwa den Briefträger beobachtet und die Reaktion der Mutter gesehen. Jetzt vollzieht es zunächst das Verhalten des Briefträgers nach und erlebt sich in dieser Rolle. Darauf folgt die Reaktion auf den Briefträger; das „Empfängerverhalten" wird entsprechend gespielt und löst, wenn der Rollenstoff noch nicht erschöpft ist, erneute Reaktionen des ‚Briefträgers' aus. Die jeweilige flüchtige Identifikation mit der ausgeführten Rolle ruft eine Gegenreaktion in sich selbst hervor. Als Sender und Empfänger sprachlicher Ausdrücke versteht sich somit der Mensch im Interaktionsprozeß nicht nur aus der eigenen, sondern auch aus der Perspektive des anderen, weil er auch die Haltungen des anderen in sich hat[52]. Das gesamte Ich setzt sich somit aus

---

[47] Bahnbrechend die Überlegungen des Sozialpsychologen *G. H. Mead*, die in: Mind, Self and Society, zuerst als Studenten-Skripte fixiert wurden. Von den Psychoanalytikern ist vor allem *E. H. Erikson*, Identität und Lebenszyklus, zu nennen. Als Philosoph hat sich besonders *H. Plessner*, (Das Problem der Öffentlichkeit; Soziale Rolle und menschliche Natur, in: Diesseits der Utopie), im Zusammenhang mit der Rollentheorie um eine Klärung bemüht. Ausführlich dazu *H. P. Dreitzel*, Die gesellschaftlichen Leiden, S. 115 f. Unklar bleibt bei allen Untersuchungen die Reihenfolge oder prozeßhafte Verschränkung der Konstitution der Identität und die Identifikation des Verhaltens anderer unter dem Aspekt bestimmter sozialer Rollen. Hierzu neuerdings *N. Luhmann*, Legitimation durch Verfahren, S. 82, 84.

[48] Juristisch gesehen, wird fiktiv an einer festen Identität angeknüpft.

[49] Vgl. *A.-M. Rocheblave-Spenlé*, La notion de rôle, S. 215.

[50] A.-M. Rocheblave-Spenlé, ebd., S. 215.

[51] *H.-R. Lückert*, Konfliktpsychologie, S. 526.

[52] So erklärt sich auch die „zweite" Kommunikationsebene, die sprachlose Verständigung ermöglicht. Mit zunehmendem Alter genügt dem Interaktionspartner eine Geste, ein mimischer Ausdruck, und zuweilen bedarf es auch

einem in sich unreflektierbaren spontanen Teil und den Haltungen der anderen zusammen. Die prinzipielle Möglichkeit des Sich-Hineinversetzens in die Perspektiven des anderen nennt G. H. Mead[53], der diese Fähigkeit als erster bewußt gemacht hat, „taking the role of the generalized other". Der noch „ungeprägte" Ich-Grund des Kindes wird so mit wechselbezogenen Verhaltenskomplexen besetzt und für die Aufnahme weiterer trainiert. Inwieweit durch Vererbung oder Einwirkung des Unbewußten bestimmte Komplexe besonders leicht oder nur sehr mühsam aufgenommen werden, oder ob keine Korrelation besteht, ist völlig offen. Aus der Haltung der anderen gegenüber ihm selbst rekonstruiert sich der einzelne ihr Bild von ihm — jeweils nach dem neuesten Stand — und identifiziert sich damit. Eine Identität ist hergestellt. Murphy[54] formuliert es plastisch: „Das Selbst ist das Individuum, wie es sich selbst sieht[55]."

Die ersten Selbstidentifikationen haften[56] nur oberflächlich. Das Kind und vor allem der Heranwachsende verändert zudem probeweise durch Ausrichtung an wechselnden Leitbildern (durch Gestik, Kleidung, zugelegte Einstellung) das Bild der anderen von ihm und prüft, ob die Modifizierung akzeptiert oder als zu „unecht" abgelehnt wird. Auf diese Weise tastet es sich an eine passende erfüllbare Identität heran[57]. Die scheinbar widersprüchliche Maxime: Werde, der du bist, deckt diesen Sachverhalt.

---

keines erkennbaren Zeichens des anderen, um dessen Auffassung und Stellungnahme kennenzulernen. Da wir generalisiert die Haltung der anderen in uns haben, löst der von uns ausgesandte Reiz zugleich auch in uns die Stellungnahme der anderen aus. Die mimische Reaktion des anderen führt entweder zur richtigen Aktualisierung der Haltung des anderen in uns oder bestätigt unsere eigene Reaktion. Dabei sind Irrtümer nicht ausgeschlossen. Je besser wir die anderen kennen (daher mit zunehmendem Alter; auch sind wir dann regelmäßig von Eigenproblemen entlastet und können mehr und intensiver fremde Haltungen aufnehmen), desto besser vollzieht sich diese Verständigung. Eheleute brauchen sich nach kurzer Trennung nur anzusehen, um zu wissen, wie der Tag verlaufen ist.

[53] *G. H. Mead*, Mind, Self and Society, S. 135—226.

[54] *G. Murphy*, Personality: A biosocial approach to origins and structure, S. 479.

[55] Vgl. auch *M. Banton*, Roles. An Introduction to the Study of Social Relations, S. 129. „Das Selbst ist ein Produkt von den Fähigkeiten der Person, sich so zu sehen, wie die anderen sie sehen, und ihrem Interesse für dieses Bild."

[56] *T. Parsons*, Sozialstruktur und Persönlichkeit, S. 115 ff., der sich ausführlich mit der Persönlichkeitsentwicklung befaßt, unterscheidet vier Identifikationsprozesse: 1. Einzelmitglieder, 2. Familie als Kollektiv, 3. Geschlecht, 4. Generation, Gruppe.

[57] Zwar ist die Identität nicht vorgegeben, aber ihre Auswahl ist durch konstante Faktoren wie Grund-Begabung, Grund-Neigungen, körperliche Bedingungen begrenzt. Der schmächtige, schmalbrüstige Junge wird — außer im Traum — nie zu einer Identität als erfolgreicher Kugelstoßer gelangen.

Der einzelne gehört in der Regel mehreren unterschiedlichen Gruppen an. Ihre jeweilige Besonderheit kommt einer oder mehreren Neigungen und Fähigkeiten des Mitgliedes entgegen. Die Folge ist eine auf diese Besonderheiten konzentrierte Identitätsbildung. Wir haben so viele Selbste, als wir Gruppen angehören[58]. Eine Integration dieser Teilidentitäten erlaubt es dem einzelnen, sich als Einheit zu verstehen.

Der Psychoanalytiker Erikson[59] hat die Zusammenfassung aller Kindheitsidentifikationen Ich-Identität genannt. Dieses Gefühl ist als gewachsenes Vertrauen anzusehen, daß der Einheitlichkeit und Kontinuität, die man in den Augen anderer hat, eine Fähigkeit entspricht, eine innere Einheitlichkeit und Kontinuität aufrechtzuerhalten.

Der skizzierte Zusammenhang von Rolle und Identität zeigt, wie durch die soziale Rolle Person und Gesellschaft miteinander verbunden werden. Die Rollenhaftigkeit menschlichen Verhaltens ist zwar keine Erfindung unseres Jahrhunderts, in das Bewußtsein eines jeden aber drang sie erst mit einer bestimmten Gesellschaftsform.

Wer nur in harmonisierend sinnvoll aufeinander bezogenen, übersehbaren Verhaltensbereichen lebte, dem mußte der Gedanke eines jeweiligen Rollenspiels gekünstelt erscheinen[60]. Seine Identität fügte sich nahtlos aus den einzelnen Verhaltensbereichen zusammen.

Als charakteristischer Zug primitiver Gesellschaften ist die Vervielfältigung von Beziehungen, die sich zwischen den gleichen Handelnden ausdehnen, angegeben worden. So wenn Vater und Sohn miteinander verhandelten, war zugleich die latente, harmonisierende und zur ersten passende Beziehung, wie Dorfältester und einfacher Bürger, Priester und Laie, usw. angezogen[61].

Die Trennung von Funktion und Person, sichtbar in den wechselnd besetzten Ämtern der höfischen Gesellschaft, die Wahrnehmung von einst an bestimmte Geschlechter verliehenen Befugnissen, wie die Gerichtsbarkeit durch „unpersönliche" Beamte des Fürsten, schufen erste Voraussetzungen eines Rollenbewußtseins.

Die heutige moderne Gesellschaft, geprägt durch hochgradige Funktionsdifferenzierung und eine Vielzahl von getrennten, oft unabhän-

---

[58] Vgl. R. *Müller-Freienfels*, Philosophie der Individualität (1923); er macht auf die verschiedenen „Außenbilder" der verschiedenen Interaktionspartner aufmerksam, die der einzelne empfängt; *H.-R. Lückert*, Der Mensch, das konfliktträchtige Wesen, S. 61.

[59] *E. H. Erikson*, Identität und Lebenszyklus, S. 107.

[60] Der mittelalterliche Bauer bei seiner alltäglichen Arbeit ist hierfür Schulbeispiel. Über die verschiedensten Lebenssituationen hinweg bleibt der Bauer immer Bauer, selbst wenn er in bestimmten Augenblicken die Rolle Vater oder Dorfbewohner einnimmt.

[61] *S. F. Nadel*, The Theory of Social Structure, S. 66 f.

gigen, affektgestuften Handlungsbereichen[62], die der einzelne tagtäglich bewältigen muß, vereitelt jedes naturhaft[63] geschlossene Lebensempfinden. Die Integration der Teilindentitäten wird entsprechend schwerer und zuweilen unmöglich[64].

Hinzu kommt der neue Verhaltenskodex der Industriegesellschaften, der dem einzelnen auferlegt, innerhalb einer Situation nur der Situation entsprechend, also nur in der jeweiligen Rolle, ohne Berücksichtigung der anderen (latenten) Rollen, zu handeln. Im Beruf sollen Verheiratete, Unverheiratete, Katholische und Evangelische, Städter und Dorfbewohner zunächst einmal und möglichst nur etwa Verkäufer oder Lehrer sein.

Bevor später eingehend die Konflikte vieler Rollen erörtert werden, sollen hier noch kurz die Vorzüge herausgestellt werden.

Indem der einzelne sich im Schnittpunkt mehrerer sozialer Kreise befindet, kann er durch den rhythmischen Rollenwechsel einen gewissen Abstand von den einzelnen jeweiligen Rollen gewinnen und so ein Bewußtsein als eigenständige Persönlichkeit entwickeln[65]. Mit der Anzahl der internalisierten Haltungen anderer wächst auch die Fähigkeit zur Selbstkritik[66]. Durch die Vielzahl der Rollen ist es dem Individuum möglich, partikulare Verpflichtungen zu akzeptieren oder abzuweisen,

[62] Arbeitsteilung und Herrschaftsausübung als Gründe. Wissenschaftlicher Fortschritt, Aufklärung und technische Entwicklung wohl als Vorbedingung. Vgl. näher dazu *H. P. Dreitzel*, Die gesellschaftlichen Leiden, S. 113 f. Die Aufteilung der Wohnung in Wohn- und Schlafzimmer, Küche, vielleicht auch noch in Arbeitsräume ist eine relativ junge Erscheinung und belegt den Trend. Vgl. *H. P. Dreitzel*, Die gesellschaftlichen Leiden, S. 229. Das Gleiche gilt für die sich im historischen Prozeß entwickelnde Absonderung der Kleinfamilie von der privat-öffentlichen Sphäre, vgl. *N. Elias*, Über den Prozeß der Zivilisation, Bd. I, S. 258.

[63] Vgl. dazu *H. P. Dreitzel*, Die gesellschaftlichen Leiden, S. 141.

[64] Vgl. *N. Luhmann*, Grundrechte als Institution, S. 22, der hervorhebt, daß die Identität des einzelnen nicht mehr der Garant eines Rollenzusammenhanges ist.

[65] *T. Geiger*, Vorstudien zu einer Soziologie des Rechts, S. 134, und ausführlich in: Demokratie ohne Dogma, S. 52 f. Vgl. auch *F. X. Kaufmann*, Sicherheit als soziologisches und sozialpolitisches Problem, S. 192, 193: „Erst der Mensch im Schnittpunkt sich kreuzender sozialer Kreise hat die Chance, sich als ein Subjekt zu erfahren, ... ein individuelles Selbstbewußtsein entsteht erst dort als historische Wirklichkeit, wo die personelle Homogenität der erfahrbaren sozialen Umwelt sich auflöst, ... die Desintegration der Gesellschaft, in der das Individuum nur partiell eingeordnet ist, macht die Integration des individuellen Ich-Selbst notwendig." Das Rollenbewußtsein wird als Notwendigkeit angesehen, um sich „unter verschiedenen, untereinander nicht in evidenter Weise verbundenen Ordnungen, in denen unterschiedliche Normen und Leitbilder gelten", seine Identität zu bewahren (so *F.-X. Kaufmann*, Sicherheit, S. 195); hierzu auch *J. Habermas*, Theorie und Praxis, S. 173.

[66] *H. G. Gough*, A sociological theory of psychopathy, Americ. Journ. of Soc. 53 (1948), S. 359—366.

ohne Reorganisation wesentlicher Strukturen seiner Persönlichkeit oder seines Körpers vorzunehmen[67]. Indem das Individuum mit vielen anderen Komplementärrollen der Gesellschaft verbunden ist, ergibt sich auch eine geschlossenere Integration in die Gesellschaftsnormen. Dadurch wird auch „die Gesellschaft" insgesamt flexibler und widerstandsfähiger[68].

Für das Verhältnis Person — Rolle — Gesellschaft läßt sich zusammenfassend angeben:

In der sozialen Rolle treffen Person und Gesellschaft aufeinander, werden mehr oder weniger reibungslos gekoppelt. Die Rolle erscheint auf der einen Seite als Ausdruck der Person, die sich im Rollenverhalten ein, wenn auch generalisiertes, Mittel des Ausdrucks und der Wirksamkeit verschafft, zugleich aber als eine Form der Institutionalisierung; eine durch die sozialen Zusammenhänge vorgeschriebene Sachstruktur, die nur von der Einzelperson ausgefüllt und belebt wird[69].

§ 2 Rollenbegriff und Rechtsordnung

1. Grundzüge

Ist für die Beschreibung der modernen Gesellschaft die Bedeutung der Rolle als soziologische Kategorie augenfällig, so liegt es nahe, daß auch die heutige Rechtsordnung, neben anderen ein Regulierungsmechanismus der sozialen Wirklichkeit[1], an die Grundeinheit Rolle[2] anknüpft.

Für den reinen Dogmatiker ist das nicht selbstverständlich; erst rechtssoziologische Sehweise begreift, daß die Wirksamkeit von Normen, ihre faktische Geltung, auch davon abhängt, ob sie auf den vorgefundenen sozialen Unterbau „zugeschnitten sind oder nicht"[3].

---

67 *T. Parsons*, Sozialstruktur und Persönlichkeit, S. 341 f.

68 *T. R. Sarbin*, Role Theory, in: Lindzey/Aronson, Handbook of Social Psychology, S. 539.

69 *W. Hehlmann*, Rollenverhalten, in: Wörterbuch der Psychologie, S. 490.

1 Vgl. *E. E. Hirsch*, Das Recht im sozialen Ordnungsgefüge, S. 321; *P. Trappe*, Die legitimen Forschungsbereiche der Rechtssoziologie, Vorwort zu *T. Geiger*, Vorstudien zu einer Soziologie des Rechts, S. 22 f.

2 Rolle dabei in der erarbeiteten soziologischen Bedeutung. Das Recht ist in gleicher Weise wie die Soziologie auf typisierte Erscheinungsformen angewiesen.

3 Vgl. dazu ausführlich *E. E. Hirsch* mit Beispielen der Rezeption fremden Rechts in: Das Recht im sozialen Ordnungsgefüge, S. 90, 91, 224 f. und in: Die Rezeption fremden Rechts als sozialer Prozeß, in: Festgabe für Fried-

Damit ist kein getreues Abbild gefordert, zumal die Gesellschaft selten einheitlich vorgeformte und allgemein anerkannte Lösungen bereits hervorbringt. Erst die Rechtsnorm führt oft kompromißhaft[4] zur generellen Entscheidung über künftige allgemeinverbindliche Verhaltensweisen. Auch soll es dem Gesetzgeber nicht verwehrt werden, gesellschaftlichen Wandel mit Hilfe neuer oder veränderter Normen einzuleiten und zu fördern. Doch darf keine allzu große Kluft zwischen Norm und Wirklichkeit bestehen.

Während sich beispielsweise Art. 3 Abs. 2 GG und die angepaßten übrigen Rechtsvorschriften auf einen, wenn auch nur gering wachsenden Trend zur Emanzipation der Frau stützen können[5], so bietet die gesellschaftliche Wirklichkeit dem noch geltenden Gesetz über den Familienrat (§§ 1858 ff. BGB) überhaupt keine Anwendungschance. Reminiszenzen an ein stark ausgeprägtes Sippenbewußtsein haben die zunehmende Bedeutungslosigkeit der Großfamilie bei Schaffung dieser Normen verdeckt[6]. Zudem hat das umständliche und nicht selten kostspielige Verfahren die Totgeburt dieses Instituts gefördert[7]. Lebendes Recht hat dagegen das Besondere der sozialen Wirklichkeit aufgefangen und — bewußt oder nicht — seinen Absichten entsprechend verarbeitet[8].

---

rich Bülow zum 70. Geburtstag, S. 121 ff.; P. Trappe, (siehe Anm. 1), S. 29, 30 f.; *M. Rehbinder*, Die Rechtstatsachenforschung im Schnittpunkt von Rechtssoziologie und soziologischer Jurisprudenz; in: JRR 1, (1970), S. 334, 343. *J. Esser*, Gedanken zur Dogmatik der faktischen Schuldverhältnisse, in: AcP 157 (1958), S. 86 ff.; *M. Drath*, Staat, in: Evangelisches Staatslexikon, Sp. 2123: Ordnungsfaktor Recht muß sicherstellen, „daß die Regulierungsakte selbst und ihre Wirkungen sozial akzeptiert werden. Deshalb muß es sich laufend an den gesellschaftlichen Realitäten orientieren."

Zur Unterbau-Überbau-Theorie macht neuerdings *K. Thomas*, Analyse der Arbeit, S. 185 ff., 199, darauf aufmerksam, daß der juristische Aspekt ebenso wie etwa der physiologische, psychologische und soziologische nur ein Bestandteil von Situationsvollzügen, von Handlungen sei. Besonders das Institut der „betrieblichen Übung" erfordere diese gleichrangige Betrachtungsweise.

[4] Vgl. auch *G. Spittler*, Norm und Sanktion, S. 74.

[5] Vgl. *Naomi Weisstein*, Loyola University Chicago, Warum Psychologen das Rätsel Frau nicht lösen können, in: „Die Zeit", v. 5. Dez. 1969, S. 71, 72; und über die begrenzte Wirkungschance des Gleichberechtigungsgrundsatzes, *E. E. Hirsch*, Rechtssoziologie, in: G. Eisermann, Hrsg., Die Lehre von der Gesellschaft, S. 213, 214.

[6] Vgl. *J. Gernhuber*, Lehrbuch des Familienrechts, S. 448.

[7] Vgl. *Soergel/Siebert/Germer*, Bürgerliches Gesetzbuch, § 1858 BGB, Rdnr. 1.

[8] Vgl. hierzu *F. C. v. Savigny*, Entstehung des positiven Rechts, in: Grundgedanken der Historischen Rechtsschule, hrsg. v. Erik Wolf, S. 3, 5 f.: ... „wie die Sprache, gibt es auch für das Recht keinen Augenblick eines absoluten Stillstandes, es ist derselben Bewegung und Entwicklung unterworfen, wie jede andere Richtung des Volkes, ... Das Recht wächst mit dem Volke fort, bildet sich aus diesem, und stirbt endlich ab, so wie das Volk seine Eigentümlichkeit verliert."

Wie sehr das Recht soziale Strukturen widerspiegelt, belegt die klassische rechtssoziologische Erkenntnis von der Wandlung des Statusrechtes zum Kontraktsrecht[9].

Hier kann nur formelhaft an die Grundzüge dieser Entwicklung erinnert werden. Das Statusrecht knüpft die Rechtsposition des einzelnen, seine Gestaltungsmöglichkeiten und Pflichten an seine Stellung in einem hierarchisch gegliederten Ordnungssystem an. Mit dem Erwerb der Gruppenzugehörigkeit, wie der „gens“ in der Antike oder zu den Zünften und Gilden im Mittelalter, waren insgesamt die Rechtsbeziehungen innerhalb der Gruppe und im Außenkontakt[10] festgelegt. Da die einzelne Gruppe ihr Mitglied total erfaßte, war die damit verbundene Entwicklungsmöglichkeit endgültig und abschließend geregelt[11]. U. a. verhinderte die Ausschließlichkeit der Status-Einstufung nach einer rechtssoziologisch interessanten These von H. J. Wolff die Ausbildung eines differenzierenden Handelsrechtes in der Antike. Sie unterblieb im Gegensatz zur etwa entsprechenden wirtschaftlichen und industriellen Lage z. B. des mittelalterlichen England, das ein ‚law-merchant‘ hervorbrachte, weil in der Antike der Platz des Individuums in der Gesellschaft und damit auch seine rechtliche Stellung in erster Linie aus der Zuordnung zu einem der Geschlechtsverbände bestimmt wurde. Diese Statusqualifizierung verhinderte eine weitere Differenzierung nach der Art der Beschäftigung, abgesehen von geringfügigen Ausnahmen etwa bei Soldaten durch Eheverbot und Erleichterung der Testamentsvollstreckung[12].

Dem Statusrecht entspricht die „Figur“ der „gestuften Rechtsfähigkeit“[13].

Zur formalen Rechtsgleichheit aller Staatsangehörigen führten dann Marktverbreiterung, technischer Fortschritt, Arbeitsteilung, Bürokratisierung des Staates, Monopolisierung der Rechtssetzung unter Zurück-

---

9 Grundlegend *H. S. Maine*, Ancient Law, Its Connection with the Early History of Society and its Relation to Modern Ideas; ausführlich dazu: *M. Rehbinder*, Status — Kontrakt — Rolle, Wandlungen der Rechtsstruktur auf dem Wege zur offenen Gesellschaft, in: Berliner Festschrift für E. E. Hirsch, 1968, 141 ff., gekürzt in: Hirsch/Rehbinder (Hrsg.), Studien und Materialien zur Rechtssoziologie, Sonderheft 11/1967 der Kölner Zeitschrift für Soziologie und Sozialpsychologie, S. 197 ff.

10 Ausgenommen die reinen ökonomischen Austauschverträge, die statusirrelevant waren, vgl. hierzu *M. Rehbinder*, in: Status — Kontrakt — Rolle, S. 203.

11 Der seltene Fall eines natürlich vorkommenden ‚Durchbruchs‘ ist atypisch und hier nicht näher zu verfolgen.

12 Ausführlich: *H. J. Wolff*, Das Verhältnis der Rechtsordnung zur gesellschaftlichen, wirtschaftlichen und politischen Ordnung antiker Staaten, in: Zur Einheit der Rechts- und Staatswissenschaften, S. 167 ff.

13 Hierzu *E. Ehrlich*, Die Rechtsfähigkeit; *E. Rabel*, Grundzüge des römischen Privatrechtes, S. 14.

drängen der Stände und, als geistig-seelischer Überbau, der schon geschilderte Frühindividualismus. Das Leben gestaltete nun der individuelle Vertrag. Das sich autonom begreifende und spontan handelnde „bürgerliche Subjekt“[14] schaffte sich diese Kategorie und nutzte sie, um die Welt, die es nunmehr als sein Material begreifen konnte, nach seinen Vorstellungen zu formen.

Die axiomatisch gesetzte Gleichheit[15] der Vertragspartner begünstigte aber im Sinne einer größeren Freiheit nur den ökonomisch Stärkeren[16]. Er diktierte den Vertrag. Erst die zunehmende Organisation der benachteiligten Massen und ihr wachsender Einfluß auf die Gesetzgebung führte zur schützenden, vorsorgenden staatlichen Regelung vieler Lebensbereiche und damit zur Einengung der ursprünglich dominierenden Privatautonomie.

Aus dieser Sicht wird die moderne Rechtsstruktur mit dem überkommenen Kontraktmodell nicht mehr hinreichend beschrieben. So führte denn auch der Umfang des staatlich durchgesetzten Sozialrechtes[17] bei anglo-amerikanischen Rechtstheoretikern[18] zu einem Rückgriff auf den Statusbegriff. Er bezeichnet jetzt die dem einzelnen vom Staate gemäß seiner jeweiligen rechtlichen Stellung auferlegten Beschränkungen. Wer Unternehmer im Sinne des Schutzgesetzes ist, darf z. B. seine Arbeiter nicht länger als 8 Stunden täglich beschäftigen und kann ihnen nicht willkürlich kündigen.

Öffentlich-rechtliche Elemente finden sich auch im Familienrecht des BGB[19]. Staatliche Organe wirken bei der Gestaltung der einzelnen

---

[14] So *B. Willms*, Revolution und Protest oder Glanz und Elend des bürgerlichen Subjektes, S. 28, 29, 30, und ausführlich ders., Gesellschaftsvertrag und Rollentheorie, in: JRR 1 (1970), S. 275 ff.

[15] Zum übergeordneten allgemeinen rechtlichen Freiheitsverständnis vgl. die Bemerkung von *Anatole France* in dem Roman ‚Die rote Lilie‘ über die „majestätische Gleichheit des Gesetzes, das Reichen wie Armen verbietet, unter Brücken zu schlafen, auf den Straßen zu betteln und Brot zu stehlen“.

[16] Hierzu s. historisch: *A. Menger*, Das bürgerliche Recht und die besitzlosen Volksklassen; ders., Über die sozialen Aufgaben der Rechtswissenschaft; kurz: *Thilo Ramm*, Einführung in das Privatrecht, Allgemeiner Teil des BGB Bd. I, G. 67; *H. Ryffel*, Grundprobleme der Rechts- und Staatsphilosophie, S. 474.

[17] Typische Sozialgesetze (in der BRD) sind u. a. etwa: Bundessozialhilfegesetz, Mutterschutzgesetz, Kündigungsschutzgesetz, Jugendarbeitsschutzgesetz, Gesetze über Sozial-, Kranken-, Renten-, Haftpflichtversicherungen, Gesetze über die Kriegsopferversorgung und den Lastenausgleich.

[18] *W. G. Friedmann*, Some Reflections on Status and Freedom, in: R. A. Newman, Hrsg., Essays in Jurisprudence in Honor of Roscoe Pound, S. 226 ff.; *R. H. Graveson*, Status in the Common Law, S. 6, 52, 59, 111—141.

[19] Im öffentlich-rechtlichen Bereich findet der Status-Begriff noch bei Georg Jellinek Verwendung. Status ist bei ihm eine bestimmte Position des einzelnen im Verhältnis zum Staate und verleiht entsprechende subjektiv-öffentliche Rechte. Jellinek wertet auch die im Privatrecht geregelte

rechtlichen Beziehungen (vgl. u. a. Vormundschaft, Adoption, Eheschließung) entscheidend mit. Die sog. Status-Klage (vgl. § 640 ZPO) führt so zur Feststellung einer bestimmten familienrechtlichen Position.

Die Durchdringung der gesamten Rechtsordnung mit öffentlich-rechtlichen Elementen ist danach sicher kennzeichnend für das moderne Recht des Sozialstaates. Verzeichnet ist aber das Bild, wenn nur der Aspekt des staatlichen Eingriffs als einzig charakteristisch hingestellt wird. Wohl grenzt der Sozialstaat die individuellen wirtschaftlichen, persönlichen Verhaltensweisen in Spielräume ein, um auch dem ökonomisch Schwächeren eine Entfaltung seiner Person zu gewähren — ihm Chancengleichheit beim Start zu geben[20] — und die für die Existenz des Staates als notwendig empfundenen Institute wie die Familie abzusichern. Nicht aber beseitigt er jede private Gestaltung.

Wie Rehbinder[21] herausstellt, macht also die sich daraus ergebende Mischung von öffentlichem Recht und Privatrecht die besondere Eigenart des modernen Rechts aus.

Neben den sozialstaatlich bedingten vornormierten Rechtsverhältnissen stößt der einzelne heute auf unzählige vorgefertigte Muster reiner Privatrechtsbeziehungen, die er nur zu aktualisieren braucht und die ihm wenig oder keinen Raum für individuelle Abweichungen zugestehen[22].

Auch diese Tatsache rechtfertigt nicht, eine Rückkehr zum Statusrecht anzunehmen. Standardisierung und Rationalisierung der Rechtsgeschäfte durch Formularverträge und Allgemeine Geschäftsbedingungen, gegeben durch den Massenverkehr, wollen primär keine Begrenzung der individuellen Vertragsfreiheit, sondern die Abwicklung erleichtern[23].

Daß die Vertragsfertiger ihre Chance des faktischen Zwanges ausnützen und die Normen für sich vorteilhaft gestalten wollen, tut der grundsätzlichen Sicht keinen Abbruch. Das Privileg des Vertragsdiktats wird durch die Korrektur der Rechtsprechung entschärft[24].

Rechtsfähigkeit als öffentlich-rechtlich, weil der Staat die Rechtssubjektivität verleihe. Vgl. *G. Jellinek*, Allgemeine Staatslehre, S. 418.

20 Nach *W. Wertenbruch*, Sozialrecht und allgemeines Verwaltungsrecht, in: DÖV 69, 94, soll das Sozialrecht die individuelle Freiheit durch eine Akzentuierung der Gleichheit aller Menschen fördern.

21 *M. Rehbinder*, Status — Kontrakt — Rolle, S. 210.

22 *W. Flume*, Rechtsgeschäft und Privatautonomie, in: Festschrift Deutscher Juristentag 1960, Bd. I, S. 165; *W. J. Habscheid*, Arbeitsverweigerung aus Glaubens- und Gewissensnot, in: JZ 64, 246 ff.

23 So auch *T. Ramm*, Einführung in das Privatrecht, Allgemeiner Teil des BGB, Bd. II, S. 482.

24 Vgl. allgemein hierzu: *L. Raiser*, Das Recht der Allgemeinen Geschäftsbedingungen; vgl. zur Entwicklung der Rechtsprechung: RG JW 31, 2719; BGHZ 20, 164, 167 f.; 38, 183, 185; 41, 151, 154.

Eine gewisse Normierung des Einzelschicksals ist weiter in der Einflußnahme der Großverbände (Parteien, Gewerkschaften, Arbeitgebervereinigungen, Kirchen u. a.) durch Einwirkung auf die Gesetzgebung und durch eigene Verbandsordnungen gegeben. Ein neuer „ständischer" Pluralismus ist aber darin nicht zu sehen. Die Verbandsherrlichkeit unterliegt staatlicher Aufsicht und Begrenzung[25]. Ausgesprochene Standesrechte, wie die der Ärzte und Rechtsanwälte, sind Relikte, die die große Linie stören und zudem auf staatliche Delegation zurückzuführen sind.

Eine Umkehrung der Bewegung von „status to contract" nehmen Renner[26] und ihm folgend Unterseher[27] nach Beobachtung der Arbeitsverhältnisse des 20. Jahrhunderts an. Renner schreibt: „Das früher rein vertragliche Arbeitsverhältnis ist nun ‚Stelle' geworden, wie das Eigentum Anstalt. Man hat eine Stelle inne mit festem Rechts- und Pflichtenkreis, und diese Stelle ist ein ähnliches Rechtsinstitut geworden wie das Lehen der Feudalzeit. Die Stelle umfaßt den Anspruch auf gebührenden Lohn (Tarif oder Pragmatik), die Pflicht bestimmter Beitragsleistungen (Gewerkschaft, Versicherungsinstitute), das Recht auf bestimmte Versorgungsgenüsse (Krankheit, Unfall, Alter, Tod) und endlich bestimmte Sicherungen gegen Stellenverlust." Unterseher[28] räumt ein, daß die gezogene Parallele nur eingeschränkt gelte. Es gibt keine erblichen Stellen, Stellenverlust ist möglich, und es gibt auch eine Kündigung aus wichtigem Grunde.

In diesen Zusammenhang gehört auch der Versuch, das Arbeitsverhältnis als ein personenrechtliches Gemeinschaftsverhältnis zu sehen, das besser als das Vertragsmodell die Fülle der Nebenpflichten erfassen soll. Kritisch wird gegenüber diesem Ansatz eingewandt[29], daß durch das Gemeinschaftsverhältnis der Mensch wie beim Statusrecht wieder in eine umfassende Abhängigkeit in Gestalt starrer Bindungen durch Recht und Sitte gebracht werde. Der Vertrag, so unbefriedigend diese Figur in vielen Beziehungen auch sei, grenze dagegen die einzelnen Rechte und Pflichten der Vertragspartner exakt ab und schaffe so Freiheitsräume für die Beteiligten. Auch zwinge er zur notwendig nüchternen Betrachtung des Arbeitsverhältnisses, das vorrangig einem Austausch zu dienen habe.

---

[25] Ausführlich dazu *G. Leibholz*, Staat und Verbände, in: VVDStRL 24 (1966), S. 5 ff.; *K. Löwenstein*, Verfassungslehre, S. 387, 389 f., 347; *J. Wössner*, Die ordnungspolitische Bedeutung des Verbandswesens, S. 56 ff.

[26] *K. Renner*, Die Rechtsinstitutionen des Privatrechtes und ihre soziale Funktion, S. 102.

[27] *L. Unterseher*, Arbeitsvertrag und innerbetriebliche Herrschaft, S. 80.

[28] *L. Unterseher* (s. Anm. 27), S. 80.

[29] *P. Schwerdtner*, Gemeinschaft, Treue — Fürsorge — oder: die Himmelfahrt des Wortes, in: ZRP 70, 62.

Von dieser mehr rechtspolitischen-ideologiekritischen Betrachtung abgesehen, bleibt festzustellen, daß zur Unterscheidung vom Statussystem heute der einzelne von den jeweiligen Gruppen mit ihren vornormierten Rechtsbeziehungen nie so total und endgültig — auch rechtlich — erfaßt wird. Relativ leichter Wechsel und mannigfaltige Gruppenzugehörigkeit infolge hochgradiger sozialer Differenzierung[30] stehen der „lebenslänglichen", meist durch Herkommen bedingten umfassenden, hierarchischen Eingliederung gegenüber[31].

Gehört der einzelne einer Vielzahl von Gruppen an, die oft verselbständigt, keinen übergeordneten Zusammenhang in sich tragen, so muß das Recht, soweit es überhaupt zur Regelung benutzt wird, der jeweiligen Besonderheit entsprechen. Der hohe Differenzierungsgrad unserer Gesellschaft ist also Anlaß, differenzierende Normen zu schaffen.

Daß überhaupt derart ins Detail gehende staatliche Vorschriften aufgestellt werden, erklärt die im Recht abgebildete und durch das Recht gesicherte Herrschaftsverteilung. So wird der im überkommenen Sinne nur liberale Staat die Trennung und Ausgestaltung seines Apparates von den sich selbst überlassenen gesellschaftlichen Kräften normieren. Der totalitäre Staat dagegen wird, um seinen Einfluß überall zu gewährleisten, sich einer umfassenden rechtlichen Regelung bedienen, dabei aber vermeiden, sich selber durch die geschaffenen Normen eindeutig festzulegen[32]. Und der soziale Rechtsstaat schließlich muß in die gesellschaftlichen Verhältnisse regelnd eingreifen, um Entfaltungsmöglichkeiten aller seiner Angehörigen bereitzustellen und zu sichern[33]. Soziales

---

30 W. G. *Friedmann*, Some Reflections (s. Anm. 18), S. 236 f., erkennt diese Tatsachen durchaus an, hält aber trotzdem seine wegen des öffentlichrechtlichen Elementes begründete neue Status-Struktur-These aufrecht. Dagegen M. *Rehbinder*, Status — Kontrakt — Rolle, S. 210.

31 Eine abweichende und den Status-Trend bestätigende Entwicklung ist dagegen im modernen Japan zu verzeichnen. Hier ist mit dem Eintritt des jungen Mannes, der jungen Frau in einen der wenigen Großbetriebe ihr Lebensschicksal eingegrenzt. Von der Firma wird nahezu alles, auch Einstellung und außerberufliche Verhaltensweisen bezogen. Spezielle Untersuchungen, inwieweit etwa VW oder Renault mit ihren gesamten sozialen Einrichtungen das Leben, eingeschlossen alle rechtlichen Beziehungen, mit gestalten, liegen noch nicht vor.

32 Mit Hilfe von Generalklauseln; vgl. hierzu E. *Denninger*, Polizei in der freiheitlichen Demokratie, S. 24; F. *Mayer*, Der Rechtswert des Begriffes „Öffentliche Sicherheit und Ordnung", in: DVBl. 59, 449 ff.; und Anwendungsbeispiele in: PrOVGE 102, 179 f.; 103, 159, 160 f.

33 So auch H. *Ryffel*, Grundprobleme der modernen Rechts- und Staatsphilosophie, S. 474. Er macht aber auf eine — vom hier vertretenen „unphilosophischen" Standpunkt aus schwer angemessen zu beurteilende — Gefahr aufmerksam, die in der ungeheuren Häufung von Wahlmöglichkeiten liege, durch die der Mensch abgedrängt werde und nicht zur eigenständigen Würdigung seines Wesens gelangen könne.

Recht beseitigt oder begrenzt die faktische Herrschaft der ökonomisch Stärkeren[34].

Entgegen des hier begrüßten Eingehens rechtlicher Regelungen auf die jeweilige soziale Position der Rechtsunterworfenen, trifft diese Entwicklung bei Willms auf Bedauern. Im Gegensatz zum Vertrag, der eine emanzipierte Kategorie sei, müsse die Rolle als resignative eingestuft werden[35]. Das bürgerliche Subjekt, dem ohnehin durch partikulare Schichten jegliche emanzipativen Momente ausgetrieben worden seien, und das zum bloßen possessiven Individualismus: „Hast du was, bist du was" abgedrängt worden sei[36], werde durch das Rollenselbstverständnis in dieser Beschränkung nur noch mehr gebunden. Sein unmittelbares Menschsein müsse so der Öffentlichkeit[37], ihrer Anerkennung und Teilnahme entbehren.

Der Beobachtung eines bloßen possessiven Individualismus ist weitgehend zuzustimmen. Nur muß erneut daran erinnert werden, daß der Frühindividualismus, der Aufbruch des autonomen, relativ schöpferischen Menschen, nur eben wenige Menschen erfaßte, und daß heute zum ersten Mal die gesamte Bevölkerung gewisse Chancen einer Entwicklung hat. Weiter muß die Rollenkategorie kein Instrument einer neuen Einengung des Menschen sein[38], sondern ist auch für einen entgegengesetzten Denkansatz verfügbar, nämlich bewußt zu machen, daß der einzelne eine Vielzahl von Rollen innehat und eben vielleicht nur in der „possessiven" Position unterlegen ist. Wie soll sich nur *praktisch* jenes geforderte unmittelbare Menschsein mit Öffentlichkeit für jedermann in unseren geballten Lebenszentren abspielen und dennoch ein gewisser Lebensstandard durch Produktion gehalten werden?

„Rolle" ist m. E. eine sozial-anthropologische Grundkategorie, deren Entdeckung und Bewußtwerdung auch in der sprachlichen Abbildung erst bei hochgradiger sozialer Differenzierung nahelag. Zu ändern ist danach u. a. nur Einschätzung und tatsächliche Nivellierung der rein possessiven Variablen und eine entsprechende Anhebung menschenwürdiger Werte[39].

---

[34] Inwieweit das Leitbild des Sozialstaates etwa in der BRD über Ansätze hinaus verwirklicht wurde, ist hier nicht weiter zu verfolgen.

[35] *B. Willms*, Revolution und Protest oder Glanz und Elend des bürgerlichen Subjekts, S. 58, und ausführlich ders., Gesellschaftsvertrag und Rollentheorie, in: JRR 1 (1970), S. 275.

[36] *B. Willms*, Revolution und Protest, S. 28, 91.

[37] *B. Willms*, Revolution und Protest, S. 58.

[38] Dazu ausführlich: *D. Claessens*, Rollentheorie als bildungsbürgerliche Verschleierungsideologie, in: Spätkapitalismus oder Industriegesellschaft, S. 270 f.

[39] Von absoluten Werten ist schon wegen ihrer schlechten Erkennbarkeit nicht auszugehen.

Die geplante Verwendung des Rollenbegriffs könnte noch der Verdacht[40], damit Herrschaftsideologie zu betreiben, vereiteln. Dem von Claessens als entlarvend gemeinten Ausdruck „Machtrolle" kann jedoch nicht so recht ein revolutionärer Beigeschmack abgewonnen werden. Beim jüngsten „Machtwechsel" in der Bundesrepublik war es geradezu auffällig, wie häufig das Begriffsarsenal der Rollentheorie herhalten mußte, um jenen Vorgang plastisch zu beschreiben. Der Rollenbegriff eignet sich im Gegenteil durchaus zur Aufdeckung von Machtbezügen. Das ist schon durch die Angabe der konkreten Positionen der Rollenpartner gewährleistet. Rollenreservoir und Rollenwechsel u. a. machen zudem die relative „Stabilität" der jeweiligen Rollenträger bewußt. Ein Vorverständnis über die Bedeutung der einzelnen Positionen ist allerdings unumgänglich und durch hinreichende Aufklärung auch zu erzielen.

Demnach steht der Charakterisierung moderner Rechtsstrukturen mit Hilfe des Rollenbegriffs eine mögliche Verschleierungsfunktion der Rollentheorie nicht entgegen.

Als Ergebnis bleibt festzuhalten, daß hoher Differenzierungsgrad moderner Gesellschaften und soziale oder totalitäre Herrschaftstendenzen[41] Normen hervorbringen, die eine Vielzahl von Beziehungsgefügen mit entsprechend differenzierten rechtlichen Verhaltensmustern versehen.

Dabei bezieht diese Deutung die Zunahme des öffentlich-rechtlichen Elementes mit ein, während umgekehrt die Zunahme des öffentlich-rechtlichen Elementes nicht in gleichem Maße den Anknüpfungspunkt moderner Rechtsordnungen, das einzelne Beziehungsgefüge, assoziiert.

Von dieser Grundeinheit, die durch soziale Rolle und Position beschrieben wird, ist also auszugehen. Da ‚Rolle' dem heute dominierenden Funktionsdenken entspricht (im Gegensatz zum Seinsdenken), läßt sich mit Rehbinder[42] sagen:

„Ein Rechtstyp, der in dieser Weise nach der sozialen Position des Menschen differenziert, ist ein Recht, das in sozialen Rollen denkt[43]."

---

[40] *D. Claessens*, Rollentheorie als bildungs-bürgerliche Verschleierungsideologie (s. Anm. 38), sowie ders., Rolle und Macht, S. 127 ff.; *R. M. Michel*, Herrschaftsfreie Institutionen, in: Kursbuch 19 (1969), S. 163 f., 184.

[41] Die Gefahr des Sozialstaates, in einen totalitären umzuschlagen, macht diese sachliche Nähe deutlich.

[42] *M. Rehbinder*, Status — Kontrakt — Rolle, S. 312.

[43] Vgl. auch die Beobachtung dieser Tendenz bei *M. Drath*, Über eine kohärente sozio-kulturelle Theorie des Staats und des Rechts, in: Festschrift für Leibholz I, S. 35 f.; *A. Podlech*, Das Grundrecht der Gewissensfreiheit und die besonderen Gewaltverhältnisse („Vom Status zur Rolle"), S. 32; *H. Ryffel*, Grundprobleme der Rechts- und Staatsphilosophie, 109, 474 f., 510; *H. J. Scholler*, Gewissen, Gesetz und Rechtsstaat, in: DÖV 69, 530, 533 ff.; *J. Stone*, Social Dimensions of Law and Justice, S. 126 ff.; *B. Willms*, Gesellschaftsvertrag und Rollentheorie, in: JRR 1 (1970), S. 275.

Wie berechtigt es ist, heute vom Rollenrecht zu sprechen, ist noch an konkreten Beispielen nachzuweisen.

2. Nachweise des Rollenverständnisses

a) Das Recht leistet verbindliche Rollendefinitionen

Offensichtlich liegt Rechtsnormen das Rollenverständnis zu Grunde, wenn es darum geht, eine Definition für eine spezifische „Eigenschaft" eines Menschen festzulegen und daran Rechtsfolgen zu knüpfen.

Wer Berufsausbildender im Sinne der Handwerksordnung sein kann, wird in den §§ 21 ff. der Handwerksordnung abschließend geregelt. Das Gesetz normiert einige Vorbedingungen, z. B. Alter von 24 Jahren und Meisterprüfung. Danach bestimmt es dann Rechte und Pflichten des Lehrherrn, wie die Befugnis, Lehrlinge einzustellen, ihnen Arbeitsverrichtungen zuzuweisen und die Pflicht, sie auszubilden und ihnen Zeugnisse zu erteilen (§§ 25 f. HandwO). Die Rollenerwartungen sind objektiv verallgemeinernd umschrieben: ordnungsgemäße Ausbildung (§ 24 HandwO), Anhalten zu gutem Betragen, Bereitstellen einer angemessenen Unterkunft (§ 26 HandwO) usw. Das entspricht dem entwickelten Rollenbegriff, der nicht das tatsächliche Verhalten oder die subjektiven Auffassungen der einzelnen Rollensender, sondern generalisierte Erwartungen zum Kriterium macht. Bei der Konkretisierung der Rechtsnormen, etwa durch die Rechtsprechung, ist dann wieder auf das reale Rollenverhalten einzugehen[44].

Aus dem Bereich des öffentlichen Rechts sei auch beispielhaft die umfassende Rollendefinition des Bundespräsidenten erwähnt (Art. 55 ff. GG und Nebengesetze). Das Bürgerliche Recht umschreibt etwa, wer Erbe ist und welches Verhalten von ihm erwartet wird (§§ 1922 ff. BGB), in den §§ 1773 ff. BGB werden Stellung und Aufgaben des Vormunds festgelegt. Das Gesellschaftsrecht bestimmt u. a. die Wahl und Funktion des Aufsichtsrats und Vorstandsvorsitzenden (§§ 76—116 AktG). Das Arbeitsrecht legt fest, wer Betriebsratsmitglied sein kann und welche Aufgaben er hat (§§ 6 BetrVerfG). Am augenfälligsten sind vielleicht in der Rechtsordnung Stellung und Funktionen der Mitwirkenden im gerichtlichen Verfahren herausgearbeitet. Dem Richter, Staatsanwalt, Verteidiger, Zeugen, Sachverständigen, Gerichtsvollzieher ist von den speziellen Gesetzen (wie StPO, ZPO, GVG, FGG, SGG, ArbGG, FGO, VwGO) die jeweilige Rolle detailliert zugeschneidert.

---

[44] Vgl. *M. Drath* (s. Anm. 43), Theorie des Staats und Rechts, S. 71.

Diesen Beobachtungen ist allein wohl wenig Neues abzugewinnen. Denn die Rolle des Käufers und die gegenläufige des Verkäufers sind in allen bisherigen Formen eines Kaufrechtes beschrieben worden[45]. So wird als wesentliche Funktion des Rechtes deshalb von Hoebel[46] und ihm folgend Schott[47] die verbindliche Rollendefinition angesehen. Bemerkenswert ist dagegen das schon hervorgehobene Verständnis des Menschen nicht mehr in der nivellierenden Abstraktion des Personbegriffes[48], sondern in seiner jeweiligen sozialen Eigenschaft als Arbeitgeber oder Angestellter, als Hausgrundstückseigentümer oder als Mieter.

Für den Rechtssoziologen knüpft sich an die Feststellung einer gesetzlichen Rollendefinition die Frage nach ihrer Brauchbarkeit im Kontext der sozialen Wirklichkeit. Hier bleibt nur der Raum, statt eines Beispieles auf Hirschs[49] eingehende Analyse der Rolle des Handelsvertreters und seines gesetzlichen Typus in § 84 HGB zu verweisen. Die rechtliche Rollendefinition (§ 84 HGB) entspricht danach nicht den wirtschaftlichen Gegebenheiten und führt in der Rechtsanwendung durch wirtschaftsunkundige Juristen zu erheblichen Fehlern.

b) Der Rollenbegriff im öffentlichen Recht

Nicht ganz so selbstverständlich wie die schlichten rechtlichen Rollendefinitionen ist die Aufschlüsselung von Institutionen und Organisationen als Rollenkomplexe[50].

Ehe, Post, Schule, Polizei, Gericht, Berufsbeamtentum sind Abstraktionen, die unmittelbar Sinn und Zweck[51] der Einrichtungen verdeutlichen. Ihrem Begriffscharakter nach sind sie vom Persönlichen abgehoben. Man sagt, die Post öffnet um 8 Uhr, und meint damit nicht in

---

45 Vgl. *M. Rehbinder*, Status — Kontrakt — Rolle, S. 215.

46 *E. A. Hoebel*, The law of primitive man, S. 275 f.

47 *R. Schott*, Die Funktion des Rechts in primitiven Gesellschaften, in: JRR 1 (1970), S. 107, 126.

48 Vgl. *M. Rehbinder*, Status — Kontrakt — Rolle, S. 211.

49 *E. E. Hirsch*, Der gesetzlich fixierte „Typ" als Gefahrenquelle der Rechtsanwendung, in: Das Recht im sozialen Ordnungsgefüge, S. 161 ff.; dazu *K. Larenz*, Methodenlehre der Rechtswissenschaft, S. 433, 437 f.

50 Vgl. dazu *W. J. Goode*, A Theory of Role Strain, in: Americ. Soc. Rev. 15 (1960), S. 483 f.: „Die weit verbreitete Auffassung, daß Institutionen aus Rollen bestehen, ist deswegen so fruchtbar, weil sie das soziale Handeln, eine relativ leicht beobachtbare Erscheinung, mit der Sozialstruktur als einer sehr wichtigen, aber weniger leicht beobachtbaren Erscheinung verbindet." Vgl. auch *F. Jonas*: „Die Institution ist nach außen ein Rollensystem, nach innen geistiger Gehalt" (*F. Jonas*, Die Institutionenlehre Arnold Gehlens, S. 78).

51 Vgl. aber die kritische Zweckanalyse bei *N. Luhmann*, Zweckbegriff und Systemrationalität. Über die Funktion von Zwecken in sozialen Systemen.

erster Linie, daß der Schalterdienst von Postbeamten um 8 Uhr einsetzt, sondern daß die Einrichtung Post ab 8 Uhr für den einzelnen verfügbar wird.

Ein entsprechend verschiedener Aspekt wird auch in der Benennung von Rechtsnormen sichtbar. Im Gegensatz zu den sogenannten Verhaltensnormen[52], die sich an jedermann wenden, regeln die sogenannten Organisationsnormen die innere Ausgestaltung der Einrichtungen.

Verdrängt man das abstrakte Post-Verständnis und sieht den konkreten Briefträger, Schalterbeamten, Paketstapler, leitenden Oberinspektor, dann wird es sofort einsichtig, daß Organisationsrecht auch Rollenrecht sein muß. Verbindliche Rollendefinitionen (Funktionsbestimmung) und Koordinierung dieser Rollen sind vordringliche Aufgaben der Organisationsnormen. Diese Betonung trägt zu einem nüchternen Verwaltungsverständnis bei und entspricht der Tendenz in Forsthoffs[53] Klassifizierung der Verwaltung als Arbeitsvorgang. Nicht die Delegation und Zurechnung des Staatswillens sind fragwürdig, sondern prüfenswert ist, ob die heutige rechtlich fixierte Verwaltungsorganisation den Ansprüchen des leistungs- und nicht eben hoheitlich orientierten Souveräns genügt.

Auch in diesem Sinne spricht Drath dann von einer Institution, wenn mehrere Rollen sich als so konzipiert erweisen, daß sie in einem sozial erwünschten oder zugelassenen Ergebnis konvergieren[54].

Auch bei H. J. Wolff[55] wird das Rollenkonzept in die rechtswissenschaftliche Organisationslehre aufgenommen, allerdings nur zur soziologischen Kennzeichnung des faktischen Aspektes eines Rechtsbegriffes. Ein einleuchtender Grund für die Angabe eines faktischen Organisationsbegriffes im weiteren Sinne[56] und die gesondert gebrachte Verwendung soziologischer Termini[57] ist jedoch nicht zu sehen, denn inhaltlich wird das Gleiche gesagt, nur daß die soziologische Ausdrucksweise eben präziser ist als die umgangssprachliche Darstellung des Faktischen.

---

52 Vgl. zu dieser Frage *E. Forsthoff*, Lehrbuch des Verwaltungsrechts, Bd. I, S. 401.

53 *E. Forsthoff* (s. Anm. 52), S. 401, 416, 417.

54 *M. Drath* (s. Anm. 43), Theorie des Staats und Rechts, S. 47.

55 *H. J. Wolff*, Verwaltungsrecht II, S. 47.

56 *H. J. Wolff* (s. Anm. 55), S. 4: „Der Inbegriff der in wechselseitigen sozialen Beziehungen zueinander stehenden Menschen, insofern diese zur Wahrnehmung gewisser allgemeiner Angelegenheiten zu einer durch funktionsteilige Organe handelnden Einheit verbunden sind."

57 *H. J. Wolff* (s. Anm. 55), S. 2, im Anschluß an *R. Mayntz*, Soziologie der Organisation, S. 36: „Zweckrational gestaltete und arbeitsteilig differenzierte Systeme sozialer Rollen, die durch Stabilisierung (Internalisierung) typisierter Verhaltenserwartungen konstituiert sind."

Zudem ließe sich auch in seinen normativen Organisationsbegriff im weiteren Sinne das soziologische Kürzel Rolle einbauen, ohne daß — von der Neuheit und Schärfe abgesehen — damit etwas hinzugetan oder weggenommen wäre. Der fragliche Begriff ließe sich so mit: das System der diese Rollen regelnden Rechtssätze, definieren.

Deutlich wird die überflüssig vorsichtige Unterscheidung Wolffs in faktischen und soziologischen Aspekt auch bei Einführung seines Amts-Begriffes[58]. Normativ ist bei ihm „Amt" ein auf einen Menschen bezogener institutionalisierter Komplex von Wahrnehmungszuständigkeiten. Faktisch räumt Wolff ein, daß sich Rolle und Amt decken, beide meinen den auf den Menschen bezogenen Inbegriff stabilisierter (institutionierter) Verhaltenserwartungen, nur daß eben das Amt an keine Organisation gebunden sei und daher der Amtsbegriff enger wäre. Dieser Unterschied läßt sich jedoch leicht auch in die normative Definition des Amtsbegriffes hereinnehmen. Dann könnte Amt im normativen Sinne nach Wolff als: Rolle in einer Organisation, umschrieben werden, wobei durch die Nennung der (normativ aufzufassenden) Organisation ausgesprochen ist, daß die Rollenerwartungen durch rechtliche (staatliche) Vorschriften fixiert sind.

Auch der Staatsbegriff ist dem Rollenkonzept nicht unzugänglich. Institutionen und beispielhaft Ämter erfüllen soziale Teilfunktionen des Staates. Konsequent kann dann der Staat als Institution der Institutionen verstanden werden[59]. Treffend formuliert daher Drath[60]: „Mittelbar wird so durch das rollengemäße Verhalten der Menschen und im Rahmen dieser besonderen Institutionen das Zusammenwirken aller als die Wirksamkeit des Staates konstituiert und konstituiert diesen selbst als eine Wirkungseinheit.

Daß die juristische Erfassung der Rechtsperson Staat überhaupt sozialwissenschaftlicher Deutung bedarf, belegt das Scheitern der reinen Rechtslehre Kelsens[61], die von einer axiomatisch gesetzten Grundnorm alles zu erklären hoffte. Aber auch die rein sozialwissenschaftliche Deutung Simmels[62], Konstituierung der Gemeinschaft und des Staates durch Zusammenwirken und Wechselwirkungen des Verhaltens, erwies sich als unzulänglich.

---

58 *H. J. Wolff* (s. Anm. 55), S. 27.

59 Vgl. *E. Forsthoff*, Lehrbuch des Verwaltungsrechts, Bd. I, S. 159.

60 *M. Drath* (s. Anm. 43), Theorie des Staats und des Rechts, S. 35, 49.

61 *H. Kelsen*, Der soziologische und der juristische Staatsbegriff; ders., Reine Rechtslehre, vgl. dazu *R. Zippelius*, Allgemeine Staatslehre, S. 19.

62 *G. Simmel*, Soziologie. Als kritische Gegenposition zu den hier nicht mehr erwähnten Organismenlehren entstanden. Scheitert an der unerklärten Gesamtintegration zum Staat.

Weiterführend war dagegen Max Webers[63] Versuch: Ein moderner Staat besteht zum nicht unerheblichen Teil als Komplex spezifischen Zusammenhandelns von Menschen — weil bestimmte Menschen ihr Handeln an der Vorstellung orientieren, daß er bestehe oder so bestehen soll. Der „Wirklichkeit" noch näher ist die Erfassung des Staates bei Heller[64]: „Der Staat entsteht und besteht nur durch bewußtes, von geistigen Normen geformtes und sie formendes Handeln von Menschen[65], sie wird bereits vom angegebenen rollentheoretischen Verständnis getragen. Schließlich kann heute Luhmann[66] pointiert sagen: „Staat ist als System spezifischer Handlungen von Individuen in besonderen Rollen zu begreifen."

Damit ist einmal der Aspekt des Staates als Herrschaftsapparat gemeint, andererseits aber auch die Teilnahme des Bürgers am Staate in seiner politischen Rolle etwa als Wähler, als Demonstrant, als Parteimitglied ausgedrückt.

Überwindet der Rollenbegriff für die soziologische Betrachtung die Antithese von Person und Gesellschaft, so koppelt er für die staatsrechtliche Sicht durch Einbeziehung der politischen Funktion „jedermanns", Person, Gesellschaft und Staat[67].

Die These wird allerdings bei nüchterner Betrachtung mehr einem antizipierten als dem aktuellen Bewußtsein der Bürger gerecht. Denn die Eigenschaft, auch Staatsbürger zu sein, ist heute noch von keiner dominierenden Bedeutung für das den Staat auch konstituierende Bewußtsein seiner Bürger, wenn man von der Mitwirkung bei Wahlakten und bei Erfüllung von unbequemen Pflichten, wie die der Verteidigung im Falle eines Krieges, absieht. Für Arbeiterkreise liegen aus den 50iger Jahren[68] Belege über noch nicht überwundenes Dichotomie-Denken vor, das die Empfindung einer konkreten Aktivbürgerschaft mit der Folge von Verantwortung und gestufter Mitwirkung hinsichtlich partieller oder gesamtgesellschaftlicher Prozesse vereitelt.

Dennoch sind Anzeichen einer Wandlung nicht zu verkennen. Wahrscheinlich durch die mit nicht übersehbarem Erfolg operierenden Grup-

---

63 *M. Weber*, Wirtschaft und Gesellschaft, S. 10.

64 *H. Heller*, Bemerkungen zur staats- und rechtstheoretischen Problematik der Gegenwart, in: AöR 55 (1929), S. 331; ders., Staatslehre, S. 53.

65 Auch die hier nicht ausdrücklich angeführte Integrationslehre *R. Smends* (vgl. in: Staatsrechtliche Abhandlungen und andere Aufsätze) deutet bei aller berechtigten Kritik (vgl. *N. Luhmann*, Grundrechte als Institution, S. 45) den prozeßhaften, dynamischen Aspekt des Staates an. Zur Integrationslehre R. Smends vgl. auch *H. Mols*, Allgemeine Staatslehre oder politische Theorie.

66 *N. Luhmann*, Grundrechte als Institution, S. 46.

67 Vgl. dazu ausführlich: *M. Drath* (s. Anm. 43), Theorie des Staats und des Rechts, S. 50 f.

68 *Popitz/Bahrdt/Jüres/Kesting*, Das Gesellschaftsbild des Arbeiters, S. 201 f., (1. Aufl. 1957, 3. Aufl. 1967).

pen radikaler Studenten, Schüler, Lehrlinge usw. angeregt, versuchen auch an sich öffentlichen Demonstrationen bisher wenig geneigte Interessengemeinschaften, z. B. Lehrer (Beamte!), Arbeiter des Ruhrgebiets, ihre Forderungen, wie bessere Schulpolitik, angemessene Lohnangleichung usw., mit den Möglichkeiten der Einflußnahme über die breite Öffentlichkeit durchzusetzen. Ob diese Tendenz zur politischen Mündigkeit in eine die gesamte Bevölkerung umfassende Entwicklung übergeht und künftig die „Straße“ als Argumentationsform überflüssig wird, ist gegenwärtig noch nicht abzusehen[69].

Abgelehnt werden muß aber bereits heute die resignierende Feststellung[70], dem Ausdruck „Staatsbürger“ sei eine fiktive Bedeutung beizumessen, weil der „Mann auf der Straße“ kein spezifisch bürgerliches Interesse mit dem Gemeinwesen mehr verbinden könne und sein Selbstbewußtsein die sozialstaatliche Voraussetzung seiner Existenz nicht vollzogen habe. Der Staatsbürgerbegriff erfasse die politische Existenz des einzelnen, sein Verhalten zum Staat nur partiell. Zudem assoziiere der Begriff äußerst divergierende Bezüge: Signalisierung des Polizeistaates bis zum mehr angelernten als verinnerlichten demokratischen Standard.

Den „Mann auf der Straße“, den es im Grunde so gar nicht gibt[71], führt schon die erhebliche Steuerlast zu den sozialstaatlichen Grundlagen seiner Existenz. Gekoppelt damit ist das gruppen-psychologische, natürlich gegebene Wir-Bewußtsein. Eine reale Bindung an die Groß-Gemeinschaften[72] und ihre Einrichtungen ist also vorhanden, nur das Bewußtsein der möglichen Beeinflussung von Lenkungsprozessen fehlt.

---

[69] Da sich die Jugendlichen aber nach Aufgaben und Bewährungsproben im Grunde sehnen — um ihre Identität zu gewinnen — entsteht stets ein reiches Potential für eine relativ mündige Gesellschaft. Nur wird dieses nicht genügend ausgeschöpft. Vor allem sind die dem Heranwachsenden zugestandenen funktionalen Handlungsspielräume zu eng, um Initiative und das Bewußtsein partieller und universaler Verantwortung konkret reifen zu lassen.

[70] *P.-L. Weinacht*, „Staatsbürger“. Zur Geschichte und Kritik eines politischen Begriffes, in: Der Staat 69, 41.

[71] Bei näherer Betrachtung der mutmaßlich wohl mit dem „Mann auf der Straße“ gemeinten Menschen ergibt sich ein ähnlich differenziertes inhomogenes Bild wie bei den Angehörigen anderer Schichten. (Vgl. hierzu allgemein: *R. König*, Soziologie, S. 252, der feststellt, daß Angehörige voneinander entfernter Schichten die Differenzierungen in den jeweiligen anderen Schichten und ihrer Angehörigen nicht mehr wahrnehmen; ausführlich dazu noch: *R. Dahrendorff*, Gesellschaft und Freiheit, S. 163 ff.)

[72] Vgl. hierzu *A. Gehlens* These über die Entstehung des heutigen Masseneudämonismus: Übertragung des Zusammengehörigkeitsgefühls von der Großfamilie auf die gesamte Gesellschaft, in: Moral und Hypermoral.

Erheblich intensiver ist aber für die meisten Menschen die Bindung an ihre jeweiligen Kleingruppen, da die Stabilisierung ihrer Identität nahezu allein von ihnen abhängt. Untersuchungen über den amerikanischen Soldaten im Einsatz haben ergeben, daß sich sein Wohlbefinden allein nach der

Die Integration der Gesellschaft in den Staat ist ein Scheinproblem. Es geht um die Integration einer Gesamtgesellschaft, bei der der staatlich-politische Aspekt nur einer unter anderen ist.

Dabei sind verschiedene Intensitätsgrade zu unterscheiden. Die rein politischen Handlungen des einzelnen, wie seine Wahlakte, seine Teilnahme an politischen Organisationen, an politischen Demonstrationen usw. und seine Handlungen, die wegen ihrer relativen Relevanz für die Gesamtgesellschaft auch ein entsprechendes politisches Gewicht haben. So können sich Handlungen als Systemstabilisierung, als Innovation des Systems und zerstörend auswirken.

Das scheinbar Besondere des politischen Aspekts ist, daß er, abgesehen von den rein politischen Handlungen, bei „Einschaltung" nahezu alle anderen Handlungen erfaßt, während etwa der „väterliche" Aspekt oder der des Mitgliedes eines Tennisvereins in der Regel auf das angesprochene Sub-System und seine Grenzen beschränkt bleibt. Die mögliche Weite des jeweiligen Aspektes ist eben an die Weite des betreffenden Systems gebunden.

Aus dieser Sicht drückt die Staatsbürgerrolle das partielle, politische Bewußtsein des Mitgliedes der Gesamtgesellschaft aus. Die dem Rollenbegriff immanente Wechselbezogenheit oder Gegenläufigkeit[73] macht zudem deutlich, daß sich Staat und die Person als Staatsbürger gegenseitig konstituieren, notwendig bedingen. Und da die Person auch durch die Gesellschaft vermittelt ist, läßt sich die These aufrechterhalten, daß in der Rolle des Staatsbürgers Person, Gesellschaft und Staat miteinander gekoppelt werden.

Daß es am Bewußtsein, Staatsbürger zu sein, bei vielen Menschen noch mangelt, ist eine andere Frage und vor allem Aufgabe der politischen Praxis, aus geführten, passiven Mitläufern relativ aktiv, mündige Teilhaber der Gesamtgesellschaft zu machen.

Auch pathologische Umstände eines Staates, wie die Revolution, entziehen sich nicht der Beschreibung durch das Rollenmodell[74]. In der Revolution weigern sich bestimmte Schichten oder Gruppen der Bevölkerung, das alte Rollenspiel in den überkommenen Institutionen fortzusetzen. Spontane Modifizierung und Neuschöpfung von politi-

---

„psychischen" Situation seiner Einheit oder Teileinheit sowie seiner persönlichen Position darin richtete. Ob die Stimmung zu Hause in Amerika oder die politische und militärsche Lage besorgniserregend war, beeinflußte sein Gefühlsleben dagegen kaum.

[73] Vgl. *L. Philipps*, Zur Ontologie der sozialen Rolle, S. 25—31; *G. Spendel*, Die goldene Regel als Rechtsprinzip, in: Festschrift Fritz v. Hippel, S. 491—516; *M. Rehbinder*, Status — Kontrakt — Rolle, S. 213.

[74] Näher dazu: *M. Drath* (s. Anm. 43), Theorie des Staats und des Rechts, S. 55 f.

schen (und sozialen) Rollen kennzeichnet[75] die zwangsweise herbeigeführte Änderung der Herrschaftsverhältnisse. Auch die sogenannte Revolution von oben[76] bedeutet die zwangsweise Neudefinition von Rollen und ihrer Zusammenfassung in den Institutionen.

Die Rollenanalyse erweist sich nicht nur in der Allgemeinen Staatslehre als fruchtbar. Zur Aufhellung beispielsweise der Grundrechtspoblematik hat besonders Luhmann[77] durch Verwertung soziologischer und sozialpsychologischer Einsichten beigetragen. Auf seine ausführlichen Darstellungen muß hier verwiesen werden. Nur in Leitsätzen sollen einige neue Gesichtspunkte referiert werden.

In Art. 1 GG bezieht sich die Würde des Menschen auf die inneren, in Art. 2 GG die Freiheit auf die äußeren Bedingungen und Probleme der Selbstdarstellung als individuelle Persönlichkeit[78]. Wie bei der Einführung des Rollenbegriffes dargestellt, kann Persönlichkeit als besondere Rollenkombination und Rollenausführung definiert werden. Damit ist die Korrelation von Art. 1 und 2 GG und Rollenverständnis offensichtlich.

---

[75] Vgl. *H. P. Dreitzel*, Die gesellschaftlichen Leiden, S. 372, Anm. 76.

[76] Schulbeispiel: Bismarcks weitgehende Umgestaltung der politischen und verfassungsrechtlichen Struktur Preußens in den Jahren 1867—1871, die mit Hilfe des gewaltsamen Einsatzes der Machtmittel der Regierung erfolgte.

[77] *N. Luhmann*, Grundrechte als Institution.

[78] Die wohl herrschende Auffassung: „Jeder Mensch ist Mensch kraft seines Geistes, der ihn abhebt von der unpersönlichen Natur und ihn aus eigener Entscheidung dazu befähigt, seiner selbst bewußt zu werden, sich selbst zu bestimmen und sich und die Umwelt zu gestalten“ (vgl. *Maunz/Dürig/Herzog*, Grundgesetz, Art. 1 GG, Rdnr. 17 ff. mit w. Nachweisen.) kommt der Luhmannschen Definition schon recht nahe, wenn man von der mitschwingenden Feststundenseinsgegebenheit (vgl. dazu allgemein *T. W. Adorno*, Jargon der Eigentlichkeit) absieht.

Der Kasuistik fehlt aber noch eine überzeugende und rational nachprüfbare Begründung von Unterscheidungskriterien, wann eine Handlung die Menschenwürde verletzt. Nach *Luhmann* (Grundrechte als Institution, S. 73 f., Anm. 54) ist dies erst dann u. a. der Fall, wenn der Betroffene zu Verhaltensweisen gezwungen wird, die seine Selbstdarstellung und rückkoppelnd seine Identität gefährdend unterlaufen (Beispiel: Rekruten, denen man zunächst zu weite Hosen usw. gibt, um sie lächerlich zu machen.). Ebenso ist ein Eingriff in die private Regie der Selbstdarstellung durch unbemerkte Tonaufnahme, unerlaubte Veröffentlichung privater Aufzeichnungen als Verstoß anzusehen. Auch das Verbot des Lügendetektors (vgl. BGHSt 5, 332 ff. und § 136 a StPO) ist jetzt rational zu erklären. Art. 1 GG verbietet nämlich, Kommunikationen zu erwirken, die der Täter nicht in seine Selbstdarstellung eingliedern kann. (Hierzu *N. Luhmann*, Grundrechte als Institution, S. 75, Anm. 59.) Hieran muß die dogmatische Einarbeitung der für die Gesellschaft unumgänglichen Beeinträchtigungen — Sozialgebundenheit des Menschen — ansetzen. Rechtspolitisch ist u. a. zu fordern, daß dem Strafgefangenen beim Eintritt in die Vollzugsanstalt nicht mehr durch bestimmte Riten, gemeinsames Nacktbaden mit anderen usw., die Möglichkeit einer angemessenen Selbstdarstellung genommen wird. Vgl. dazu *H. Niesen*, Ethnologie und Kriminalität, S. 33 f.; *S. Harbordt*, Die Subkultur der Gefängnisse, eine soziologische Studie zur Resozialisierung, S. 11 f.

Die in Art. 6 I GG besonders erwähnte Einrichtung der Ehe ist — wie durch die Aufdeckung des Erziehungsprozesses[79] einsehbar geworden — als Rollenkomplex beschreibbar. Art. 6 GG stellt besonders die Familie unter den Schutz der staatlichen Ordnung. Die Richtung dieses Schutzes wird erst durch die Funktion der Familie in der heutigen Gesellschaft bestimmt.

Einmal dient die Familie dem Kleinkind für die Einübung der später entscheidenden Fähigkeit zur Rollenübernahme[80], dann weiter der Vorbereitung zum Rollenwechsel und erlaubt eine persönliche, affektgetragene Selbstdarstellung, für die in der zweckrational differenzierten Gesellschaft sonst wenig Möglichkeiten bestehen[81].

Um diese Funktionen erfüllen zu können, muß die Familie u. a. gegen Aufspaltung und von außen eingebrachte Konflikte, wie etwa durch Politisierung, geschützt werden[82]. Unzulässig daher mit Art. 6 GG der Auftrag an Kinder, ihre Eltern und sonstigen Familienangehörigen zu bespitzeln. Art. 14 GG will nach Luhmann[83] dem einzelnen vorrangig nicht in seiner Persönlichkeit und in seinem spezifischen Sachbedarf beistehen[84], sondern gewährleistet seine Teilnehmerrolle am Kommunikationsprozeß der Wirtschaft, weil ohne diese Garantie das Kommunikationssystem nicht generalisiert werden könne. Für den Teilnehmer unvorhersehbare Eingriffe in die Geldwerte, die etwa generell und relativ langfristig festgesetzte Steuern ersetzen würden, könnte das in die Entnahme vor allem nur durch diese Steuern eingespielte Wirtschaftssystem nicht verkraften[85].

---

[79] Den Unbefangenen befremdet diese Feststellung in der Regel. Natürlichkeit bei kulturabhängigen Verhaltensweisen, und das trifft für das Zusammenleben von Mann und Frau ohne Zweifel zu (vgl. *M. Mead*, Geschlecht und Temperament in den primitiven Gesellschaften, S. 249 ff.), ist ein Produkt geglückter Internalisierungs- und Sozialisierungsprozesse. Bemerkenswert in diesem Zusammenhang ist auch die Tatsache, daß bei geschiedenen Ehepaaren die Rollenerwartungen über das generelle Verhalten von Mann und Frau erheblich mehr Unterschiede aufweisen, als bei nicht geschiedenen Ehepaaren.

[80] Nur zur Rollenübernahme; für die später im Beruf geforderten Verhaltensweisen erweisen sich die mitmenschlichen Erfahrungen in der Familie eher hinderlich als erleichternd. Allgemein zu Art. 6 GG, *N. Luhmann*, Grundrechte als Institution, S. 103 ff.

[81] Vgl. *H. P. Dreitzel*, Die gesellschaftlichen Leiden, S. 274, 276.

[82] *N. Luhmann*, Grundrechte als Institution, S. 105.

[83] *N. Luhmann*, Grundrechte als Institution, S. 120 ff., 126.

[84] Vgl. *v. Mangoldt-Klein*, Das Bonner Grundgesetz, Art. 14 GG, Anm. II 4 a; *G. Dürig*, Das Eigentum als Menschenrecht, in: ZgesStW 109 (1953), S. 326, 334 ff.

[85] Luhmanns Argumente sind nur bei an sich gleichbleibender Wirtschaftsverfassung von Belang. Diese hat das Grundgesetz aber nicht zementiert. Insoweit wäre es folgerichtig gewesen, Art. 14 GG auch für andere im Rahmen des Grundgesetzes noch mögliche Wirtschaftsverfassungen zu untersuchen.

Die Freiheit der Berufswahl, Art. 12 GG, kann u. a. die Entscheidung zu einer bestimmten Arbeitsrolle von herkömmlichen Motiven, Vater-Sohn-Kontinuität, sozialer Schichtentsprechung befreien und insoweit „drittwirkend" eine individuelle Selbstdarstellung erleichtern[86]. Die freie Wahl zwingt als Folge zu einer engeren Bindung an die Rolle, Abweichungen und Klagen sind begrenzt, wenn nicht das „Selbst" in Frage gestellt werden soll.

Das politische Wahlrecht, Art. 38 GG, soll im verfassungsmäßigen Rahmen die Umwertung aller bisherigen Werte ermöglichen[87]. Dieses Prinzip kann aber erst bei sogenannter „Politisierung" des Wählers wirksam werden, das heißt, wenn die politische Rolle des Abstimmenden relativ unabhängig von seinen Rollen als Katholik, Gewerkschafter, Unternehmer, Arzt, Freund usw. geworden ist. Erst mit der Fähigkeit der Rollentrennung[88] wird die politische Entwicklung von den überwiegend starren Strukturen der Gesellschaft gelöst[89]. Um die Verselbständigung der politischen Rolle zu erleichtern und den Wähler auch nicht den oft widerspruchsvollen Erwartungen der unterschiedlichen Rollensender auszusetzen, ist die Wahl geheim[90].

Als Abschluß dieser kurzen Grundrechtsdeutung[91] sei die leicht einsehbare Funktion des Gleichheitssatzes erläutert[92]. Art. 3 GG blendet im Verkehr des Publikums mit der Staatsbürokratie alle anderen Rollen als die des „unpersönlich" zu denkenden Antragstellers und die korrespondierende, unpersönliche im Staatssystem — Staat als Herrschaftsorgan — aus. Auch Art. 3 GG und seine Ausgestaltung in einfachen Gesetzen garantiert also die Rollentrennung[93].

---

[86] Das Rollenreservoir ist allerdings begrenzt. Der umgeschulte Bergmann, der sich von der einverseelten Rolle und damit Selbstdarstellung nicht trennen kann, und dem die neue nicht recht „passen" will, wird sich über die Freiheit der Berufswahl nur mit Bitterkeit äußern.

[87] Vgl. *E. Denninger*, Polizei in der freiheitlichen Demokratie, S. 33 f.

[88] *N. Luhmann*, Grundrechte als Institution, S. 158.

[89] Wenige große Parteien, insbesondere das Zweiparteiensystem, tragen zu dieser Rollentrennung bei. Denn sie müssen alle Strömungen (Rolleneinstellungen usw.) der Bevölkerung in sich aufnehmen. Wegen der Überbrückung von erheblichen Widersprüchen tendieren sie dazu, die Abhebung ihres politischen Programms etwa von den Anliegen der verschiedenen Konfessionen sichtbar zu machen, usw.

[90] *N. Luhmann*, Grundrechte als Institution, S. 159.
Bei einer Wahl mit einer homogenen, wenig beeinflußbaren Rollensendermenge, nur Rechtsanwälte untereinander, und bei Wählern, die die Fähigkeit zur Rollentrennung berufsmäßig eingeübt haben, hat der BGH (DB 69, 2083) folgerichtig entschieden, daß diese Wahl — zum Vorstand einer Rechtsanwaltskammer — nicht notwendig geheim zu erfolgen braucht.

[91] Auf Luhmanns besonderes Vorhaben, die soziale Differenzierung durch Bildung funktional spezifischer, relativ autonomer Untersysteme mit Hilfe der Grundrechte herauszustellen (Familie, Beruf usw.), kann hier nur verwiesen werden.

[92] *N. Luhmann*, Grundrechte als Institution, S. 178.

[93] Vgl. § 59 BBG, § 67 IA AO, § 7 I a Berl. VerwverfG.

Den notwendig flüchtigen Überblick sollen zwei vielleicht grundsätzliche Einzelprobleme beenden.

Das erste betrifft die Grundrechtsfähigkeit von juristischen Personen des öffentlichen Rechts. Soweit sie öffentliche Aufgaben wahrnehmen, lehnt das Bundesverfassungsgericht[94] ihre Berufung auf Grundrechte ab. Dagegen wendet sich Bettermann[95]. In seiner Sicht ist zu differenzieren, ob die juristische Person des öffentlichen Rechts, etwa ein Sozialversicherungsträger, in der Rolle des Gewaltträgers oder in der Rolle des Gewaltunterworfenen wie eine Zivilperson betroffen wird. Dabei setzt er eine mögliche Rollentrennung voraus und versucht nachzuweisen, daß Doppelrollen, wie etwa Fiskus und Hoheitsträger, Universität in ihrer begrenzten Autonomie, durchaus häufig sind und eine verschiedene Behandlung rechtfertigen.

In entsprechender Weise wird der Rollenbegriff benutzt, um die Frage des politischen Mandats der Studentenschaft zu erörtern[96]. Einmal müsse die Studentenschaft in ihrer Rolle als einheitlicher Zwangsverband gesehen werden, der an die Funktions- und Aufgabenzuweisung gebunden sei, zum anderen aber auch in jener Rolle, die sie als „öffentlichen Willensverband, der sich aus subjektiven Rechten *konstituiere*", zeige.

Bemerkenswert an diesen juristischen Erörterungen erscheint, daß sich der Wunsch nach differenzierter Behandlung durch Rollendenken äußerte. Ob der differenzierende Ansatz auch materiell-rechtlich von Gewicht ist, kann hier nicht vorschnell entschieden werden. Ein Gesichtspunkt wird dabei die Identitätsfrage sein müssen, also ob die Rechtsfigur, juristische Person, soweit der natürlichen anzunähern ist, daß eine Integration ihrer Teilfunktionen zu einem konsistenten Gesamtbild möglich ist. Eine generelle Entscheidung ist bei der Vielfalt der Erscheinungsformen von juristischen Personen und ähnlichen „Zusammenfassungen" des öffentlichen Rechts wohl nicht ratsam. Es liegt nahe, auf die Funktion des Außenbildes der juristischen Person abzustellen. Je mehr die bloße Rechtsform im Vordergrund steht und nur eine gewisse rechtliche Handlungsfähigkeit erreicht werden soll, ist aus diesem Gesichtspunkt eine Rollentrennung nicht zu beanstanden, so im Falle des Sozialversicherungsträgers[97].

---

[94] BVerfG JZ 67, S. 99.

[95] *K. A. Bettermann*, Juristische Personen des öffentlichen Rechts als Grundrechtsträger, in: NJW 69, 1321 f.

[96] Siehe *H. H. Rupp*, Zum politischen Mandat der Studentenschaften, in: ZRP 69, 288, der sich kritisch mit der „Rollentrennung" bei *H. Ridder*, Über Minima Rationalia des Judizierens, in: ZRP 69, 217, auseinandersetzt.

[97] Für durchschlagend wird der Rollentrennungsansatz allerdings hier nicht gehalten. Auf Bettermanns Versuch, die Argumente des Bundesverfassungsgerichts zu entkräften, kann nicht eingegangen werden.

Will die Rechtsform dagegen vorrangig die durch irgendwelche Zwecke verbundenen Menschen „widerspiegeln“ und ihnen normativ einen Platz im übergeordneten System zuweisen, ist eine schwer zu einem Gesamt-Bild einfügbare Rollenaufspaltung wenig sinnvoll, so im Falle der Studentenschaft nach den alten Hochschulgesetzen.

Das andere Problem, Schutz des Vertrauens, Folgen des Rechtsscheins, ist in allen Rechtsgebieten von Bedeutung. Es betrifft den Eintritt rechtlicher Folgen auf Grund eines Rollenverhaltens, dessen Träger weder vertraglich noch durch Gesetz dazu legitimiert ist[98]. Das Verwaltungsrecht trifft dabei folgende Abstufungen.

Die Amtshandlungen eines Hauptmanns von Köpenick sind in der Regel irrelevant. Nur wenn die Verwaltung ihrerseits dazu beigetragen hat, einen äußeren Anschein der Rechtsmäßigkeit zu erzeugen, durch Bescheinigungen usw., entstehen Rechtsfolgen. Nach § 14 BBG sind die Verwaltungsakte eines „Beamten“ auch dann wirksam, wenn sich seine Ernennung als nichtig erweist. Der Dienstherr haftet für das bloße Rollenspiel nach Amtshaftungsgrundsätzen (§ 839 i. V. m. Art. 34 GG). Der Rollenträger selbst ist rechtlich zur Amtsverschwiegenheit und zur Herausgabe von Schriftstücken wie ein Beamter verpflichtet[99].

Grund für die rechtliche Bedeutung des bloßen Rollenspiels sind die unübersehbaren Folgen bei einer anderen Regelung und damit verbunden der Gedanke des Vertrauensschutzes.

Erst recht setzt die Qualifizierung als öffentlich-rechtliche Maßnahme ein, wenn sich beispielsweise ein Gemeindedirektor eindeutig auf hoheitliche Befugnisse stützt, die ihm wohl allgemein, aber eben nicht gerade in dem konkreten Fall zustehen, er also etwa einen privatrechtlichen Räumungsanspruch der Gemeinde mit den Mitteln des Verwaltungsvollstreckungsgesetzes durchsetzen will[100].

Die Nichtbeachtung der objektiven Rechtslage und die rechtliche Anknüpfung an das Rollenspiel findet aber ihre Grenze im Formenmißbrauch, wenn Bedingungen des „rechtmäßigen“ Rollenverhaltens unterlaufen werden und die Betroffenen dadurch rechtlich benachteiligt werden sollen[101].

Entscheidend ist aber wohl die Frage, ob durch Art. 19 Abs. 3 GG auch die staatlichen Subsysteme vor besonderen Eingriffen des abgehoben gedachten Gesamtsystems oder anderer Subsysteme geschützt sind oder nicht.

98 Vgl. allgemein im Hinblick auf Rollenerwartungen, *E. E. Hirsch*, Das Recht im sozialen Ordnungsgefüge, S. 32.

99 Vgl. *O. G. Fischbach*, Bundesbeamtengesetz, § 14 Abs. 2 BBG, S. 237.

100 Vgl. dazu: BVerwGE 13, 308; 17, 242 und *K. A. Bettermann*, Anmerkung zu OVG Lüneburg, in: DVBl 54, 298: ... „kommt nicht darauf an, ob das Rechtsverhältnis dem öffentlichen oder dem privaten Recht angehört, sondern allein auf die Vorstellung und die Behörde, die *erkennbar* ihren Maßnahmen zu Grunde liegen.“

Besonderes gilt für den Standesbeamten. Seine Rolle der Eheschließung beschreibt das Gesetz, § 14 Abs. 1 EheG, mit den Worten: Eine Ehe kommt nur zustande, wenn die Eheschließung vor einem Standesbeamten stattgefunden hat. Die Mitwirkung des Standesbeamten erfordert die Bereitschaft, den Abschluß des Ehevertrages anzuhören. Dabei ist allein entscheidend, ob er seinem äußeren Verhalten nach aus der Sicht der Verlobten bereit und in der Lage ist, mitzuwirken. Gleichgültig ist sein nicht erkennbarer abweichender Wille. Unerheblich ist auch, ob er den Äußerungen richtig zugehört und sie verstanden hat, oder ob er getäuscht wurde. Auffallend ist bei dieser normierten Rollenerwartung, daß die innere, nicht erkennbare Haltung ohne Belang ist. Im Interesse der Eheschließenden, des Rechtsverkehrs, wird hier dem bloßen Verhalten eine subjektive Bereitschaft zugeordnet[102].

Dieser allgemeine Kunstgriff ist nicht immer rein dem Fiktiven verhaftet. Zustimmung ist nur in der Eigenschaft als bestimmter Rollenträger abverlangt. Ausgeklammert ist die bloß „persönliche" Ansicht des die Rolle eines Standesbeamten ausfüllenden Menschen. Eine Distanzierung von der jeweils aufgetragenen öffentlichen Rolle wird verbal durch Entschuldigungen, wie „ich persönlich ... aber als", erkenntlich. Anknüpfungspunkt rechtlicher Folgen ist nur das Handeln in der Rolle. Wenn nun der Beamte seine Rolle dem äußeren Verhalten nach einhält, dann ist es schwer denkbar, daß es an der Bereitschaft, als Standesbeamter mitzuwirken, fehlen könne, denn dieses Standesbeamtersein ist durch generalisierte Erwartungen festgelegt.

§ 11 Abs. 1 EheG fixiert einen bisher als Ausnahme begriffenen Typus des rechtlich erheblich Handelnden. Ob er zum gesetzlichen Prototyp eines neuen rechtsgeschäftlichen Verständnisses wird, entscheidend also das äußere zurechenbare Verhalten wird, kann nur als Frage aufgeworfen werden. Auf entsprechende Tendenzen wird noch hinzuweisen sein.

§ 11 EheG ist weiter nach seinem Absatz 2 für unsere Problemstellung aufschlußreich. Danach kann ein Scheinstandesbeamter die gleichen rechtlichen Folgen erzeugen wie ein Standesbeamter, wenn er das Amt eines solchen öffentlich ausübt und die Ehe in das Familienbuch einträgt. Das gilt sogar auch, wenn alle Beteiligten die Amtsanmaßung durchschauen.

---

[101] Vgl. dazu das Beispiel von *H. J. Wolff,* Verwaltungsrecht I, S. 102; Gewerbebetrieb als öffentlich-rechtliche Anstalt, und OVG Münster DÖV 58, 388.

[102] Daß beim staatlichen Akt der Eheschließung die Willensmängel des Standesbeamten nach den im öffentlichen Recht geltenden Grundsätzen unerheblich sein sollen, ist nicht tragend. Denn hier ist ja gerade die besondere Bereitschaft mitzuwirken, also eine bestimmte Willensentscheidung, gefordert. Anders *Hoffmann/Stephan,* Ehegesetz, § 11 EheG, Rdnr. 29.

Das Rollenverhalten des Scheinstandesbeamten ist also insoweit in seinen Folgen rechtlich dem des rechtmäßigen Rollenträgers gleichgestellt. Allerdings ist die Wirksamkeit der Eheschließung im Falle des Scheinstandesbeamten an die Eintragung ins Familienbuch, ein Guter-Glaubens-Ersatz (vgl. § 892 BGB) gebunden. Die Eintragung durch den echten Standesbeamten ist dagegen nur deklaratorisch.

c) *Der Rollenbegriff im Handelsrecht*

Der Gedanke des Vertrauensschutzes führt zu anderen Rechtsgebieten. Das Handelsrecht kennt die Figur des Scheinkaufmanns. Im Gesetz ist sie nicht ausdrücklich geregelt, sondern ist von der Rechtswissenschaft in Anlehnung an den Grundsatz von Treu und Glauben im Rechtsverkehr (§§ 157, 242 BGB) entwickelt worden. Zusammengefaßt besagt die Regel: Wer durch ein nach außen gerichtetes Verhalten — u. a. durch schlüssige Handlungsweise — entgegen den tatsächlichen Verhältnissen den Eindruck erweckt, er betriebe als Inhaber oder Mitinhaber (Gesellschafter einer OHG, persönlich haftender Gesellschafter einer KG) ein kaufmännisches Unternehmen, muß sich gegenüber dem hierauf vertrauenden Geschäftsverkehr nach dem Maß des Rechtsscheins behandeln lassen, den er erweckt hat[103].

Rollentheoretisch gefaßt besagen diese Worte: Wer ohne dazu befugt zu sein, die Rolle eines Kaufmanns darstellt, muß die (im HGB usw. festgelegten möglichen) Erwartungen seiner Rollensender (Geschäftspartner, Angestellter, Lehrlinge usw.) erfüllen. Geschützt wird die Gegenläufigkeit der Rollenbeziehungen, die die heutige Gesellschaft, insbesondere das Wirtschaftssystem erst ermöglichen. Dieses Schutzgut liegt auch den entsprechenden Grundsätzen[104] über die Scheingesellschaft zu Grunde.

d) *Der Rollenbegriff im bürgerlichen Recht*

Das von einer vertraglichen oder gesetzlichen Legitimierung abgehobene und dennoch rechtlich erhebliche Rollenziel ist auch dem bürgerlichen Recht nicht fremd. Erwähnt seien die §§ 164 Abs. 2, 179 BGB. Beide betreffen das Handeln eines Vertreters. Wer die Rolle des Vertragsschließenden wahrnimmt, ohne offenkundig zu machen, daß er sie für einen anderen übernommen hat und diesen die Rechtsfolgen treffen sollen, der ist an sein Handeln gebunden Er kann sich auch

---

103 Vgl. *Brüggemann/Würdinger*, Handelsgesetzbuch, § 5 HGB, Anhang Anm. 4. Die Regel beschränkt sich auf den Schutz Dritter, die gutgläubig dem Schein vertrauten. Die Ursächlichkeit des Rechtsscheins hat der Dritte zu belegen. Vgl. BGHZ 17, 18; 22, 238; *Baumbach/Duden*, Handelsgesetzbuch, § 5 HGB, Anm. 2 c.

104 Vgl. dazu *Schlegelberger/Geßler*, Handesgesetzbuch, § 105 HGB, Rdnr. 62.

nicht durch Anfechtung von seinem „Auftreten“ distanzieren (§ 164 Abs. 2 BGB). § 179 BGB regelt den Fall, daß jemand sich als Vertreter geriert, hierzu aber von dem Vertretenen nicht ermächtigt wurde. Neben den §§ 170 ff. BGB, die in bestimmten Fällen den Geschäftsgegner schützen, der auf Grund des Verhaltens des Geschäftsherrn auf das Bestehen einer Vollmacht vertrauen durfte, sind von der Rechtsprechung notwendige Erweiterungen des Vertrauensschutzes entwickelt worden.

So unter anderem Anscheins- und Duldungsvollmacht, die es ermöglichen, Rollenerwartungen der Gegenspieler trotz fehlender objektiver rechtlicher Befugnis des „Vertreters“ abzusichern, indem am Verhalten des „Vertretenen“ angeknüpft wird.

Rollendenken beherrscht auch die Neuerungen des Kernstückes des Bürgerlichen Rechts, der Vertragslehre[105]. Nur kurz sei auf die Lehre von der „culpa in contrahendo“ hingewiesen. Schon die Aufnahme der Vertragsverhandlungen begründet danach infolge des sozialen Kontaktes ein Pflichtverhältnis eigener Art[106]. Nach dem Schöpfer der Lehre, Jhering[107], begebe sich der Vertragsgeneigte aus dem „negativen Pflichtenkreis des außervertraglichen Verkehrs“ in den „positiven der Kontraktssphäre“. Dieser Eintritt in einen bestimmten Rollenkomplex führt dann zu gewissen angemessenen Sanktionen, wenn den Rollenerwartungen (Sorgfalts- und Rücksichtspflichten) nicht entsprochen wird. Näher soll auf den Vertragsabschluß eingegangen werden.

Die herkömmliche Begründung des Vertragsschlusses durch zwei übereinstimmende Willenserklärungen hat sich dann als unzureichend erwiesen, wenn für die Willenserklärung weiterhin Erklärungsbewußtsein und Geschäftswille verlangt werden. Zuerst mußten — einer befriedigenden Lösung wegen — dem faktischen Arbeitsverhältnis und der faktischen Gesellschaft vertragsgleiche Wirkungen zugeordnet werden, wenn Willens- oder Formmängel den überkommenen Abschluß vereitelt hatten. Dadurch angeregt, entwickelte Haupt[108] seine Lehre von den faktischen Vertragsverhältnissen, um die Diskrepanz zwischen rechtsgeschäftlicher Dogmatik und sozialer Wirklichkeit, in der sich ein behaupteter Parteiwille oft nicht nachweisen ließ, zu überwinden.

[105] Im folgenden werden vornehmlich Auffassungen des Schrifttums reflektiert. Das ist bei einer rechtssoziologischen Untersuchung der deutschen Rechtsordnung legitim, da hier die Rechtswissenschaft einen erheblichen Einfluß auf die künftige Rechtsentwicklung hat und daher in gewissem Umfang für die Rechtsordnung repräsentativ ist.

[106] *J. Esser*, Schuldrecht, Bd. 1, § 52 II, S. 374.

[107] *R. v. Jhering*, Culpa in contrahendo oder Schadenersatz bei nichtigen oder nicht zur Perfektion gelangten Verträgen, in: Jherings Jb 4 (1861), S. 1 ff.

[108] *G. Haupt*, Über faktische Vertragsverhältnisse.

Angewandt ist Haupts Theorie dann in der Ausgestaltung von Larenz[109] durch die Rechtsprechung des Bundesgerichtshofes u. a. in den Fällen der vertragslosen Inanspruchnahme von Mietgebrauch (Parkplatzfall)[110], der vertragslosen Energieversorgung[111] und der faktischen Hofübergabe[112]. Der ausdrücklich erklärte Wille, den Vertragsschluß trotz Leistung nicht zu wollen, wird danach als unbeachtlich angesehen. Im Falle des Schweigens auf ein kaufmännisches Bestätigungsschreiben[113] wird unabhängig vom Erklärungsbewußtsein eine dem Abänderungsvertrag zustimmende Willenserklärung angenommen. Gleiches gilt für die Einbeziehung von Allgemeinen Geschäftsbedingungen in einen Vertrag[114].

Hier interessiert die Rechtfertigung dieser neuen Vertragsbegründungen. Während Haupt[115] noch auf die bloßen sozialen Tatsachen verwies, „das Leben selbst ordnet zu", führt Larenz[116] als Geltungsgrund die durch Gerichtsentscheidungen erhärtete Rechtsüberzeugung an, daß die tatsächliche Inanspruchnahme einer jedermann angebotenen Verkehrsleistung „sozialtypisch" den Abschluß eines vorgeformten Vertrages bedeute. Der Ersatz einer der Selbstbestimmung des Menschen entsprechenden „Willenserklärung" durch die tatsächliche Leistungsannahme sei wegen der Sicherheit und raschen Abwicklung der typisierten Vorgänge des Massenverkehrs geboten[117]. Larenz schränkt daher die Privatautonomie nur auf diesen angegebenen Bereich ein. Eine Verbindung zum Dogma der Willenserklärung schafft er durch das Ausnahme-Regel-Prinzip[118].

Bemerkenswert an dieser höchst umstrittenen, von der Rechtsprechung praktizierten Lehre ist, daß Kriterium eines Vertragsabschlusses ein äußeres Verhalten ist, dem eine generelle Bedeutung wegen seines sozialtypischen Charakters beigemessen wird. Mit anderen Worten: Wer sich in einen bestimmten festgefügten Rollenkomplex durch Übernahme einer bestimmten Rolle begibt, der ist an die Erwartungen seiner zugeordneten Rollenpartner ungeachtet seiner subjektiven Zustimmung gebunden.

---

109 *K. Larenz*, Lehrbuch des Schuldrechts, Bd. 1, § 4 II, S. 33; ders., Allgemeiner Teil des Deutschen Bürgerlichen Rechts, S. 515.

110 BGHZ 21, 319.

111 BGHZ 23, 175; 23, 249, 261.

112 BGH FamRZ 57, 310 ff.

113 Vgl. RGZ 103, 401; 129, 347; BGHZ 11, 1; 20, 149; 40, 42.

114 BGHZ 3, 200, 203; 9, 1; 12, 136, 142; 17, 1; 25, 311, 316.

115 *G. Haupt*, Über faktische Vertragsverhältnisse, S. 28.

116 *K. Larenz*, Lehrbuch des Schuldrechts, Bd. 1, § 4 II, S. 33 ff.

117 *L. Raiser*, Vertragsfunktion und Vertragsfreiheit, in: Festschrift Deutscher Juristentag 1960, Bd. 1, S. 101, 123.

118 *K. Larenz* (s. Anm. 109), Allgemeiner Teil, S. 520.

Die konkrete Äußerung (oder Befragung) wird durch die Vermutung einer Haltung auf Grund tatsächlichen Tuns ersetzt. Larenz[119] verwendet in seinem juristischen Überbau aber nicht eine immerhin denkbare schlüssige Willenserklärung[120], sondern räumt dem sozialtypischen Verhalten eine besondere Qualität ein, die eine verbale Distanzierung vom tatsächlichen Tun nicht erlaubt. Es handelt sich eben nicht um eine bloße Gleichsetzung mit dem Rechtsfolgewillen einer Willenserklärung[121].

Einen dem Wortlaut nach anderen Ansatz liefert Coing[122] mit seiner Vertrauenshaftung kraft schlüssigen Verhaltens im Rechtsverkehr, die abgesondert von Rechtsgeschäft und Privatautonomie bestehen soll. Sie führt zum Vertragsschluß, wenn eine Partei sich im Rechtsverkehr so verhält, daß bestimmte Dritte, Redlichkeit vorausgesetzt, darauf vertrauen durften, die betreffende Partei habe einen bestimmten rechtsgeschäftlichen Entschluß gefaßt und geäußert, so daß die Rücksicht auf Treu und Glauben es erforderlich macht, die betreffende Partei so zu behandeln, als habe sie einen entsprechenden rechtsgeschäftlichen Willen erklärt[123].

Befreit man diese Formulierung vom ethischen Ballast, so heißt das: Wer durch ein bestimmtes äußeres typisiertes Verhalten entsprechende Rollenerwartungen weckt, ist daran gebunden. Das deckt sich mit der rollentheoretisch umformulierten Ansicht von Larenz. Die Abweichungen in der Beurteilung von Einzelfällen bei Larenz und Coing sind durch ihre Grundformeln nicht gerechtfertigt. Insoweit sind es „Leerformeln".

In jüngster Zeit hat Battes[124] eine Weiterentwicklung der Rechtsgeschäftslehre durch den Ausbau des Vertrauensprinzips angeregt.

---

119 *K. Larenz*, Lehrbuch des Schuldrechts, Bd. 1, § 4 II.

120 Vgl. zu *Larenz'* Konstruktion *Wieackers* interessante geistesgeschichtliche Erklärung, in: Göttinger Festschrift für das OLG Celle, S. 277.
Mit einer schlüssigen Willenserklärung arbeitet der BGH noch als Grenzfall bei den Gesellschaftsverträgen unter Ehegatten und Angehörigen. Vgl. BGHZ 8, 249; 31, 197; BGHZ FamRZ 63, 279, 429; ebenso das BAG bei Arbeitsverhältnissen, vgl. BAG AP Nr. 15 zu § 612 BGB.

121 Vgl. dazu die Besprechung des Lehrbuchs von *Larenz* (s. Anm. 109), Allgemeiner Teil, durch *H. Westermann*, in: NJW 69, 1949; nach *Larenz* (s. Anm. 109, S. 339), sei eine Willenserklärung ein Verhalten, dessen objektiver und dem Erklärenden auch zurechenbarer Sinn es sei, eine Rechtsfolge in Geltung zu setzen. Bei dieser Definition entstünde aber die Frage, warum nicht auch beim sozialtypischen Verhalten eine Willenserklärung notwendig sei.

122 *v. Staudinger/Coing*, Kommentar zum BGB, 3 e und f vor § 116 BGB; vgl. auch RGZ 95, 122, 124.

123 Vgl. dazu Kritik bei *P. Hanau*, Objektive Elemente im Tatbestand der Willenserklärung, in: AcP 165 (1965), S. 220 ff., 257.

124 *R. Battes*, Erfüllungsansprüche trotz beiderseits bewußten Formmangels, in: JZ 69, 683 f.

Auch er wehrt sich gegen eine einseitige betonte Willentheorie. Die zur vollen Erfüllung führende Vertrauenshaftung greife dann ein, wenn beide Seiten sich tatsächlich so verhalten haben, daß eine gegenseitige Erfüllungsbereitschaft erwartet werden durfte[125].

Battes[126] engt die normale Erwartung allerdings insoweit ein, als er den Schutz dieser durch Übernahme einer Rolle gegebenen Erwartungen nur dann eingreifen läßt, wenn Wahrhaftigkeit und Treue als Komplementärwerte des Vertrauens[127] beim anderen vorausgesetzt werden dürfen, also bei Eltern-Kind-Beziehungen oder bei langjähriger persönlicher Zusammenarbeit.

Dieser Rückgriff auf ein ethisches Vorverständnis scheint m. E. überflüssig und irreführend zu sein. Der Rechtsordnung geht es heute nicht in erster Linie darum, daß Menschen sich anständig verhalten, sondern vorrangige Aufgabe ist es, gesellschaftliches Zusammenleben zu ermöglichen. Welzel[128] formuliert: „Recht befaßt sich nur mit den Handlungen, die Wirkungen in der Außenwelt für die Störung der Sozialverhältnisse haben." Auf unsere Frage zugeschnitten, bedeutet das: In erster Linie sind Rechtssicherheit und die Förderung des Güterumschlages im Interesse der Arbeitsteilung anzustreben[129]. Damit soll über keine Priorität von Recht und Moral entschieden werden. Moral bedeutet u. a. Verinnerlichung von Ordnungsvorstellungen[130] und ist insoweit Vorbedingung für die Wirksamkeit einer jeden Rechtsordnung, in der eine hinreichende Außenkontrolle der Einhaltung von Normen aus praktischen Gründen unmöglich geworden ist.

Argumente für die Frage, ob Leistungsbeziehungen ohne (wirksame) Vereinbarungen von der Rechtsordnung zu schützen sind, hat also zunächst funktionalistisches Denken zu liefern. Dies führt auch zur Prüfung, inwieweit die soziale Wirklichkeit feste Maßstäbe liefern kann, ob eine des Schutzes bedürftige Rollenbeziehung entstanden ist. Insoweit ist es vertretbar, aber m. E. nicht notwendig, den Schutz auf besonders enge Rollenpartner, wie Eltern-Kind, usw. zu begrenzen.

Eine ähnliche Tendenz zur Anknüpfung von Rechtsfolgen an ein rein äußeres Verhalten findet sich bei Schmidt-Salzer[131]. Nach ihm ist

---

125 Vgl. BGH MDR 69, 749: Eine zwingend schlüssig erklärte Annahme des Vertrages liege vor, wenn jemand, dem ein Vertragsantrag gemacht werde, diesen ablehne, aber die zugleich angebotene Vertragsleistung annehme.

126 *R. Battes* (s. Anm. 124), Erfüllungsansprüche, S. 689 f.

127 Vgl. *N. Hartmann*, Ethik, S. 469 f.

128 *H. Welzel*, Die Entstehung des modernen Rechtsbegriffes, in: Der Staat 69, 441 f., 444.

129 Vgl. *F. Bydlinski*, Privatautonomie und objektive Grundlagen des verpflichtenden Rechtsgeschäftes, S. 140.

130 *T. Geiger*, Vorstudien zu einer Soziologie des Rechts, S. 294.

131 *Schmidt-Salzer*, Subjektiver Wille und Willenserklärung, in: JR 69, 281 f.

bei den empfangsbedürftigen Willenserklärungen „Wille" nicht der tatsächliche Wille des Erklärenden, sondern der sich aus seinem äußeren Verhalten ergebende rechtsgeschäftliche Wille. Das sich aus der theoretischen Vieldeutigkeit der Kommunikationstechniken ergebende Risiko des Abweichens vom gewollten und verstandenen Erklärungsinhalt muß zu Lasten des Erklärenden gehen. In der Objektivierung der Willenserklärung sieht Schmidt-Salzer nicht unbedingt einen Ausschluß der Privatautonomie. Die Freiheit zur Setzung von rechtlich erheblichen Willenserklärungen als Mittel der Persönlichkeitsentfaltung sei nur vertretbar, wenn Störungen des Sozialablaufs vermieden werden, d. h. der Erklärungsfreiheit ist als Korrelat die Verantwortung für die Erklärung zugeordnet. Diese ist Ausdruck der Sozialbindung des einzelnen. Anders ausgedrückt: Typischer Zurechnungsgrund für rechtgeschäftlich ausgelöste Rechtsfolgen ist der Grundsatz der Selbstbestimmung. An diese knüpft bei fehlerhaftem Verhalten der Grundsatz der Selbstverantwortung und damit die Ausgestaltung der Haftungsfolgen an. Dies deckt sich mit bereits gewonnenen rollentheoretischen Einsichten. Weil Rollenverhalten vom Träger frei inszeniert wird, muß dieser wegen der Aufrechterhaltung der die Gesellschaft konstituierenden Rollenbeziehungen Erwartungen jedenfalls in gewissem Umfang erfüllen, die sein Verhalten hervorgerufen hat und es dem Herkömmlichen nach auch konnte.

Auch in den Lehren, die die bloßgelegte „Zweispurigkeit"[132] der Vertragsbegründung um der Systemeinheit willen überwinden möchten, zeigt sich Rollendenken. Angeknüpft wird insoweit u. a. an Manigks[133] Darstellung der typisierten Erklärung mit normierter Wirkung, die von einzelnen, gesetzlich geregelten Fällen ausgeht. Das Gesetz ordnet in einer ganzen Reihe von Fällen ausdrücklich oder sinngemäß an, daß eine Willenserklärung unter bestimmten Voraussetzungen als abgegeben „gelte" (vgl. §§ 108 Abs. 2, 177 Abs. 2, 415 Abs. 2 2, 416 Abs. 1 2, 496, 516 Abs. 2, 568, 1366 Abs. 2, 1448 Abs. 2 a. F., 2256 BGB). In Wahrheit liege hier keine Willenserklärung vor, sondern das Gesetz stelle hier bestimmte Verhaltensweisen einer ordnungsgemäßen Willenserklärung gleich und erkenne damit das Vertragsdogma weiterhin an. Eine Anfechtung ist ausgeschlossen[134]. Das Gleiche gelte für eine Typisierung von Willenserklärungen. Schulfälle hierzu sind das ‚Schweigen auf ein kaufmännisches Bestätigungsschreiben', sowie die nicht ausdrücklich oder stillschweigend vereinbarte

[132] Vgl. *F. Wieacker*, Willenserklärung und sozialtypisches Verhalten, in: Göttinger Festschrift für das OLG Celle, S. 263, 266, 267.

[133] *A. Manigk*, Das rechtswirksame Verhalten.

[134] Vgl. dazu: *F. Bydlinski*, Privatautonomie und objektive Grundlagen des verpflichtenden Rechtsgeschäftes, S. 71.

Einbeziehung von branchenüblichen Allgemeinen Geschäftsbedingungen in einen Vertrag.

Raiser[135] und Krause[136] lösen diese Fälle mit Hilfe der angegebenen Lehre. Danach legt die typisierende und normierende Verkehrssitte einmal die Bedeutung gewisser Verhaltensweisen fest und bestimmt gleichzeitig, daß die Anfechtung wegen Unkenntnis dieser Bedeutung unzulässig ist.

Auch hier also die Zuordnung rechtlicher Folgen auf Grund von im Gesetz speziell nicht fixierten Rollenverhaltens. Den konkreten Nachweis der tragenden Verkehrssitte haben die Begründer dieser Lehre allerdings nicht erbracht[137].

Zur Überwindung der Zweispurigkeit der Vertragsbegründung bemüht sich insbesondere Wieacker[138] um ein neues Verständnis der Willenserklärung. Der Gesetzgeber des BGB habe sich an Zitelmanns[139] (mißglückter) Psychologisierung des idealistischen und transzendenten Willensbegriffes bei Kant und Hegel, Savigny und Puchta orientiert. Durch die Abwendung von diesem Naturalismus wurde die Willenserklärung nunmehr als Sozialakt[140] begriffen, d. h. als menschliches Verhalten in der Rechtsgemeinschaft.

Wieacker[141] gibt diesem Sozialakt seine besondere Prägung: „Willenserklärung ist menschliche Äußerung, die auf Vernehmen und Verstehen durch einen anderen tendiert und somit das soziale Verhalten, das von anderen Rechtsgenossen verstanden werden soll und als Verstandenes d. h. sozial Wirksames meist mit korrenspondierendem Verhalten der anderen Rechtswirkungen erzeugt." Demgemäß werde der Akt des Vertragsschlusses als Verständigung zwischen den Beteiligten begriffen[142]. Konsequent stellt Wieacker[143] als Wirkungsgrund der Willenserklärung weder den freischaffenden Willen der intelligenten, sittlich autonomen Persönlichkeit, noch psychologische Willensvorgänge, sondern die geglückte Kommunikation oder anders gesagt, die tatsächliche Besetzung der gegenläufigen Rollen heraus.

---

135 *L. Raiser*, Das Recht der allgemeinen Geschäftsbedingungen, S. 157 ff., 226 f.

136 *H. Krause*, Schweigen im Rechtsverkehr, S. 128.

137 So der Haupteinwand *P. Hanaus*, Objektive Elemente im Tatbestand der Willenserklärung, in: AcP 165 (1965), S. 220 ff., 235.

138 *F. Wieacker* (s. Anm. 132), Willenserklärung, S. 263 ff.

139 *E. Zitelmann*, Irrtum und Rechtsgeschäft.

140 Vgl. *Enneccerus/Nipperdey*, Allgemeiner Teil des bürgerlichen Rechts, §§ 145 Abs. 2 Anm. 2, 163, Abs. 7, 164.

141 *F. Wieacker* (s. Anm. 132), Willenserklärung, S. 278.

142 Vgl. dazu Kritik bei *F. Bydlinski* (s. Anm. 134), Privatautonomie, S. 93.

143 *F. Wieacker* (s. Anm. 132), Willenserklärung, S. 278.

Um die Reinheit der Jurisprudenz besorgt, wehren sich nicht wenige Autoren gegen durch soziologische Erwägungen verbrämte oder motivierte Entwicklungen. Die Probleme der Massengesellschaft, wie u. a. das Bedürfnis nach glatter Abwicklung des Güterumsatzes, seien befriedigend mit den Erkenntnissen bisheriger Dogmatik zu lösen[144].

Das Grundproblem der Vertragslehre: Wieso lassen sich unanfechtbare rechtsgeschäftliche Wirkungen, die an ein Verhalten anknüpfen, durch das kein rechtsgeschäftlicher Wille erklärt wird, mit der Rechtsordnung vereinbaren, glaubt Bydlinski[145] beantworten zu können.

Er kombiniert Selbstbestimmungs- und Vertrauensprinzip statt sie wie üblich gegenüberzustellen. Nach ihm kommen Verträge allein kraft des Vertrauensprinzips[146] oder auf Grund einer entsprechenden Norm zustande, wenn der Grad des Verkehrssicherheitsbedürfnisses es erfordern und die inhaltliche Äquivalenz es erlauben würde[147]. Diese Erklärung leistet eine sinnvolle Begrenzung der Ausnahme, nicht aber ihre Begründung.

Statt bestimmten Rollenverhalten die Funktion einer rechtswirksamen Willenserklärung zuzuordnen, sind für Bydlinski allein — ohne diese konstruktive Brücke zu wählen — rechtsimmanente allgemeine Prinzipien, wie die Verkehrssicherheit, tragend[148].

In keiner Weise beugt sich vor allem Flume[149] der aufgezeigten Tendenz. Für ihn sind dem rechtsgeschäftlichen Bereich nur „echte" Willenserklärungen zugeordnet. Der schöpferischen Selbstbestimmung steht das „bloß rechtlich relevante Verhalten" gegenüber. Wie fragwürdig dieser Unterschied ist, belegt die aufgedeckte Rollenhaftigkeit menschlichen Verhaltens und insbesondere die heutigen Möglichkeiten individueller Lebensgestaltungen und -bestimmung, gemessen an den Vorstellungen des überkommenen Bildungsbürgertums.

Deutlich wird dieser neue Aspekt rechtsgeschäftlichen Handelns schließlich in der Arbeit Hanaus[150], mit der die Übersicht abschließen

---

144 Vgl. *F. Bydlinski* (s. Anm. 134), Privatautonomie, S. 226, 227.

145 *F. Bydlinski* (s. Anm. 134), Privatautonomie, S. 46 f., 150.

146 Vgl. dazu *H. Hübner:* den Fällen des Vertrauensschutzes sei gemeinsam, daß kein gestaltender Wille vorliegt, sondern eine *Verhaltens*haftung für einen zurechenbaren Vertrauenstatbestand eingreife. (*H. Hübner*, Zurechnung statt Fiktion einer Willenserklärung, in: Nipperdey-Festschrift I, S. 373 ff., 385.)

147 *F. Bydlinski* (s. Anm. 134), Privatautonomie, S. 150.

148 *F. Bydlinski* (s. Anm. 134), Privatautonomie, S. 150.

149 *W. Flume*, Allgemeiner Teil des Bürgerlichen Rechts, Bd. 2, Das Rechtsgeschäft, S. 54 ff.; ders., Das Rechtsgeschäft und das rechtlich relevante Verhalten, in: AcP 161 (1962), S. 52 f.

150 *P. Hanau*, Objektive Elemente im Tatbestand der Willenserklärung, in: AcP 165 (1965), S. 220 f.

soll. Hanau versucht, die Grundsätze zum Schweigen auf ein kaufmännisches Bestätigungsschreiben als Folge von Obliegenheitsverletzungen zu erklären. Die Figur des faktischen Vertrages, bei ihm Vertragsvollzug mit Erklärungswirkung[151], wird durch eine Gesetzesanalogie der Vergütungs- (§§ 612, 632, 653, 689 BGB) und Verlängerungsfiktionen (§§ 568, 629, 724 BGB) in das System einbezogen. Am Beispiel der Verlängerungsfiktionen zeigt sich besonders einleuchtend, daß bei abschießend vorgeformten Vertragsbeziehungen ihre Aktualisierung durch schlichte Rollenübernahme systemkonform erfolgen kann.

Da im heutigen Massenverkehr die vornormierten Rechtsgeschäfte überwiegen, bei denen für individuelle Ausgestaltung kaum Raum bleibt[152], lag es in der Tat für die neuen Lehren nahe, statt auf einen unterstellten Parteiwillen, auf generalisierte Erwartungen von Rollen zurückzugreifen. Freilich sind die aufgetretenen Testfälle wirtschaftlich unbedeutend und haben so gesehen den Aufwand nicht verdient[153]. Mit der „Jurisprudenz der Straßenbahnfahrt"[154] kann aber die künftig herrschende Dogmatik ihren Anfang genommen haben.

Rechtssoziologisch bemerkenswert ist an den neuen Lehren vor allem die Bemühung, die rechtsgeschäftliche Dogmatik der neuen Bewußtseinslage anzupassen. Zeichnete das 19. Jahrhundert ein überhöhtes Individualitätsstreben der gehobenen „Schichten" aus, die Massengeschäfte gab es auch schon damals, und entsprach dem die Betonung des Willensmomentes, so wirkt jetzt das allgemeine Emfinden der Rollenhaftigkeit unseres Handelns auf die Begründung des Vertragsschlusses zurück.

Ob das Anlaß zur Resignation sein muß, oder ob nur die überfällige nüchterne Einschränkung allgemein menschlichen Verhaltens und der Möglichkeiten menschlicher Selbstbestimmung im Rechtsverkehr, gemessen an der breiten Bevölkerung, zum Tragen kam, ist schon kurz angesprochen worden[155].

Ein bestimmender Einfluß auf detaillierte Regelungen des Rechtsgeschäftes ist vom Rollenmodell nicht zu erwarten. Die dogmatische

---

[151] *P. Hanau* (s. Anm. 150), Objektive Elemente, S. 263.

[152] Vgl. dazu *T. Ramm*, Einführung in das Privatrecht, Allgemeiner Teil des BGB, Bd. II, G 482 f; L 631 f.

[153] Delikts- und Bereicherungsansprüche ermöglichen einen hinreichenden Ausgleich; vgl. auch *F. Wieacker* (s. Anm. 132), Willenserklärung, S. 272.

[154] *W. Flume* (s. Anm. 149), Das Rechtsgeschäft, S. 100; vgl. auch die Kritik an *S. Simitis*, Die faktischen Vertragsverhältnisse als Ausdruck der gewandelten sozialen Funktion des Privatrechts, bei *F. Wieacker* (s. Anm. 132), Willenserklärung, S. 265 und bei *F. Bydlinski* (s. Anm. 134), Privatautonomie, S. 48, 149, 227.

[155] Vgl. *F. Wieacker* über *G. Haupt* (s. Anm. 132), Willenserklärung, S. 264, 273, 290, 282.

Ausarbeitung ersetzt es in der hier vorgeführten Form keinesfalls. Wohl aber hilft es, das zu Regelnde durchsichtiger zu machen und bietet einen Anhalt, die Willenserklärung neu zu definieren.

Den bisherigen Ausführungen ist zu entnehmen, daß überall dort, wo das Vertrauensprinzip rechtlich relevant wird[156], auch Rollendenken nachweisbar ist. Die Regelung von Schadensfällen soll dies als letztes Beispiel aus dem Privatrecht illustrieren.

Der sogenannte Fahrlässigkeitstatbestand (im Gegensatz zum individuellen) wird durch die Bedürfnisse des modernen Verkehrs mit seinen vielfältigen Gefahrenquellen und dem engen sozialen Kontakt auch gerade des außervertraglichen Lebens begründet[157]. So muß jeder auf die ganze Einsatzfähigkeit seines Verkehrspartners bauen können und nicht nur auf dessen guten Willen und optimale eigene Leistung. Deshalb wird die Ausgleichspflicht bei einer Verletzung davon abhängig gemacht, ob „ein normal veranlagter und tüchtiger Mensch, ein hinlänglich ausgebildeter und erfahrener Angehöriger eines Berufsstandes, wie ihn der verletzte Sozialpartner voraussetzen durfte[158] (Vertrauensprinzip)“[159] den Erfolg hätte vermeiden können. Mit anderen Worten, die (allgemeinen) Rollenerwartungen sind Pflichtenmaßstab, nicht die individuelle Ausfüllung[160]. Den Erwartungen liegt ein „Standard“ des betreffenden Berufs oder Tätigkeitsfeldes zu Grunde[161]. Dabei bleibt die Rollen-Entsprechung durch das Recht nicht etwa beispielhaft bei einem Leitbild der Bundesärzteordnung stehen, sondern folgt der tatsächlichen Differenzierung in Landarzt, Arzt in der Großstadt usw. Wer in der Rolle als „Kapazität“ engagiert wird, kann sich so hinsichtlich seines Pflichtenmaßstabes nicht auf erbrachtes Durchschnittskönnen berufen[162].

In anderer Weise verbinden sich bei den Unterlassungsdelikten Vertrauensprinzip und Rollendenken. Das Unterlassen einer Handlung ist nur dann rechtlich relevant, wenn eine Rechtspflicht zum Tun bestand. Eine derartige Rechtspflicht kann sich u. a. aus Vertrag ergeben. Das Bestehen dieser vertraglichen Pflicht reicht aber nicht aus. Viel-

---

[156] Vgl. allgemein *E. E. Hirsch*, Das Recht im sozialen Ordnungsgefüge, S. 33.

[157] Vgl. *J. Esser*, Schuldrecht, Bd. 1, § 38 IV, S. 248 f.

[158] *J. Esser*, Schuldrecht, Bd. 1, § 38 III, S. 247.

[159] Vgl. dazu: *K. Deutsch*, Fahrlässigkeit und erforderliche Sorgfalt, S. 23 ff.

[160] Vgl. dazu: BGH NJW 61, 600.

[161] *J. Esser*, Schuldrecht, Bd. 1, § 38 V, S. 250; schon RGZ 68, 422 f.: „Der Pflichtenmaßstab des § 276 richtet sich nach dem, was der normale und gesunde Verkehr in den konkreten Verhältnissen an Sorgfaltsmaßnahmen erwarten kann.“

[162] *K. Deutsch*, Fahrlässigkeit und erforderliche Sorgfalt, S. 143; *J. Esser*, Schuldrecht, Bd. 1, § 38 V, S. 250.

mehr muß die Erfüllung auch tatsächlich übernommen worden sein. Die Garantenstellung beginnt also erst mit der Rollen-Übernahme. Fikentscher[163] spricht daher bewußt von einer Rechtspflicht aus Übernahme.

Ebenso unabhängig von der vertraglichen Grundlage gestaltet sich die Haftung eines Übernehmers von Handlungspflichten. Der Erstgarant ist von einem Einstehen befreit, wenn der Übernehmer die objektive — d. h. der Verkehrsanschauung entsprechend — berechtigte Erwartung auf seine gefahrenabwehrende Tätigkeit hervorgerufen hat, gleich ob ein Vertrag besteht oder nicht[164]. Das ist zu verneinen, wenn es etwa beim Übernehmer an der beruflichen Qualifikation fehlt, die die Voraussetzung der Handlungspflicht des Garanten bildet. Er muß also die gleichen Rollenerwartungen hervorrufen können wie der Erstgarant.

Einen weiteren Entstehungsgrund für die Rechtspflicht zum Tun kann eine enge konkrete Lebensbeziehung abgeben. Auch hier verleiht die Rechtsordnung einer bloßen, nicht gesetzlich oder vertraglich fixierten Rollenerwartung ihre rechtliche Verpflichtungskraft. Dadurch erhält das Recht seiner besseren Wirksamkeit wegen die notwendige Flexibilität. Die Vielzahl der unterschiedlichen sozialen Erscheinungsformen vereiteln eine spezielle Kodifizierung[165].

Abschließend sei auf die neueste höchstrichterliche Rechtsprechung, die den „sozialen Kontakt“[166] als Anknüpfungspunkt für Haltungsfolgen in ihre Erwägungen aufnimmt, hingewiesen. So bezieht der Bundesgerichtshof in der wegweisenden Entscheidung zur Warenherstellerhaftung[167] durchaus die sozialen Beziehungen zwischen Hersteller und Abnehmer ein, räumt ihnen aber nicht das notwendige rechtliche Gewicht ein, um aus ihnen Haftungsfolgen abzuleiten. Etwas merkwürdig getrennt schließt sich dann die Erörterung an, ob eine Sonderrechtsbeziehung kraft Vertrauens, das der Hersteller mit dem Produkt — verstärkt durch die Werbung — beim Verbraucher erweckt habe, entstanden und eine entsprechende Haftung nach § 122 BGB geboten sei. Unter Bezug auf eine frühere Entscheidung[168] wird es abgelehnt,

---

[163] *W. Fikentscher*, Das Schuldrecht, § 130 III 1 b.

[164] *E. Ulmer*, Die deliktische Haftung aus der Übernahme von Handlungspflichten, in: JZ 69, 163, 172.

[165] *F. Kübler*, Kodifikation und Demokratie, in: JZ 69, 647 f., 648: ... „Gesetz zu genereller Regelung, weil es den immer feineren Nuancen einer sich beständig weiter ausdifferenzierenden Sozialordnung nicht mehr gerecht werden kann.“

[166] *Soergel/Siebert/Schmidt*, Bürgerliches Gesetzbuch, § 274 BGB, Vorbem. 5.

[167] BGH NJW 69, 271, 273.

[168] BGHZ 48, 118.

der Werbung haftungsbegründende Kraft beizulegen, weil u. a. ein verständiger Verbraucher die Werbung so nicht verstehe, eine derartige Rollenerwartung also nicht existiere.

Soweit die Durchforschung des Privatrechts nach vermutetem Rollendenken. Aus dogmatischer Sicht wäre es reizvoll, das bisherige System von seinen angeführten „Durchbrüchen" her aufzuzäumen, also von korrespondierenden Rollenerwartungen auszugehen und die „bisher" gesetzlich und vertraglich fixierten nur als Spezialfälle zu begreifen. Im Ergebnis würde damit wohl nicht sonderlich viel gewonnen sein, da die Abgrenzungsschwierigkeiten bei der Feststellung der rechtlichen Relevanz eines Verhaltens bestehen bleiben oder besser, sich nur verlagern würden.

Als Vorteil könnte sich die gewonnene Systemeinheit und die bessere Abbildung der sozialen Wirklichkeit ergeben[169]. Zudem würde der Argumentation die m. E. durchschlagende funktionale Richtung gewiesen werden. Auch könnte die Ausdrucksweise plastischer und knapper werden. Dies alles ist hier jedoch nicht zu vertreten.

e) Der Rollenbegriff im Strafrecht

Ausgespart wurde bisher das Strafrecht. Es ist gekennzeichnet durch die Beschreibung krimineller Verhaltensweisen und ihrer jeweiligen Wertung. Einen ersten Einstieg vermittelt die Untersuchung der strafrechtlichen Handlungslehren. Durch den Handlungsgriff sollen u. a. alle Verhaltensweisen ausgeschieden werden, bei denen von vornherein eine strafrechtliche Würdigung unangebracht ist. Um den „richtigen" Ansatz streiten sich die Vertreter des kausalen, finalen und sozialen Handlungsbegriffes. Nach dem kausalen Handlungsbegriff[170] ist Handlung ein vom Willen beherrschtes, menschliches Verhalten, das einen bestimmten Erfolg in der Außenwelt verursacht hat, ohne Rücksicht darauf, ob der Täter ihn gewollt hat oder auch nur voraussehen konnte. Demgegenüber betont die finale Lehre[171], daß menschliches Handeln Ausübung von Zwecktätigkeit sei. Auf Grund seines Kausalwissens sehe der Mensch die möglichen Folgen seines Tätigwerdens in bestimm-

[169] Vgl. aber dagegen Bydlinskis Sorge, daß man durch soziologische Erwägungen statt die „Lebensnähe" unmittelbar in den Griff zu bekommen, sie am leichtesten verfehlen könne. So sei es unbegreiflich, den Stromdiebstahl zur Begründung eines Vertragsverhältnisses umzustempeln (*F. Bydlinski*, Privatautonomie und objektive Grundlagen des verpflichtenden Rechtsgeschäftes, S. 227).

[170] Vgl. *Schönke/Schröder*, Strafgesetzbuch, Vorbem., Anm. 27 a; *Schwarz/Dreher*, Strafgesetzbuch, Vorbem. B I, § 1 StGB; ähnlich BGHSt 3, 287, 289.

[171] Vgl. näher *H. Welzel*, Das neue Bild des Strafrechtssystems, S. 1 ff. *R. Maurach*, Deutsches Strafrecht, Allgemeiner Teil, S. 154 ff.

tem Umfange voraus, könne sich darum verschiedenartige Ziele setzen, sie planvoll sich selber steuernd anstreben.

Die soziale Handlungslehre[172] schließlich versucht, ohne eine Überspannung des Willenmomentes auszukommen. Sie findet die einende Klammer von tatsächlichem Tun und Unterlassen, vorsätzlichem und fahrlässigem Verletzen fremder Rechtsgüter in dem Sinn menschlichen Verhaltens. Die Möglichkeit intellektueller und voluntativer Antizipation des Verhaltens betreffe auch die funktionale Auswirkung auf die anderen in der Welt[173]. Dieses erfolgt durch ein Hineinversetzen in den von den Folgen seines Handelns betroffenen anderen. So gesehen, erweist sich alles menschliche Handeln als Geschehen zwischen Menschen zur sozialrelevanten Leistung oder Fehlleistung[174]. Der soziale Sinn menschlichen Verhaltens sei nicht primär vom Individualstandpunkt des Handelnden, sondern müsse vom Sozialstandpunkt des anderen her bestimmt werden.

Danach dürfte die Grenze zwischen menschlichem „Handeln" und „Nichthandeln" im strafrechtlichem Sinne nicht in dem liegen, was ein bestimmter Mensch voraussetzen und beherrschen könne, sondern entscheidend sei, was Menschen überhaupt leisten oder nicht zu leisten vermögen[175]. Wird bei der Abgrenzung des strafrechtlichen Handelns auf das Menschenmögliche abgestellt, so verengt sich die Ebene des Unrechts[176] auf den typischen sozialen Durchschnitt des „Jemand" in seiner bestimmten sozialen Rolle (etwa als Kraftfahrer, als Arzt) und Lage[177]. Auf der Ebene der Schuld müsse dann die individuelle Leistungsfähigkeit berücksichtigt werden. Handlung wird so als jedes objektiv beherrschbare Verhalten mit Richtung auf einen objektiv voraussehbaren sozialen Erfolg bestimmt[178] oder verkürzt, Handlung ist sozial erhebliches menschliches Verhalten[179].

---

172 Auf die verschiedenen Spielarten ist hier nicht einzugehen. Vgl. die Literaturangaben bei *H. H. Jescheck*, Lehrbuch des Strafrechts, Allgemeiner Teil, S. 153, Anm. 18.

173 *G. Husserl*, Recht und Welt, S. 127 ff. Kein soziales Verhalten ist z. B. schlafen, nachdenken, sich dem Naturgenuß hingeben.

174 *W. Maihofer*, Der soziale Handlungsbegriff, in: Festschrift Eberhardt Schmidt, S. 156 f., 170.

175 *W. Maihofer*, Der soziale Handlungsbegriff, in: Festschrift Eberhard Schmidt, S. 156 f.

176 Vgl. hierzu *E. E. Hirsch:* Unter den Faktoren, die zu einem rechtsmäßigen (oder rechtswidrigen) Verhalten führen würden, sei an die Stelle der Gesetzes(un)kenntnis der Umfang an Erfahrung und Wissen an das typische geforderte Verhalten in typischen Situationen (also an Rollenerwartungen) getreten. (E. E. Hirsch, Rechtssoziologie, in: *G. Eisermann*, Die Lehre von der Gesellschaft, S. 184.)

177 Auffallend das Bedürfnis, den dynamischen wie auch den positionellen Aspekt gefestigter Verhaltenskomplexe anzusprechen.

178 *W. Maihofer* (s. Anm. 175), Handlungsbegriff, S. 179, 180, mit Nachweisen.

179 *H. H. Jescheck* (s. Anm. 172), Lehrbuch, Allgem. Teil, S. 153.

Die soziale Handlungslehre stellt zutreffend die Gegenläufigkeit menschlicher Verhaltensweisen heraus, die nach den bisherigen sozialpsychologischen Erkenntnissen[180] möglich ist, weil wir die generalisierten Haltungen der anderen in uns haben, d. h. die Erwartungen unserer jeweiligen Bezugspersonen oder Rollensender in etwa kennen und sie in uns selber aktualisieren können. Der soziale Handlungsbegriff impliziert demnach die Rollengesellschaft, indem er den einzelnen als „Sozialperson“[181] in Erscheinung treten läßt. Das Unrechtsverständnis dieser Lehre fußt direkt auf den allgemeinen Rollenerwartungen und nicht auf einem abstrakten Personenbegriff.

Die Charakterisierung der Rechtswidrigkeit eines Verhaltens als Rollenabweichung oder mangelnde Rollenübernahme läßt sich besonders einfach am Beispiel der unechten Unterlassungsdelikte bestätigen. Die Rechtsordnung sanktioniert ein Unterlassen nur dann, wenn ein besonderer Rechtsgrund nachgewiesen ist, der zum Schutz fremder Rechtsgüter verpflichtet. Derartige Schutzpflichten können u. a. aus natürlicher Verbundenheit mit dem Träger des Rechtsgutes, aus engen Gemeinschaftsbeziehungen und aus der Übernahme einer Obhut entstehen[182]. Die Garantiepflicht einer natürlichen Verbundenheit setzt eine rechtlich anerkannte Verbundenheit wie der auf Grund einer Ehe oder ein Verwandtschaftsverhältnis voraus[183]. Der Umfang einer Garantenpflicht bestimmt sich z. T. nach den vom Recht allgemein formulierten Rollenerwartungen (vgl. § 1353 BGB) oder auch auf bloße, tatsächliche, wie etwa im Verhältnis von Großeltern und Enkeln[184]. Unabhängig von einer rechtlich normierten Beziehung entstehen Garantenpflichten auch auf Grund enger Gemeinschaftsbeziehungen. Hier hat das Vertrauensverhältnis zu bestimmten gegenseitigen Rollenerwartungen geführt, die es erlauben, besondere Risiken einzugehen und Sicherheitsvorkehrungen zu vernachlässigen. Pflichtenmaßstab auch hier die generalisierten, erwarteten Verhaltensweisen[185]. Schließlich kann die freiwillige Übernahme von Pflichten eine Schutzposition begründen. Maßgeblich für die Garantenstellung ist auch hier — wie bei den privatrechtlichen Deliktstatbeständen (vgl. §§ 823 ff. BGB) —

[180] Vgl. insbesondere *G. H. Mead*, Sozialpsychologie, S. 55 ff., 263 ff.

[181] *W. Maihofer*, Recht und Sein, S. 114 ff.

[182] Vgl. *H. H. Jescheck* (s. Anm. 172), Lehrbuch, S. 414.

[183] Vgl. ausführlich dazu *Schönke/Schröder*, Strafgesetzbuch, Vorbem., Rdnr. 108—118 b.

[184] Vgl. zum Verhältnis Großeltern-Enkel: RGSt 39, 397, 398; 72, 373, 374; Eltern-Kinder: BGHSt 7, 208, 272; 19, 167.

[185] Beispiele bei *H. H. Jescheck* (s. Anm. 172), Lehrbuch, S. 414, 415; Aufnahme pflegebedürftiger Personen in den Haushalt macht die erforderliche Fürsorge zur Rechtspflicht (vgl. RGSt 69, 321; 309, 311); dagegen bei Zechgelagen keine Begründung von Garantenpflichten der Zechgenossen (BGH NJW 54, 1047).

nicht die Rechtsgültigkeit des Vertragsschlusses, sondern die tatsächliche Rollenübernahme. Ebenso ist die Dauer der Garantenstellung von der Geltungszeit des Vertrages unabhängig[186].

Die Bedeutung der eingangs angeführten sozialen Handlungslehre darf allerdings nicht überschätzt werden[187]. Entscheidend für die Struktur des Strafrechts sind der einzelne Deliktstatbestand und die allgemeinen Lehren der Rechtswidrigkeit und Schuld. Neben der bloßen Abgrenzungsfunktion — überhaupt strafrechtlich relevant oder nicht — könnte der soziale Handlungsbegriff aber dennoch zu einer „neuen" vertieften Interpretation der Strafrechtstatbestände anregen.

Von den Straftatbeständen ist der des Betruges als Ordnungsfaktor eines höchst komplizierten und verflochtenen Austauschverkehrs gekennzeichnet[188]. An einer der Erscheinungsformen des Betruges, dem Anstellungsbetrug, soll zunächst eine weitere Art des Rollendenkens im Strafrecht demonstriert werden.

Vom Anstellungsbetrug[189] spricht man, wenn sich der Täter durch Täuschung die Anstellung in einem privatrechtlichem Arbeitsverhältnis oder als Beamter erschleicht. Problematisch ist dabei das Tatbestandsmerkmal Vermögensschaden.

Nach der Rechtsprechung[190] ist entscheidend, ob der Dienstverpflichtete die Leistungen erbringen kann, die auf Grund seiner gehaltlichen Eingruppierung allgemein erwartet werden dürfen. Also nur, wenn die übernommene Dienstleistungsrolle bei vorgetäuschter Bestätigung der Positionseignung unzureichend ausgefüllt wird, ist ein Vermögensschaden gegeben[191].

Der damit angedeuteten differenzierten Betrachtung nach den jeweiligen Rollenerwartungen entspricht die Rechtspraxis. Wer eine Anstellung als Beamter erschleicht und die volle Leistung erbringt, verursacht dennoch einen Vermögensschaden, weil der Täter nicht nur sein Arbeitspensum, sondern seine „Hingebung und Treue", seine Persönlichkeit schulde und diesen gesteigerten Ansprüchen eben nicht genügen kann[192]. Gleiches gilt, wenn eine Rollenerwartung neben dem erschliche-

---

[186] Dazu RGSt 16, 269, 271; 64, 81, 89.

[187] Vgl. *Schönke/Schröder*, Strafgesetzbuch, Vorbem., Rdnr. 36.

[188] Vgl. *A. Gutmann*, Der Vermögensschaden beim Betrug im Lichte der neueren höchstrichterlichen Rechtsprechung, in: MDR 63, 3, 4 f. Praktische Bedeutung spielt der heutige Betrugsbegriff insbesondere bei Kauf, Darlehensschwindel, betrügerischem Betteln, Falschspiel, so: *R. Maurach* (s. Anm. 171), Strafrecht, BT, S. 301.

[189] Vgl. *Schönke/Schröder*, Strafgesetzbuch, § 263 StGB, Rdnr. 114.

[190] RGSt 73, 726; BGHSt 1, 14; 17, 254.

[191] Eine vertragliche oder gesetzliche Verpflichtungsgrundlage liegt vor.

[192] RGSt 65, 281; BGHSt 5, 358; Ob diese Rollenerwartung, die praktisch nur bei Schlüsselpositionen durch gesteigerte „Partei-Loyalität" von Bedeutung ist, noch sinnvoll bleibt, ist eine andere Frage. (Vgl. zu diesem Problem-

nen Effekt einer Leistung bestimmt, daß der Rollenträger mit einer besonderen Ausbildung versehen sein soll und die Gegenleistung entsprechend hoch angesetzt ist[193]. Dieser Grundsatz gilt auch bei entsprechend gut dotierten Vertrauensstellungen, wenn über die Zuverlässigkeit getäuscht wird[194]. Nicht dagegen genügt es, wenn der Getäuschte den anderen ohne die Täuschung nicht eingestellt hätte, z. B. weil dieser vorbestraft oder sonst charakterlich unzuverlässig ist. Vom einfachen Arbeiter oder Angestellten kann nach der Verkehrsanschauung nicht mehr erwartet werden, als daß er leistet, was er verspricht[195]. In gleicher Weise wird die bloße Rollenhandlung eines Arbeiters geschützt, wenn ein böswilliger vermeintlicher Vertragspartner die Arbeitskraft des Arbeiters für sich in Anspruch nimmt. Hier wird die Arbeitskraft als Vermögensbestandteil gewertet, weil der Einsatz üblicherweise nur auf Grund einer Gegenleistung erwartet werden kann.

Mit dieser Feststellung, daß sich hier das Strafrecht an bestimmten — allein von der sozialen Wirklichkeit geprägten — generalisierten Verhaltenskomplexen orientiert, muß sich der Rechtssoziologe bescheiden. Für die Dogmatik bleibt jedoch die Anregung, § 263 StGB beispielsweise dahin zu interpretieren, daß neben dem (wirtschaftlichen) Vermögen auch — allerdings nur in Kopplung mit Vermögensverfügungen — die Störungsfreiheit gegenläufiger Rollenbeziehungen geschützt werden soll. Gegen die Lehre[196], die Treu und Glauben als Rechtsgut postuliert, hat man eingewandt, sie führe zu einer „Ethisierung am falschen Ort". Die Rollenschutzthese würde dagegen eine vom unmittelbaren ethischen Bezuge[197] freie funktionalistische Deutung des § 263 StGB leisten. Folgt man dem, läßt sich eine einleuchtende Begründung für die Fälle der sogenannten Zweckentfremdung geben[198], bei denen trotz voll-

---

kreis die „Freisetzung" vieler Beamte des Bundeskanzleramtes nach dem Regierungswechsel 1969 durch den Chef des Bundeskanzleramtes.)

[193] BGHSt 17, 154.

[194] OLG Celle MDR 60, 697.

[195] *Schönke/Schröder*, Strafgesetzbuch, § 263 StGB, Rdnr. 115.

[196] Vgl. *E. Mezger*, Strafrecht, Besonderer Teil (bis zur 8. Aufl.), S. 167; aufgegeben von *H. Blei*, Strafrecht, Besonderer Teil, S. 181. Vgl. *R. Maurachs* Kritik zur „Treu und Glauben" Lehre, in: (s. Anm. 171), Strafrecht, BT, § 38 I C, S. 320: ein selbständiger Schutz von Treu und Glauben sei dem deutschen Strafrecht nicht bekannt. Der ethische Aspekt der „Treu und Glauben"-Formel lenkt die Kritik jedoch sofort auf ein falsches Gleis und führt so zur Vernachlässigung des allgemeinen Vertrauensschutzes als Rechtsgut.

[197] Der Rollenbegriff impliziert die Sozialisations-Internalisierungs- und Enkulturationsprozesse; vgl. zu diesen *G. Wurzbacher*, Sozialisation — Enkulturation — Personalisation, in: Der Mensch als soziales und personales Wesen.

[198] Vgl. *R. Lange* zur Zweckverfehlungstheorie: Fall der Vertragsverletzung mit allen zivilrechtlichen Folgen, aber kein Poenalisierungsbedürfnis, in: *Kohlrausch/Lange*, Strafgesetzbuch, § 263 StGB, Anm. V 2 a.

wertiger Gegenleistung ein Schaden angenommen wird, so wenn billige Deputatkohle[199] in der Absicht der Weiterveräußerung gekauft wird. Auch die Fälle des Bettel- und Spendenbetruges gehören in diesen Zusammenhang[200]. Die erkannte Rollenerwartung umfaßt dabei die Berücksichtigung einer bestimmten Verwendung der Mittel. Will der Erwartungsadressat das von Anfang an direkt oder indirekt vereiteln, so geht die Rollenhandlung des Verfügenden ins Leere[201]. Nicht die Individualisierung des Vermögens und nicht die Dispositionsfreiheit sind also aus dieser Sicht Schutzgut, sondern die Gegenläufigkeit von bestimmten Rollen[202].

Wann aber hier der strafrechtliche Schutz einzusetzen hat, ist damit noch nicht entschieden. Die Strafwürdigkeit[203] jener Störungen könnte von ihrer jeweiligen Bedeutung für die Gesellschaft an Hand des Einzelfalles wertend zu ermitteln sein. Derartigen Abgrenzungsschwierigkeiten ist auch die herrschende Lehre[204] vom Vermögen als einzigem Rechtsgut nicht enthoben[205]. Als Vorteil könnte sich aber die mit dem Rollenverständnis deutlicher angesprochene Funktionsgarantie der Gesellschaft durch § 263 StGB bei der Abwägung herausstellen, d. h. hinsichtlich des Schutzzweckes des § 263 StGB ist die Rollenschutzthese rational durchsichtiger als der bloße Hinweis auf das Rechtsgut des Vermögens.

Die bisherigen geschilderten Rollen sind dadurch gekennzeichnet, daß ihre Existenz von der Gesellschaft allgemein gewünscht oder gefordert wurde. Untersucht werden soll jetzt, ob auch die von den Normen des Strafrechts geschilderten Verhaltensweisen der Rollenanalyse zugänglich sind. Das Strafrecht geht in seinen 370 Paragraphen nicht vom Menschen abstrakt aus, sondern unterscheidet neben den bekannten Rollenbildern, wie des Angehörigen, des Arztes, Richters,

---

199 Vgl. RGSt 58, 171, BGHSt 2, 325.

200 Vgl. RGSt 4, 352; 6, 360; 53, 225. Die Begründung der h. M., die Vermögensverschiebung würde mit der Verfehlung ihres Zwecks in ihrem sozialen Sinn entwertet, meint „sozial" allerdings wieder in einem „ethisch geladenen Sinne". Versteht man sozial dagegen funktionalistisch, würde sich die h. M. mit der vertretenen Auffassung decken.

201 Richtig in diesem Sinne ist daher BGHSt 19, 37 (VW-Aktien), anders OLG Hamburg NJW 62, 1407.

202 Vgl. dagegen OLG Hamm NJW 69, 1788 mit anderer Interpretation von BGHSt 22, 88 als die Vorinstanz: ... „Vermögensschaden auch dann nicht gegeben, wenn der Getäuschte die Vermögensverfügung nicht getroffen hätte, falls er die Nichterreichung des mit dem Kauf verfolgten sozialen Zweckes gekannt hätte."

203 Vgl. dazu *Kohlrausch/Lange*, Strafgesetzbuch, § 263 StGB, Anm. 2 a.

204 Vgl. RGSt 74, 168; BGHSt 3, 99; 16, 325; *Schönke/Schröder*, Strafgesetzbuch, § 263 StGB, Rdnr. 1.

205 Vgl. die neuere Tendenz, auch den subjektiven Schadenseinschlag zu berücksichtigen. Nachweise bei *Schönke/Schröder*, Strafgesetzbuch, § 263 StGB, Rdnr. 87 f.

Beamten u. a. den Gewohnheitsverbrecher (§ 20 a StGB), den Zuhälter (§ 181 StGB), den Räuber (§ 250 Abs. 1 Nr. 1 StGB), den Anstifter, den Gehilfen, den Rädelsführer (§§ 84, 85 StGB). Diese Differenzierung wird auch im Schrifttum reflektiert. So führt Rehbinder[206] im Anschluß an Radbruch[207] als Beispiel für das Rollendenken des Strafrechts den Gewohnheitsverbrecher an. Jeschek[208] spricht bei der Erörterung der Mittäterschaft von Rollenverteilung. Maurach[209] benutzt den Ausdruck Rolle, um die Abgrenzung der Strafbarkeit von der notwendigen Teilnahme zu erläutern, und Roxin[210] schließlich gebraucht den Rollenbegriff bei der Entwicklung seiner Lehre von der funktionellen Tatherrschaft.

Ob sich diese — jedenfalls bei den Strafrechtlern — umgangssprachliche Verwendung des Ausdrucks Rolle mit dem der Untersuchung zugrunde liegenden Begriff deckt, bedarf der Klärung.

Rolle war als Inbegriff der an einen Inhaber einer sozialen Position gerichteten Verhaltenserwartungen bestimmt worden. Unproblematisch bei der Verwendung des Rollenbegriffs zur Kennzeichnung der Verhaltensweise eines Täters ist, daß sich dieser vielleicht nur ein einziges Mal in seinem Leben für einen Augenblick tatbestandsmäßig verhält. Denn Zeitdauer und Häufigkeit der Rollenübernahme sind für den Begriff ohne Belang. Auch wer beispielsweise einer einzigen kurzen Beerdigung beiwohnt, übernimmt in dieser Zeit die Rolle des Trauergastes.

Schwierigkeiten bereitet das Merkmal der Verhaltenserwartung. Die notwendig generalisierten Verhaltensweisen sind durch das Strafrecht beschrieben. Zweifelhaft ist aber, von wem die Erwartungen ausgehen, wer Rollensender ist. Die Gesellschaft rechnet empirisch mit kriminellen Verhalten, insoweit erwartet sie es, nicht aber impliziert das Strafrecht die Aufforderung, Unrecht zu tun, sondern verlangt gerade durch seine negativen Sanktionen, die beschriebenen Verhaltensweisen zu unterlassen.

Keine Lösung wäre es, Rollenerwartungen neutral zu definieren, also negative wie positive darunter zu verstehen. Damit würde die Entstehung generalisierbarer Verhaltenskomplexe nicht erklärt. Denn der „Kriminelle" orientiert sich in der Regel nicht daran, was er nicht tun soll, aus Trotz allenfalls, sondern er tut in der Regel etwas, um ein Ziel zu erreichen.

---

206 *M. Rehbinder,* Status — Kontrakt — Rolle, S. 212.

207 *G. Radbruch,* Vom individualistischen zum sozialen Recht, in: Hanseatische Rechts- und Gerichts-Zeitschrift 13 (1930), Sp. 458—468, 460.

208 *H. H. Jescheck* (s. Anm. 172), Lehrbuch, S. 435.

209 *R. Maurach* (s. Anm. 171), Strafrecht, AT, § 50 II A, S. 567.

210 *R. Roxin,* Täterschaft und Tatherrschaft, S. 275.

Aus dem Dilemma befreit die kriminologische Forschung. Danach ist kriminelles Verhalten weitgehend von einem Lernprozeß abhängig[211]. Menschen, die keinen Zugang zu dieser Ausbildung haben, werden selten straffällig. Schon Emil Durkheim[212] nennt als Beispiel alte Vagabunden, die Jugendliche zum Diebstahl anleiten und verwahrloste Familien, die Mädchen zur Prostitution abrichten. Banden von Kindern bilden Subkulturen, denen vom übrigen abweichende Normen eintrainiert werden. Als Mutprobe gilt der erste Diebstahl[213]. Rollensender des Normbrechers ist die subkulturelle Umwelt, die einen erfolgreichen Streifzug mit Anerkennung belohnt und den Rückzug aus dem kriminellen Leben mit Schmähungen und anderen Sanktionen zu vereiteln sucht[214]. Neben der tatsächlichen Anleitung findet der „Kriminalstudent" in den Massenmedien, in Gerichtssitzungen, in Erzählungen von Kollegen und bei den ersten kleinen Haftverbüßungen weitere Anregungen. Die Entwicklung kriminellen Verhaltens kann also durchaus als Sozialisations- und Internalisierungsprozeß beschrieben werden, nur daß eben kriminelle Verhaltensweisen erlernt und entsprechende Werte verinnerlicht werden. „Die Erfindung eines Verbrechens ist ebenso ungewöhnlich, wie wenn ein naturwissenschaftlich Ungebildeter neue Gesetzmäßigkeiten entdeckt[215].

Freilich darf dieses Entwicklungsschema nicht verallgemeinert werden. Einmal sind auch überwiegend endogene Entstehungsursachen nicht zu leugnen[216]. Weiter läßt sich die Entstehung von Fahrlässigkeitsdelikten kaum als Lernprozeß beschreiben. Beim White-Collar-Täter genügt meistens die Aneignung der beruflichen Fertigkeit, die ihm die Vertrauensstellung sichern. Dem Affekttäter, der in einer einzigen Situation straffällig wird, fehlt gleichfalls die geschilderte Schulung. Die genannte Grundthese wird daher nicht selten in Frage gestellt[217]. Wenig überzeugend ist aber jene Kritik, die bloß behauptet, daß nicht

---

211 *R. König*, Anomie, in: R. König, Hrsg., Soziologie, S. 24; ders., Einige Bemerkungen zur Stellung des Problems der Jugendkriminalität in der allgemeinen Soziologie, in: Heintz/König, Hrsg., Soziologie der Jugendkriminalität Sonderheft 2/1962 der Kölner Zeitschrift für Soziologie und Sozialpsychologie, S. 1—11; *F. Sack*, Kriminalsoziologie, in: R. König, Hrsg., Handbuch der empirischen Sozialforschung, Bd. 2, S. 978, 961 ff., 1006 ff. m. Nachweisen; *E. Sutherland*, Principes de criminologie, S. 88 f. und zu dem Problem die Ausführungen im Sammelband, Sack/König, Hrsg., Kriminalsoziologie, S. 12, 202, 326, 398, 413, 417.

212 Erwähnt bei *R. König* (s. Anm. 211), Jugendkriminalität, S. 5.

213 Vgl. *C. R. Shaw*, The Jack-Roller, S. 54 f.; dazu ausführlich: *R. A. Cloward*, Illegitime Mittel, Anomie und abweichendes Verhalten, in: Sack/König, Hrsg., Kriminalsoziologie, S. 314 ff., 324.

214 Anschaulich dazu vgl. *H. Fallada*, Wer einmal aus dem Blechnapf frißt.

215 *E. H. Sutherland*, Principes de criminalogie, S. 88.

216 Vgl. dazu *D. M. Abel*, Wege ins Verbrechen.

217 Vgl. allein die Auseinandersetzungen in den Arbeiten des Sammelbandes, Sack/König, Hrsg., Kriminalsoziologie.

das asoziale, sondern das soziale Verhalten gelernt werden muß und meint, daß man zum verbrecherischen Verhalten stets mühelos gelange, ohne dazu angelernt oder angehalten zu sein[218]. Durch den Hinweis[219] auf Gehlens[220] Kulturpessimismus und Institutionenglaube wird diese rollenkritische Position wissenschaftlich wohl kaum vertretbarer.

Hier soll im weiteren von der kriminellen Subkultur als Zusammenfassung der Rollensender ausgegangen werden. Zur Beschreibung von Subkulturen eignen sich die in der Soziologie allgemein bewährten Konzepte, wie Status, Rolle, Rekrutierungsmuster usw. So ist die Verwendung des Rollenbegriffes in der Kriminologie keine Seltenheit[221].

Da die Strafrechtstatbestände in erster Linie abweichendes Verhalten beschreiben[222], bestehen keine Bedenken, den Rollenbegriff auch für das strafrechtliche Denken im engeren Sinne fruchtbar zu machen. Assoziationen an die überzeugend widerlegte Lehre vom tatbestandlichen Tätertyp[223] werden nicht geweckt. Der Rollenbegriff impliziert die relativ freie Übernahme von Verhaltensweisen und verengt gerade nicht die Vorstellung auf den „typischen Täter einer bestimmten Tat“[224].

Die Reflexion des Rollenbegriffes allgemein ergab, daß er Folge des bewußt gewordenen Differenzierungsprozesses ist und zum anderen, daß in ihm die Spannung und Vermittlung von Person und Gesellschaft deutlich wird. Diesem Verständnis nach, bietet sich die Täterschafts- und Teilnahmelehre für einen weiteren Rollenexkurs an. Die strafrechtliche Dogmatik unterscheidet Täterschaft, mittelbare Täterschaft, Mittäterschaft, Anstiftung und Beihilfe. Diese Differenzierung der Erscheinungsformen der Beteiligung wird im Schrifttum teils durch ihren sozialen Sinn vorgegeben[225], teils als keineswegs sachlich zwingend

---

[218] *S. Glueck*, in: A. Mergen, Hrsg., Kriminologie — heute, S. 45 f.; dazu kritisch *D. R. Cressey*, Statistische Verteilung und individuelles Verhalten, in: Sack/König, Hrsg., Kriminalsoziologie, S. 400, 411.

[219] Vgl. *R. Lange*, Das Menschenbild des Positivismus und die philosophische Anthropologie unserer Zeit, in: Franz von Liszt zum Gedächtnis, S. 12 f., 20.

[220] Vgl. *A. Gehlen*, Die neue Weltschau, S. 86—87 und ausführlich jetzt, Moral und Hypermoral.

[221] *A. Mergen*, Die Kriminologie, S. 437; *F. Sack*, Neue Perspektiven in der Kriminologie, in: Sack/König, Hrsg., Kriminalsoziologie, S. 470; und im selben Band, *R. A. Cloward*, Illegitime Mittel, Anomie und abweichendes Verhalten, S. 314, 323, 324, 330, 331; der Sache nach vgl. auch *W. de Boor*, Bewußtsein und Bewußtseinsstörungen, S. 84.

[222] *W. Hassemer*, Tatbestand und Typus, S. 151.

[223] *E. Mezger*, Die Straftat als Ganzes, in: ZStW 57 (1938), S. 688 ff.; *F. Schaffstein*, Zur Lehre vom Tätertyp im Kriegsstrafrecht, in: DStR 42, 38; *G. Dahm*, Der Tätertyp im Strafrecht, S. 21; dagegen RGSt 76, 279; 77, 43 und die heute h. L., vgl. *Schönke/Schröder*, Strafgesetzbuch, Vorbem. Rdnr. 49; *H. H. Jescheck* (s. Anm. 172), Lehrbuch, S. 33.

[224] *G. Dahm*, Der Tätertyp im Strafrecht, S. 21.

[225] *W. Hardwig*, Zur Abgrenzung von Mittäterschaft und Beihilfe, in: GA 54, 333—358, vgl. *E.-J. Lampe*, Über den Begriff und die Formen der

gebotene Einteilung verstanden, die auch anders hätte erfolgen können[226]. Ob dieser ontische Sachverhalt diese Aufgliederung bedingt, ist bisher m. E. nicht hinreichend — auch nicht durch die Entwicklungsgeschichte — belegt worden. Es bleibt nur die Feststellung, daß die gesetzliche Unterscheidung jedenfalls in groben Zügen der subkulturellen Rollenaufteilung angepaßt ist. Um aber den verschiedenen Rollenerwartungen auch unterschiedliche gesetzliche Wertungen zuzuordnen, bedarf es weiterer einsehbarer Gründe[227], wie etwa der durch eine „richtige" Einstufung erzielte Effektivität einer Norm. Unangemessene Gleichbehandlung von Tatbeiträgen, die unterschiedliche „kriminelle" Intensität der Täter beweisen, kann die Anpassung des „schlecht" behandelten Normbrechers an die Rechtsordnung erschweren, weil er in ihrer Unangemessenheit einen Grund finden kann, sie weiterhin abzulehnen. (Neutralisierungswirkung auch hinsichtlich seiner Tat.) Entscheidend für Regelung des Strafrechts muß es sein, die Bestands- und Funktionsfähigkeit gesellschaftlichen Zusammenlebens so hinreichend abzusichern, nicht aber sollte es das Ausleben unreflektierter Gefühle und Werte schützen. Die 1973 in Kraft tretende Änderung des Allgemeinen Teils des Strafgesetzbuches ist Ausdruck dieser Tendenz.

Im folgenden sollen Einzelprobleme der Täterschafts-Teilnahmelehre angeführt werden. So wird bei der Darstellung der Mittäterschaft im Schrifttum[228] treffend auf die Rollenverteilung und das notwendige Ineinandergreifen der Teilakte verwiesen[229].

Roxin[230] hat dafür den Ausdruck der funktionellen Tatherrschaft geprägt. Danach ist jeder Beteiligte Mittäter, mit dessen funktionsgerechten Verhalten, also dem Entsprechen der Erwartungen seiner Rollensender das ganze Unternehmen steht oder fällt. Diese Art Schlüsselstellung macht ihn zum Mittäter. Seine subjektive Einstellung zu dem Vorgang dagegen ist ohne Belang.

Teilnahme am Verbrechen, in: ZStW 77 (1965), S. 262, 308; dem Sinn nach *H. H. Jescheck* (s. Anm. 172), Lehrbuch, S. 429.

[226] Vgl. *Schönke/Schröder*, Strafgesetzbuch, Vorbem. 2 a, § 47 StGB, und insbesondere die Kritik bei *K. Roxin*, Täterschaft und Tatherrschaft, S. 13 ff., 18 ff., 20 f.

[227] Keinesfalls sollte aber das Strafrecht etwa dazu dienen, bestimmte Weltanschauungen, insbesondere ein geschlossenes Menschenbild zu dokumentieren (vgl. dazu *H. Zipf*, Kriminologischer und strafrechtlicher Verbrechensbegriff, in: MDR 69, 898). Das Problem der Anstiftung zur unvorsätzlichen Haupttat ist mit ontologischen Argumenten nicht überzeugend zu lösen, so aber *E. J. Lampe* (s. Anm. 225), Teilnahme, S. 308.

[228] Vgl. *H. H. Jescheck* (s. Anm. 172), Lehrbuch, S. 435; *Schönke/Schröder*, Strafgesetzbuch, § 47 StGB, Vorbem. Rdnr. 5.

[229] Der Ausdruck Rollenverteilung dient aber weitgehend nur der plastischen Darstellung, ohne in den Stand einer juristischen „Kunstfigur" befördert zu werden.

[230] *K. Roxin*, Täterschaft und Tatherrschaft, S. 277 ff.

Diese Lehre gestattet es, den durch Telefon oder Funk leitenden Bandenchef als Mittäter zu bestrafen, ohne auf die maßstablose Strafwürdigkeitstheorie zurückgreifen zu müssen[231].

Entgegen der Rechtsprechung[232] sollen weiter alle angesprochenen Handlangerdienste und sonstigen Verhaltensweisen, die mehr zufällig geschehen und im Gesamtgefüge des Tatplanes nicht wichtig sind, keine Mittäterschaft begründen können. Dadurch wird eine schärfere Abgrenzung zur psychischen Beihilfe ermöglicht[233]. Die objektive Bedeutung einer Rolle im Verbrechenskomplex ist nicht logisch ableitbar, sondern muß durch einen Akt sinnhaften Verstehens erfaßt werden. Aber diesem „Verstehen" ist wenigstens eine Richtung gewiesen, während die Formeln der bisherigen Rechtsprechung nicht erkennen lassen[234], welches Kriterium nun entscheidend sein soll, und sich damit der Überprüfung weitgehend entziehen.

Mit der funktionellen Tatherrschaftslehre ist auch die enge Rollenverflechtung der einzelnen Beteiligten angesprochen. Danach ist die Zurechnung strafbaren Handelns gegenüber anderen Rollenpartnern durch die vernünftig auszulegenden Rollenerwartungen im Rahmen des Gesamtplanes begrenzt. Aus dieser Sicht hat der Bundesgerichtshof folgenden berühmten Fall nicht angemessen entschieden. Drei Verbrecher hatten beschlossen, einen möglichen Verfolger bei ihrem Einbruch zu beschießen. Infolge einer Verwechslung schoß aber einer von den Dreien seinen Komplizen an.

Der Bundesgerichtshof[235] verurteilte das Opfer wegen untauglichen Mordversuchs als Mittäter. Mittäterschaft kann aber nur dann vorliegen, wenn das Opfer jenes Verhalten seines Komplizen erwartet oder gar gefordert hat. Das ist bei vernünftiger Betrachtung abwegig.

Am bisher geschilderten Rollendenken der Rechtsordnung ließ sich ein Abbau des übersteigerten Subjektivismus nachweisen. Vorrangig ist die Verantwortung für ein bestimmtes Rollenverhalten geworden.

---

[231] Vgl. dazu Kritik von *K. Roxin*, in: Täterschaft und Tatherrschaft, S. 30 f.

[232] Vgl. BGH MDR 55, 244; danach genügt bloßes förderndes Zureden bei Unzuchtstat eines anderen, ohne selbst handgreiflich zu werden.

[233] Als Nachteil könnte sich herausstellen, daß die Rollenverteilung oft zufällig und unabhängig von der tatsächlichen kriminellen Energie erfolgt. Andererseits wird die verbrecherische Gesinnung aber nur dann bestraft, wenn sie in einem gewissen Tun Ausdruck gefunden hat. Außerdem würde sich die subkulturelle Einschätzung der jeweiligen Verbrechensleistung mit der strafrechtlichen Würdigung dann ziemlich decken.

[234] In der Form: „Der Angeklagte hat das unsittliche Verhalten der anderen durch seine Anwesenheit und seine Rede unterstützt und in bewußtem und gewolltem Zusammenhang mit ihnen als seine eigene Tat gewollt" (BGH MDR 55, 224; 58, 139); dazu *K. Roxin*, Täterschaft und Tatherrschaft, S. 20.

[235] BGHSt 11, 268.

Subjektive Einstellungen, die Inhalt von Rollenerwartungen sind, werden dem Rollenverhalten kraft Vermutung zugeordnet.

Neben der „objektiven" funktionellen Tatherrschaftslehre ist auch die Kritik an der subjektiven Teilnahmetheorie der Rechtsprechung ein Beleg für die angegebene Tendenz. Die subjektive Teilnahmetheorie stellt darauf ab, ob der Handelnde Täterwillen oder nur Teilnehmerwillen hatte. Damit ist die Unterscheidung zwischen Täterschaft oder Teilnahme dem Ermessen des Tatrichters — und nicht zuletzt auch der Rechtstreue des Verteidigers (vgl. 136 StPO) — überlassen[236], wenn nicht noch nachprüfbare objektive Kriterien eingefügt werden[237]. Testfall ist die Frage, ob auch bei eigenhändiger Ausführung der tatbestandsmäßigen Handlung und fehlendem Täterwillen bloße Teilnahme angenommen werden kann.

Wie festgestellt wurde, beschreiben die einzelnen Tatbestände subkulturelles Rollenverhalten. Diese Erwartungen enthalten keine juristische Selbstqualifizierung durch einen Täter- oder Teilnehmerwillen. Entscheidend ist nur das tatsächliche Verhalten[238]. Das subjektive Abgrenzungskriterium bedarf also einer besonderen Rechtfertigung.

Die Rechtsprechung[239] hat sich aber bisher überwiegend allein damit begnügt, die Animus-Formel[240] als vorgegeben anzusehen und sie anzuwenden. Nach diesem indirekten Eingeständnis, daß eine überzeugende strafrechtsimmanente Begründung nicht erbracht werden kann, ist es erlaubt, andere Gesichtspunkte zur Problementscheidung zu verwerten. Soziologisch läßt sich der Zwiespalt von äußerem „normierten" Verhalten und innerer Einstellung begreifen. Wohl gibt es seltene Fälle einer totalen Identifikation von Person und Rolle. Die Vielzahl der erlernten alltäglich gebrauchten Rollenmuster und die dadurch gegebene Beweglichkeit zu den Ausdrucksformen aber bewirkt im Regelfall die Möglichkeit, sich „selbst" von dem jeweils Dargestellten zu distanzieren. In bestimmten Situationen ist dies auch für den einzelnen

236 Vgl. dazu BGHSt 8, 393.

237 *H. H. Jescheck* (s. Anm. 172), Lehrbuch, S. 433.

238 Vgl. *H. H. Jescheck* (s. Anm. 172), Lehrbuch, S. 434.

239 Vgl. die allerdings wenig einheitliche Rechtsprechung: RGSt 2, 102; 37, 55; 57, 308; 64, 275; BGHSt 8, 396, 18, 87 (3. Senat); 19, 135 (2. Senat).

240 Dazu die Kritik von *H. Welzel*, Das deutsche Strafrecht, S. 109; *K. Roxin*, Täterschaft und Tatherrschaft, S. 54, mit ausführlicher Literaturübersicht. *H. H. Jescheck* (s. Anm. 172), Lehrbuch, S. 434 argumentiert:

a) §§ 160, 271 StGB zeigen, daß dem Gesetzgeber subjektive Teilnahmetheorien fremd sind, denn Täterschaft wird auch dann angenommen, wenn Tat als fremde gewollt war,

b) die Animus-Formel liefert kein rational nachprüfbares Merkmal, sondern macht die Abgrenzungsprobleme zu einer Strafzumessungsfrage,

c) mit der Beachtung der Gesinnung (vgl. BGHSt 18, 87, 95 f.) werde die Ebene des Tatbestandes verlassen.

geboten[241]. Für die strafrechtliche Betrachtung bleibt aber die Frage, ob dieser Distanzierung rechtliches Gewicht beikomme. Dagegen spricht ausschlaggebend, daß jenes Verhalten schließlich auch vom „Selbst" inszeniert worden ist. Das bedeutet keinen notwendigen inneren Widerspruch. Die erlernte Verfügbarkeit von Rollen ist eben nicht mit einer Identifikation mit allen übernommenen gleichzusetzen. Jedes Rollenverhalten ist nun durch seinen sozialen Bezug, seine Auswirkung auf die anderen gekennzeichnet. Hier hat das strafrechtliche Denken einzusetzen. Nicht die normative Fixierung weltanschaulicher Ansichten und bestimmter totaler Menschenbilder darf Leitgedanke des Strafrechts sein, sondern eben die Bestands- und Funktionsgarantie der Gesellschaft. Um jedes Mißverständnis auszuschließen, sei hervorgehoben, daß gesellschaftliches Leben auch durch die Selbstdarstellung des einzelnen konstituiert wird, sie also bedingt. Gesellschaft impliziert das Individuum und umgekehrt.

Die Möglichkeit der Selbstinszenierung des Verhaltens führt zur Verantwortung dafür, zur Selbstverantwortung[242]. Mit anderen Worten, die soziale Tragweite der dargestellten Rolle erlaubt es nicht, die Distanzierung von diesem Verhalten zu berücksichtigen. Anknüpfungspunkt für die strafrechtlichen Sanktionen muß also das selber inszenierte, tatbestandsmäßige Verhalten sein. Insoweit ist jedenfalls und für das Strafrecht hinreichend, die Tat willentlich geschehen.

Die strafrechtliche Übersicht abschließend sei noch auf die plastische Problemdarstellung bei der notwendigen Teilnahme durch Maurach[243] hingewiesen. Kernfrage ist dabei, ob ein notwendig Beteiligter, wie der Gefangene i. S. des § 120 StGB, für ein „rollenüberschreitendes"

---

[241] Vgl. *P. H. Dreitzel*, Die gesellschaftlichen Leiden, S. 224 f. Danach ist Rollendistanz notwendig,
a) bei Bewältigung ambivalenter Situationen durch eigene Ich-Leistungen,
b) um die Ich-Identität durch inneren und äußeren Widerstand vor einer gefährlichen Schwächung in Situationen mit „totalem" Charakter zu bewahren,
c) um die kontinuierliche Entwicklung der Ich-Identität in Situationen, in denen ein Positionswechsel bevorsteht, zu garantieren.

[242] Hierzu die entsprechende philosophische Ableitung bei *W. Maihofer*, Recht und Sein, S. 124, der nicht auf sozialpsychologische Erkenntnisse Bezug nimmt, sondern auf *W. Weischedel*, Das Wesen der Verantwortung, S. 100 ff., verweist. Weischedel geht von Heideggers Interpretation des Daseins als Selbst-sein aus und kann deshalb einen „eigentlichen" ontologischen Grund für die „soziale" Verantwortung auch nur in der „Selbstverantwortlichkeit" finden. Vgl. auch *D. Claessens*, Rolle und Verantwortung, in: Angst, Furcht und gesellschaftlicher Druck, S. 102 ff., 113: „Eine Rolle ‚haben' bedeutet: antizipieren zu können. Erst mit der Verfügung über die Zukunft in Form der eigenen mit anderen Rollen verschränkten Rolle kann der Mensch verantwortliches Wesen sein, d. h. die durch die Rolle gegebene Antizipation der Auswirkung des eigenen Verhaltens auf die soziale Umwelt führt zur Selbst-Verantwortung."

[243] *R. Maurach* (s. Anm. 171), Strafrecht, AT, § 50 II A, S. 567.

Verhalten etwa durch Anregung zur Tat als Anstifter (kann auch als besondere Rolle angesehen werden) haftet. Der Rollenbegriff leistet hier aber nur größere Anschaulichkeit.

f) Der Rollenbegriff im Zivilprozeßrecht

Gerichtliche Verfahren konstituieren sich auch durch hohe Ausdifferenzierung von Rollen, d. h. es werden, soweit möglich, alle nichtgerichtlichen Rollen ausgeblendet[244]. Die besonderen Folgen des Eintritts in derartige Rollenkomplexe verlangen einen entsprechenden Vertrauensschutz, wenn die Rollenübernahme nicht freiwillig geschieht, sondern durch einen Rollenpartner erst ausgelöst wird. Aus diesem Grund ist es nicht möglich, Willensmängel bei Prozeßhandlungen wie Klageerhebung, Klageänderung und Einlegung von Rechtsmitteln zu berücksichtigen[245]. Der Erklärende ist an seine Prozeßhandlungen zum Schutze des Trägers der gegenläufigen Prozeßrollen gebunden. Auch hier mußte also die Privatautonomie aus Gründen des Vertrauensschutzes, der „Stabilisierung" von institutionalisierten Rollenbeziehungen, eingeschränkt werden.

§ 3 Thesen zu: Recht und Rolle

1. Der hohe Differenzierungsgrad der modernen Gesellschaft und das Bedürfnis des Staates, die gesamte Herrschaftsverteilung mehr oder weniger zu beeinflussen, führt zu einer Vielzahl differenzierender Normen.
2. Das Rollenverständnis ist Ausdruck dieses Differenzierungprozesses.
3. Das Recht leistet verbindliche Rollendefinitionen.
4. Im Sozialstaat werden die zahlreichen unterschiedlichen sozialen Rollen in den rechtlichen Regelungen berücksichtigt und der ökonomisch Schwächere geschützt.
5. Der Rollenbegriff macht die für das Funktionieren der Gesellschaft oft notwendige Trennung der verschiedenen Rollen, im Recht z. B. durch Art. 3 GG angeordnet, bewußt und verschärft insoweit die Aufmerksamkeit.
6. Der Rollenbegriff führt zu einer Überwindung des einseitig betonten Willensmomentes in allen Rechtsgebieten. Das rechtliche Denken wird nicht auf den überwiegend individuellen, sondern auch auf den kollektiven (sozialen) Bezug gerichtet.

---

244 Vgl. *N. Luhmann*, Legitimation durch Verfahren, S. 59: Ausdifferenzierung als Festigung von Grenzen gegenüber einer Umwelt.

245 Vgl. dazu *P. Arens*, Willensmängel bei Parteihandlungen im Zivilprozeß, S. 137, 154, 163, 223.

7. Im Staatsrecht koppelt so der Rollenbegriff „Staatsbürger" durch Einbeziehung der politischen Funktionen „jedermanns" Person, Gesellschaft und Staat.
8. Der Rollenbegriff verdeutlicht, warum das Recht die Distanzierung des Handelnden vom tatsächlichen Verhalten nicht notwendig beachten muß, nämlich der Selbstinszenierung dieses Verhaltens wegen.
9. Die bloße soziale Rollenübernahme ohne sonstige rechtliche Legitimation wird Anknüpfungspunkt für rechtliche Folgen:
   a) aus Gründen der Verkehrssicherheit, also der Bestandsgarantie und Funktionsfähigkeit der Gesellschaft,
   b) aus Gründen der notwendigen Flexibilität des Rechts,
      aa) weil das Recht seiner Wirksamkeit wegen eine bestimmte Anpassung an die jeweilige soziale Wirklichkeit anstreben muß,
      bb) weil die Vielzahl der unterschiedlichen sozialen Erscheinungsformen eine spezielle Kodifizierung vereitelt,
   c) und weil abschließend vorgefertigte beidseitige Rollenerwartungen eine Willenserklärung neben der tatsächlichen Rollenübernahme als überflüssig erscheinen lassen.

§ 4 Stellungnahme

Der skizzierte Befund ist unbequem. Er paßt schlecht zu den Auffassungen, die sich dagegen wehren, das gesellschaftlich-rechtliche Sein der Menschen als eine Pluralität von „Alsseins"-Rollen[1] zu verstehen. Im Schrifttum wird etwa von Denninger[2] zwar der äußere Sachverhalt eines Rollenpluralismus und der Vollzug vorgezeichneter Sozialformen zugestanden, zugleich aber betont, daß das Schwergewicht menschlicher Handlungsweise doch noch immer auf der inneren personalen Selbstbestimmung liege, die angesichts der vielen vorgeformten Rollen durch die persönliche Distanzierung von ihnen erfolge. Auch bediene sich die Einzelperson der Verhaltensmuster nur. Insoweit habe sie noch die Möglichkeit, ihre sozialen Akte aus einem von ihr entworfenen, von ihr bewerteten und von ihr verantwortetem Sinnzusammenhang heraus aufzubauen[3].

Diesen an sich gegen Maihofers existentialistischen Individualismus gerichteten und in sich schon widersprüchlichen Ausführungen (eigener Verhaltensentwurf — bloßes Benutzen der vorgefundenen Muster —

[1] *W. Maihofer*, Recht und Sein, S. 117 f.
[2] *E. Denninger*, Rechtsperson und Solidarität, S. 81, 91 f., 264, 298.
[3] *E. Denninger* (s. Anm. 2), Rechtsperson, S. 236 f.

innere Distanzierung von ihnen), ist auch eine indirekte Ablehnung der soziologischen Rollentheorie und ihre Anwendung auf das Recht zu entnehmen.

Das Rollendenken muß Denninger[4], der sich auf Scheler und Heller bezieht, suspekt erscheinen, weil es die Sicht eines sittlich frei handelnden Individuums verdrängt, das zu jedem speziellen Lebensbezug in jeder Rolle also die gesamte seelische Energie und Eigenart seiner totalen Person aktiviert, und die dem Menschen eigentümliche charakterliche Freiheit, im Sinne Hölderlins, „aufzubrechen, wohin er will", leugnet[5]. Daher will Denninger auch im Recht[6] nur mit einer Rechtsperson operieren, die den vollen Gegebenheitskomplex einer Person im phänomenologischen Sinne aufleuchten läßt, und nicht mit einem Rechtssubjekt als bloßem Träger einzelner bestimmter Rechte und Pflichten.

Abgesehen von dem Einschub einiger weniger Formeln, die die Rechtsstrukturen allenfalls vernebeln würden, bleibt die praktische Ausweitung dieses Ansatzes dunkel. Im übrigen braucht menschliches Rollenverhalten als solches nicht das Tageslicht zu scheuen, sondern ist für die Konstitution der Person schlechthin unabdingbar. Selbst philosophisch-anthropologisch Denkende wie H. Plessner[7] kommen zu diesen Einsichten, die von Sozialwissenschaftlern durch die Reflexion von Beobachtungen gewonnen wurden. Wenn sie auch nicht im Wege der üblichen empirischen sozialwissenschaftlichen Untersuchungen angestellt wurden, liefern sie doch einen gewissen Bezugsrahmen, der rational nachprüfbar ist und der Verfeinerungen und Modifizierungen durch weitere Hypothesen und ihrer empirischen Bestätigung fähig ist. Der Rekurs auf eine noch so tiefe Wesensschau und damit die Rückkehr in vorwissenschaftliche Meinungsstadien ist jedenfalls vermieden. Allein

---

[4] Vgl. W. *Maihofer*, Recht und Sein; *E. Denninger* (s. Anm. 2), Rechtsperson, S. 186.

[5] *E. Denninger*, Rezension von *P. Häberle*, Die Wesensgehaltgarantie des Art. 19 Abs. 2 GG, in: JZ 63, 424.

[6] *E. Denninger* (s. Anm. 2), Rechtsperson, S. 84. Wohl vertritt Denninger nicht mehr den übersteigerten Individualismus und räumt auch die notwendige Kopplung von Individuum und Gesellschaft ein, er legt aber das Gewicht noch zu sehr in Anlehnung an Scheler (*M. Scheler*, Gesammelte Werke, Bd. 2, S. 494) auf das „individualpersönliche Wertwesen", wobei „Wesenheiten durchaus möglich sind, die nur an einem einzigen Individuum erfahrbar sind" (s. Anm. 2), Rechtsperson, S. 81. Denningers „Menschenbild" scheint mehr der durch die überkommenen Erziehungsprozesse vermittelten erhabenen Vorstellung zu entsprechen, als den Beobachtungen des Alltags und ihrem Niederschlag in der sozialpsychologischen und psychoanalytischen Literatur, die Denninger entgegen seiner im Vorwort (von Rechtsperson und Solidarität) angekündigten Berücksichtigung sozialwissenschaftlicher Einsichten nicht verwertet.

[7] *H. Plessner*, Conditio Humana, S. 53, 54; ders., Soziale Rolle und menschliche Natur; Das Problem der Öffentlichkeit und die Idee der Entfremdung, beide Aufsätze in: *H. Plessner*, Diesseits der Utopie.

die dialektische Soziologie eines T. W. Adorno[8] führt den Reflexionsprozeß noch auf der ontischen Ebene von Sein und Nicht-Sein, von Ich und Nicht-Ich[9], obwohl gerade dialektische Soziologie dazu berufen sein könnte[10], dualistische Denkschemata der Rollentheorie aufzubrechen und so das Rollenkonzept durch ihren spezifischen Ansatz zu befruchten.

Indem die Rechtsnorm heute gerade nicht mehr an die Totalität der menschlichen Person anknüpft, sondern die jeweilige konkrete Rolle des einzelnen als Ausgang nimmt, ist es dem Gesetzgeber und der Rechtsprechung verwehrt, sich mit einem allgemeinen Hinweis auf Autonomie und Sittlichkeit der Person zufrieden zu geben, ohne auf die spezifischen sozialen und ökonomischen Zwänge des einzelnen einzugehen.

Im übrigen leugnet die Rollentheorie nicht Autonomie und Integrität des Menschen schlechthin[11]. Sie faßt sie nur konkreter und enger und wird damit der sozialen Wirklichkeit gerechter. Unter Autonomie soll dabei die (bewußte) Vielfalt innerer in der sozialen Außenwelt realisierbarer Entscheidungsmöglichkeiten verstanden werden[12]. Wer behauptet, daß der Fließbandarbeiter unter dem Druck der Abzahlungsforderungen für das Anerkennungsnotwendige materielle Statussymbol während der acht Stunden am Band seine gesamte seelische Energie und Eigenart aktiviert[13], der verhöhnt ihn doch. Und die Managergattin und das Restbildungsbürgertum sind für eine heutige Betrachtung nicht mehr maßgebend.

---

[8] Vgl. *T. W. Adorno:* ... „Die Not der Arbeitsteilung wird im Rollenbegriff als Tugend hypostasiert. Mit ihm verordnet das Ich, wozu die Gesellschaft es verdammt, nochmals sich selbst. Das befreite Ich, nicht länger eingesperrt in seine Identität, wäre auch nicht länger zu Rollen verdammt. (a) „Der Protest des lebendigen Subjektes dagegen, daß es generell zu Rollen verurteilt ist — die amerikanische Rollentheorie ist so beliebt, weil sie das zur Struktur von Gesellschaft überhaupt auswalzt" — ... (b) „Die dingliche Härte des Selbst und dessen Einsatzbereitschaft und Verfügbarkeit für die gesellschaftlich erwünschten Rollen sind Komplizen"; (a): *T. W. Adorno,* Negative Dialektik, S. 273. (b): *T. W. Adorno,* Jargon der Eigentlichkeit, S. 61.

[9] Vgl. dazu *W. Bühl,* Dialektische Soziologie und soziologische Dialektik, in: KZfSS 21 (1969), S. 712 ff., 745.

[10] T. W. Adornos geplanter eigener Vorstoß: „Negative Dialektik hält ebenso wenig inne vor der Geschlossenheit der Existenz, der festen Selbstheit des Ichs, wie vor ihrer nicht minder verhärteten Antithesis, der Rolle, die von der zeitgenössischen subjektiven Soziologie als Heilmittel benutzt wird, als letzte Bestimmung der Vergesellschaftung analog zur Existenz der Selbstheit bei manchen Ontologen" (in: Negative Dialektik, S. 272), wird leider nicht eingelöst. Weiterführend dagegen *J. Habermas,* Theorie und Praxis, S. 173.

[11] Vgl. dazu ausführlich *J. Wössner,* Mensch und Gesellschaft, S. 503 f.

[12] Vgl. *P. Leyhausen,* Biologie von Ausdruck und Eindruck, in: *Lorenz/ Leyhausen,* Antriebe tierischen und menschlichen Verhaltens, S. 305.

[13] Dazu instruktiv: *Max von der Grün,* Irrlicht und Feuer.

Die Affektlosigkeit standardisierter Berufsrollen, die rationalisierten sonstigen Beziehungsgefüge des Alltags — das gesamtanteilnehmende Verkaufsgespräch wird nur noch in Zwergdörfern gepflegt — beweisen hinreichend, daß die Person sich heute in einzelnen Lebensbezügen eben nicht total darstellen kann. Das war nicht immer so. Ehe die industrielle Gesellschaft die Berufstätigkeit von der Wohnstätte und Familie trennte, war die Arbeitssituation mit dem gesamten Familienleben verschmolzen und erfüllte den gesamten Alltag von früh bis spät[14]. Und der von Denninger[15] angeführte berühmte Rückzug auf das „Selbst", jenes Hölderlinsche „aufzubrechen, wohin er will", ist genau betrachtet nur romantische Attitüde.

Einmal gibt es ein „Selbst" ohne irgendwelche, zumindest partielle Identifizierung und gewisse eigenverantwortliche Rollenübernahmen einfach nicht[16]. Der von Denninger[17] als einzig noch für möglich gehaltene Weg, Autonomie zu verwirklichen, nämlich durch Distanzierung schlechthin, führt zu befremdlichen Ergebnissen. Denn stärkste und letzte Distanzierung ist der Freitod. Im Sinne der Rollentheorie ermöglicht dagegen relative Distanzierung, die Ausbildung einer Ich-Identität, ein angemessenes leichtes Rollen-Spiel und befähigt zur Übernahme vieler Rollen[18], die wiederum zur weiteren „Entfaltung der Person" beitragen. Unberücksichtigt bleibt bei Denninger[19] auch die Sozialnatur des Menschen. Wohin der Ausbruch im Sinne Hölderlins von seinem privaten, trostlosen Schicksal abgesehen, führen soll und kann, weiß er nicht anzugeben. Mit solcher Poesie ist den vielen „durchschnittlichen" Menschen, um die es heute geht, nicht geholfen.

Die Rollenmuster, das Verhalten in Institutionen bedeutet für diesen Durchschnittsmenschen eine erhebliche Entlastung und gewährt ihm,

---

14 Vgl. *H. Schelsky,* Die Bedeutung des Berufes in der modernen Gesellschaft, S. 239. Schelsky führt den Bauern und ländlichen Geschäftsmann als Beispiel an. Auch die Universitätsprofessoren haben früher ihre Vorlesungen in ihren Privatwohnungen gehalten.

15 *E. Denninger* (s. Anm. 5), Besprechung P. Häberle, S. 424.

16 Insoweit ist *R. Langes* Hinweis (in: Das Menschenbild des Positivismus, in: Franz von Liszt zum Gedächtnis, S. 26, Anm. 42) auf G. H. Mead und die neuere deutsche philosophisch-anthropologische Schule (gemeint ist H. Plessner) irreführend. Denn der sozialphychologisch-philosophische, rationale Ansatz G. H. Meads und die Einbeziehung der Ansichten H. Plessners in *H. P. Dreitzels* Rollenpathologie (Die gesellschaftlichen Leiden, S. 116 f.), können nicht als Beleg für eine metaphysische Anthropologie, wie sie sich R. Lange wohl erhoffte, herhalten. Denn für Mead, Plessner und Dreitzel ist für die Entstehung von Identität ein Rollenverhalten unumgänglich. Im übrigen rechtfertigt eine moderne Anthropologie, die sich mit der Feststellung unlotbarer menschlicher Tiefen und der permanenten Bestätigung von Gefühlswerten erschöpft, wohl kaum ihr schmückendes Beiwort.

17 *E. Denninger* (s. Anm. 2), Rechtsperson, S. 81.

18 Vgl. ausführlich dazu: *H. P. Dreitzel,* Die gesellschaftlichen Leiden, S. 219 ff.

19 *E. Denninger* (s. Anm. 2), Rechtsperson.

wie es Häberle[20] für die institutionelle Seite der Grundrechte sowie die diese anreichernden Normenkomplexe dargetan hat, „Richtung und Maß, Sicherheit und Geborgenheit, Inhalt und Aufgabe. Spontaneität des Individuums bleibt ohne objektive Normenkomplexe — in rechtsleeren Räumen — wirkungslos“. Die Entlastungswirkung generalisierter relativ dauerhafter Verhaltensformen ist vor allem durch die Arbeiten Gehlens[21] evident geworden und bedarf keiner Erläuterung. Entäußerung in die vorgegebenen Verhaltensformen muß keine Entfremdung bedeuten, sondern ist, Plessner folgend[22], unter den heutigen Bedingungen einer hochdifferenzierten Arbeitswelt für einen Menschen die Chance, ganz er selbst zu sein. Daß die Rollengesellschaft auch ihre spezifischen Leidensformen hervorgebracht hat, ist die Kehrseite.

Dreitzel[23] nennt in seiner ausführlichen Untersuchung dieses Problems drei Entwicklungstendenzen unserer Gesellschaft, die die „gesellschaftlichen Leiden und das Leiden an der Gesellschaft“ hervorrufen:

1. die Tendenz zur Überforderung des einzelnen durch die Vervielfältigung seiner Rollen,
2. die Tendenz zur Affektverdrängung beim Rollenspiel,
3. die Tendenz zur Isolierung der Verhaltensbereiche, die eine Integration der Rollenformen schwerer macht.

Nicht also das (notwendige) Rollenverhalten an sich[24], sondern die angegebenen Störungsursachen und die m. E. besonders hervorzuhebende allzu perfektionistische und totale Standardisierung des Lebens

---

[20] *P. Häberle,* Die Wesensgehaltsgarantie des Art. 19 Abs. 2 GG, S. 98 f. Trotz seiner Entgegnung auf antizipierte Einwände (Wesensgehaltsgarantie, S. 232 f.) würde aber sein Vorschlag, das Eingriffs- und Schrankendenken aufzuheben, eine Verschleierung von Konflikten bedeuten, die schlecht zum demokratischen Prinzip des offenen Austragens von Gegensätzen bei der Lastenverteilung und Beschränkung von Handlungsweisen paßt. Eine allgem. „sittliche“ Betrachtung des „Eingriffs“ in das Eigentum des Unternehmers durch die Mitbestimmungsvorhaben setzt einen Wertkonsensus voraus, den es zunächst in den umstrittenen Fragen eben nicht gibt. Es sei denn, man wollte elitär wie der Bundesgerichtshof (BGHSt 4, 32) verfahren: „Nur die Auffassung aller billig und gerecht Denken ist entscheidend.“ Vgl. die gleiche Kritik an Häberle bei *W. Schaumann,* Der Auftrag des Gesetzgebers zur Verwirklichung der Freiheitsrechte, in: JZ 69, 41, 51.

[21] *A. Gehlen,* Der Mensch; ders., Urmensch und Spätkultur; vgl. dazu *F. Jonas,* Die Institutionenlehre Arnold Gehlens.

[22] *H. Plessner,* Soziale Rolle und menschliche Natur, in: ders., Diesseits der Utopie, S. 23 ff.

[23] *H. P. Dreitzel,* Die gesellschaftlichen Leiden und das Leiden an der Gesellschaft, S. 212.

[24] Vgl. *J. Wössner,* Mensch und Gesellschaft, S. 380, 381, 554 f.: ... „zwischen Rollenträgern und Rollenfunktionen ganz grundsätzlich eine inhumane Relation sehen zu wollen, heißt nichts anderes als die Sozial-Natur des Menschen nicht in den Blick zu bekommen“; zu dieser Frage noch: *F. H. Tenbruck,* Zur deutschen Rezeption der Rollentheorie, in: KZfSS 13 (1961), S. 1—40.

überhaupt, erzeugt den selten eingestandenen Leidensdruck[25]. Die neuen Formen menschlichen Zusammenlebens haben schließlich das Bewußtsein zunehmender Bedeutungslosigkeit des Individuums geweckt. So werden Gefahren vor allem von Großverbänden und dem von ihnen ausgehenden „rollenhaften Menschenbild“ erwartet[26].

Gegenüber dem Prinzip der Variabilität der Rechtsordnung und der Rollenstrukturen fordert Schelsky[27] deshalb ein personbezogenes Endziel der Rechtsordnung. Die Klärung der Frage, was unser an sich noch auf das Individuum zugeschnittene Rechtssystem tatsächlich für Integrität und Autonomie der Person leisten könne, sei aber bereits schon dadurch erschwert, daß die soziologische Theorie jene Werte nicht mehr reflektiere, sondern organisations- und systemorientiert denke.

Eine scharfe Trennung von person- oder gesellschaftlich-organisationsbezogenem Recht ist aber unmöglich. Ein System ist um so leistungsfähiger, je wohler sich seine Mitglieder darin fühlen, je besser sie also ihre Bedürfnisse befriedigen können. Und angemessene relative Bedürfnisbefriedigung ist nur durch ein leistungsfähiges System möglich.

So kommt die geplante gleitende Arbeitszeit und die Selbstbestimmung der endgültigen „Pensionierung“ den System- (u. a. Verkehrs-) Bedürfnissen, wie auch dem Verlangen des einzelnen nach individueller Lebensgestaltung entgegen. Diese Kopplung von Systemnotwendigkeiten und personalen Bedürfnissen ist in der Realität wohl nicht regelmäßig zu aller Zufriedenheit gelöst. Den Blick aber nur[28] auf ein personbezogenes Endziel der Rechtsordnung zu richten, hieße die wechselseitige Bedingung von Person und Gesellschaft verkennen. Dem trägt eine „klassische“ Formel des Bundesverfassungsgerichts[29] Rechnung: „Das Menschenbild des Grundgesetzes ist nicht das eines isolierten souveränen Individuums; das Grundgesetz hat vielmehr die Spannung Individuum - Gemeinschaft im Sinne der Gemeinschaftsbezogenheit der Person entschieden, ohne dabei deren Eigenart anzutasten.“ Daß dem hohen Gericht dabei nicht das Rollenmodell vorschwebte, sondern eher eine säkularisierte Formulierung Schelers[30] mit entsprechender Aussagetendenz, tut der geglückten Formel keinen Abbruch.

---

[25] Vgl. *D. Wellershoff*, Literatur und Veränderung, S. 33 f.

[26] Vgl. *R. Mayntz*, Nachwort in *R. Presthus*, Individuum und Organisation, S. 297.

[27] *H. Schelsky*, Systemfunktionaler, anthropologischer und personfunktionaler Ansatz der Rechtssoziologie, in: JRR 1 (1970), S. 37 f., 80 ff.

[28] H. Schelsky beachtet in diesem Ansatz (s. Anm. 27, Rechtsordnung, S. 39, 80 f.) wohl beide Aspekte, trennt sie aber zu scharf voneinander und gelangt so zu Fragestellungen, die die Realität nur verzerrt widerspiegeln und deshalb wenig fruchtbar sind.

[29] BVerfGE 4, 74, 15 f.

[30] *M. Scheler*, Vom Ewigen im Menschen, Gesammelte Werke, Bd. 5, S. 381 f., vgl. dazu: *E. Denninger* (s. Anm. 2), Rechtsperson, S. 94.

Die soziologische Theorie, soweit sie nicht Mensch und Geschichte umfassend reflektiert, arbeitet nicht an einer Auflösung des Menschen in Rollen, vielmehr gestattet das Anknüpfen an die bewußt gewordene und sprachlich erfaßte Rollenhaftigkeit menschlichen Handelns vertiefte Einsichten in Zustandekommen von Gesellschaft und das (rationale) Aufdecken von eben dieser Rollengesellschaft immanenten Gefahren für die Menschen.

Um ein personbezogenes Endziel der Rechtsordnung bei Beachtung des Wechselbezuges zur Gesellschaft genügend detailliert anzugeben, ist das positive Wissen um den heutigen Menschen und seine Entwicklung unter Hinzunahme aller dialektischen Vorgriffe einfach noch zu begrenzt.

Die Rechtsordnung wird sich daher durch offene Formeln weise bescheiden und nur den bereits deutlich gewordenen und vielleicht nur gesellschaftsspezifisch bedingten Eigenheiten Rechnung tragen. Als spezifisch für den uns angehenden heutigen Menschen darf u. a. gelten[31]:

1. der notwendige Sozialbezug, die Gewinnung und Erhaltung seiner Identität und die damit verbundene Anerkennung,
2. die Möglichkeit, partielles, aber auch universales Verantwortungsgefühl zu entwickeln, und der Wunsch, es zu realisieren,
3. Offenheit, Lernfähigkeit und Entfaltungsdrang,
4. die Entlastungsfähigkeit, um Energie für höhere, weitere Aufgaben freizumachen,
5. das Bedürfnis nach ausgeglichenem Affekthaushalt.

Diese Grundgegebenheiten des Menschen sowie die bezeichneten Störungstendenzen legen folgende Maßnahmen nahe, ohne dabei von zwingender Notwendigkeit im Sinne einer Identität von Sein und Sollen auszugehen:

1. allgemeiner Minderheitenschutz, damit die notwendige Offenheit der Gesellschaft für Entwicklung gesichert ist, Eröffnung von Handlungsalternativen,
2. Verkürzung der zweckrationalen affektleeren Arbeit durch Steigerung der Automation,
3. Schulung und Einsatz von einfachen Arbeitskräften an verschiedenen wechselnden Arbeitsplätzen, Anerkennung des „zweiten" Berufs zur Abrundung der Person[32],

---

[31] Vgl. die kritische Erörterung von „Grundbedürfnissen und Kulturreaktionen" bei *H. Schelsky* (s. Anm. 27), Rechtssoziologie, S. 57 f.

[32] Vgl. zum Arbeitsplatzwechsel *G. Friedmann*, Der Mensch in der mechanisierten Produktion (1952), S. 152 f. und *R. Thomas*, Analyse der Arbeit (1969), S. 226.

4. Delegation von Verantwortung, damit auch die niederen Dienstränge eine stärkere Bindung an Beruf und Aufgabe entwickeln können, und damit verbunden Zunahme der Ich-Leistungsrollen,
5. intensivere betriebspsychologische Schulung von Vorgesetzten, damit sie nicht aus Gleichgültigkeit oder Bosheit ihren Mitarbeitern jede Freude an der Arbeit unmöglich machen[33],
6. Mitbestimmung der Subsystemprozesse und, soweit das sinnvoll ist, repräsentative Gesamtmitbestimmung. Beteiligung der Mitarbeiter am Produktionsgewinn, dadurch stärkere affektive Bindung und Erweiterung der Arbeitsmotivation,
7. Kompensierung der rationalisierten affektschwachen Berufsrollen durch angemessene Freizeitrollen, deren prägende Ausgestaltung nicht einer profitorientierten Konsumindustrie überlassen werden darf. Abbau der durch die Werbung unterschwellig erzeugten falschen Interessen,
8. Bloßstellen von „eingespielten Dummheiten" der „Konsum- und Leistungsgesellschaft" (Bergsteigen, weil es Mode ist und Anerkennung bringt, und nicht, weil es Freude usw. macht) durch Schule und Kommunikationsmittel,
9. Abbau eines metaphysischen Autonomiebewußtseins und Unterstützung bei der möglich gemachten persönlichen Entfaltung, Chancengleichheit beim Start allein genügt nicht,
10. Zunahme von Toleranz und Anerkennung für „persönliche" Verhaltensweisen, die die notwendige Produktion nicht stören,
11. Bereitstellung von Lösungen der durch die Vielzahl und Mannigfaltigkeit von Rollen möglichen und geradezu indizierten Konflikte.

[33] Wenn die gute psychologische Führung zur anerkannten allgemeinen Rollenerwartung wird, fällt die Abweichung schwer. Die innere Einstellung des Vorgesetzten interessiert soweit nicht.

Zweites Kapitel

Der Rollenkonflikt

§ 5 Erscheinungsformen

Mit den zuletzt gemachten Ausführungen sollte der Problembereich umrissen werden, dem auch die Rollenkonflikte und ihre Beachtung im Recht angehören.

Nachzutragen sind noch die Grundzüge der Rollentheorie, soweit sie den Rollenkonflikt betreffen. Übereinstimmend werden in der Literatur[1] Intra- und Interrollenkonflikte unterschieden. Dabei bezeichnen Intrarollenkonflikte Gegensätze, die innerhalb einer Rolle auftreten, Interrollenkonflikte jene, die zwischen verschiedenen Rollen herrschen. Die nähere Aufgliederung ist nicht mehr so einheitlich. Hier soll einer Klassifizierung gefolgt werden, allerdings in Abweichung von den Benennungen, die zuerst von Kahn u. a.[2] getroffen wurde.

1. Intrarollenkonflikte

a) Inter-Normen-Konflikte

Eine Rolle konstituiert sich häufig aus verschiedenen Rollensektoren je nach den Beziehungsgruppen des Positionsinhabers. Die Erwartungen dieser Rollensender können einander inhaltlich widersprechen oder es kann allein aus Zeitmangel nur eine Forderung hinreichend erfüllt werden[3].

Schulbeispiel ist einmal der Werkmeister[4], an den sich die Erwartungen der Betriebsführung nach hoher Leistung durch die ihm unterstellten Arbeiter richten, wie die der Arbeiter, die beim Werkmeister

---

[1] *R. Dahrendorf*, Rolle und Rollentheorie, in: *Bernsdorf*, Wörterbuch der Soziologie, S. 903; *W. Ruegg*, Soziologie, S. 92 f.

[2] *Kahn/Wolfe/Quinn/Snoek/Rosenthal*, Organizational Stress: Studies in Role Conflict and Ambiguity, S. 19 f.

[3] *H. P. Dreitzel*, Die gesellschaftlichen Leiden, S. 98, Anm. 116, spricht von „internen" Rollenkonflikten unter Hinweis auf den Sprachgebrauch bei *R. Dahrendorf*, Homo Sociologicus.

[4] Vgl. *K. Holm*, Der Intra-Rollenkonflikt des Werkmeisters, unveröffentlichte Diplomarbeit in *D. Claessens*, Rolle und Macht, S. 78 ff., wiedergegeben.

Schutz und Deckung vor den Anforderungen der Betriebsführung erhoffen[5]. Umfangreicher ist der Rollenhaushalt des Hochschullehrers, der Ansprüchen der Universitätsverwaltung, der eigentlichen Forschungsvorhaben, seiner Studenten und Doktoranden und auch seines Verlages genügen muß, und daher allgemein notorisch unter Internormenkonflikten leidet[6].

Die von Kahn u. a.[7] für den gleichen Sachverhalt gewählte Bezeichnung, Inter-Sender-Konflikt wird nicht übernommen, da nicht der mögliche Konflikt zwischen den Sendern interessiert, sondern allein der Konflikt beim Rollenträger, der mit dem in sich unvereinbaren gesamten Normenprogramm[8] fertig werden muß.

b) Intra-Norm-Konflikte

Bei den Intra-Norm-Konflikten sind bereits die Vorschriften eines Senders in sich widersprüchlich. So wird z. B. vom Richter verlangt, sowohl der Rechtssicherheit wie der Gerechtigkeit zu entsprechen. Beides ist vor allem bei der Einhaltung von Formvorschriften häufig unvereinbar[9]. — Die Rolle als Amerikaner[10] verpflichtet den Träger einerseits, den „american creed", also die Maxime von „Freiheit und Gleichheit aller" zu verkörpern, andererseits aber auch zu behaupten, daß Weiße und Farbige natürlich nicht die gleichen Rechte haben können.

c) Eigen-Rolle-Konflikte

Mit dem Ausdruck Eigen-Rolle-Konflikte soll als Kürzel jener Konflikt bezeichnet werden, der entsteht, wenn die (eigenen) Werte und Interessen des Rollenträgers mit denen, die der Rolle zugrundeliegen, nicht übereinstimmen[11]. Beispielhaft wird nicht selten ein Konflikt

---

5 Instruktiv ist insoweit noch das Beispiel der Studentin, die einerseits die Erwartungen ihrer Eltern und Professoren nach akademischen Ehren und Leistungen zu erfüllen hat, andererseits aber auch die Erwartungen der Studenten, daß Mädchen nicht sonderlich intelligent und allgemein (bis auf die typisch weiblichen Tugenden) inkompetent seien. Vgl. dazu *M. Komarovsky*, Cultural contradictions and sex roles, in: The Americ. Journ. of Soc. 52 (1946), S. 185—189. Statt der geschlechtsspezifischen Differenzierung, hier: neutral-männlich, können beliebig andere, etwa die politische Einstellung, unterschiedliche Rollenerwartungen hervorbringen.

6 Vgl. *H. P. Dreitzel*, Die gesellschaftlichen Leiden, S. 169. Eine Lösungsform ist die Einrichtung des sog. Forschungssemesters, womit eine relativ konfliktfreie Zeit erreicht werden soll.

7 *Kahn* u. a. (s. Anm. 2), Role Conflict, S. 19 f.

8 Zum Ausdruck Normprogramm vgl. ausführlich *F. Müller*, Normstruktur und Normativität, S. 184 f.

9 Hierzu weitere Beispiele bei *W. J. Goode*, Eine Theorie des Rollen-Stress, in: H. Hartmann, Hrsg., Moderne amerikanische Soziologie, S. 272.

10 *T. Parsons*, Role Conflict and the Genesis of Deviance, in: *Biddle/Thomas*, Role Theory, Concepts and Research, S. 275.

zwischen den bürokratischen Erfordernissen der Unterordnung, des Gehorsams und der Regeltreue in der Angestelltenrolle einerseits und den menschlichen Bedürfnissen nach persönlicher Autonomie und Spontaneität andererseits entstehen[12]. Handelt der einzelne seinen Wertungen gemäß, muß er zumeist den Verlust an notwendiger Anerkennung hinnehmen[13], entspricht er den Rollenanforderungen, wird ihm wohl äußerer Erfolg zuteil, aber er verletzt neben seinen eigenen Wertmaßstäben die gleichen von Menschen, die für seine Identität auch erheblich sind, und gerät so in „Gewissensnot“[14]. Würde die Rolle von Rollenträgern so stark ablösbar zu denken sein, daß persönliche Meinung und Veranlagung belanglos wären, könnte es zu keinem Konflikt kommen. Die Erfahrung belegt das Gegenteil. Der rollenfremde, persönlich so oder so veranlagte Mensch, ist ein Kunstprodukt[15].

Kahn u. a.[16] bezeichnen diesen Gegensatz mit Person-Rolle-Konflikt. Wie aber dargestellt wurde, wird die Person auch durch die Übernahme sozialer Rollen konstituiert. Um den Zwiespalt zwischen zugemutetem, fremdem Rollenwert und gerade dem verinnerlichten, zu eigen gemachten Wert (Interesse, Bedürfnis) anzuzeigen, erscheint die Charakterisierung durch den Ausdruck Eigen-Rolle-Konflikt besonders sinnfällig.

Die Unterordnung in die Intrarollenkonflikte ergibt sich zwanglos aus dem Umstand, daß allein die Übernahme und Ausübung einer Rolle beim Rollenträger Spannungen hervorruft.

2. Interrollenkonflikte

Der Interrollenkonflikt ist durch die Vielzahl von Rollen bedingt, die eine Person zu erfüllen hat. Der Konflikt kann einmal entstehen, wenn die Person allein zeitlich nicht allen Rollen gerecht werden kann — auch Rollenüberlastung genannt — und nun vor der ständigen Entscheidung steht, welcher Erwartung der Vorrang einzuräumen ist. Als typisches Beispiel kann für unsere Zeit jene Frau stehen, die den Anforderungen als Mutter, Ehefrau, Tochter, Freundin, Berufstätige schon zeitlich nicht nachkommen kann[17]. Zum anderen können die einzelnen

---

[11] Vgl. dazu *H. P. Dreitzel*, Die gesellschaftlichen Leiden, S. 400.

[12] Vgl. *R. Mayntz*, Nachwort, in: *R. Presthus*, Individuum und Organisation, S. 299.

[13] Vgl. *T. Parsons*, Beiträge zur soziologischen Theorie, S. 157.

[14] Vgl. *M. Banton*, Roles, S. 195.

[15] Vgl. *K. Thomas*, Analyse der Arbeit, S. 85, 86.

[16] *Kahn* u. a. (s. Anm. 2), Role Conflict, S. 19 f. In Frage kam noch die Wortwahl, Selbst-Rolle-Konflikt. (So spricht *Rocheblave-Spenlé*, La notion de rôle en psychologie sociale, von: Les conflits entre rôle et soi, S. 311.) Aber „Selbst“ war hier bereits für Identität benutzt, die auch durch Rollen konstituiert wird.

[17] Vgl. die Aussage einer Ärztin, protokolliert von *H. Thomae*, Der Mensch in der Entscheidung, S. 102, 234: ... „Hier gebot die Pflicht, mich für die

Rollen untereinander widersprüchliche Anforderungen enthalten. Der Berufssoldat, der einer Soldatengewerkschaft angehört, sieht sich sowohl den Gehorsams- und Kameradschaftsnormen seiner Soldatenrolle verpflichtet, wie auch den Solidaritätsnormen, die zum „Ungehorsam" gegenüber dem Arbeitgeber und zur Benachteiligung der nicht organisierten Kameraden aufrufen[18]. (Situationen wie Zettelverteilen vor dem Kasernentor, Streik.) In der Literatur wird als Standardbeispiel Stouffers Untersuchung angeführt[19], in der Studenten sich in die Rolle eines Universitätsbeamten versetzen müssen, der dienstlich erfährt, daß sein Freund, ein Student, bei der Examensklausur betrügt. Der Beamte ist kraft seines speziellen Amtes verpflichtet, derartige Vorkommnisse an den Universitätsrichter weiterzumelden. In einer Kontrollgruppe wurde zwischen dem Beamten und dem Studenten kein Freundesverhältnis angenommen. An den unterschiedlichen Entscheidungen der Gruppen ließ sich sehr gut der Anstieg der Konfliktstärke nachweisen.

Häufig werden die entgegengesetzten Rollenvorschriften in einer Situation nicht direkt aktualisiert, sondern die Situation ist durch eine spezifische Rollenausführung zu meistern. Und dennoch wirkt die andere Rolle nicht selten auf das spezifische Verhalten ein und verursacht den Konflikt. So sind die Rollen Alter und Sex wahrscheinlich in gewisser Weise immer aktiv[20]. In diesem Sinne entkräftet die Erfahrung vielfacher Kommunikationsebenen Lintons Annahme[21] von jeweils vollständig aktiven und vollständig latenten Rollen.

Auch Rollenvorschriften, die auf längst überholten gesellschaftlichen Verpflichtungen beruhen, werden in der entsprechenden Situation neben den neuen — der Veränderung bereits angepaßten — für den einzelnen wirksam und belasten ihn[22]. Ähnliches gilt für das Verhältnis von Rollen, die in der Familie geübt werden und den späteren Berufsrollen.

Allgemeinheit zu opfern, dort gebot sie zu leben, da mein Mann und vor allem die Kinder mich brauchten ... wochenlang kämpfte ich mit mir, versuchte allem gerecht zu werden. Mal behielt der Beruf die Oberhand, wenn es mir wieder ein wenig besser ging, dann wieder mahnte Irene (Tochter) und forderte ihr Recht und mein Mann war verzweifelt, wenn ich mal trotz Fieber auch nachts fortmußte." Vgl. auch *Lehr/Thomae*, Konflikt, seelische Belastung und Lebensalter, S. 20 f., die einen plötzlichen Anstieg von Konfliktsituationen bei Frauen zu Beginn des fünften Lebensjahrzehntes dadurch erklären, daß sie dann im Schnittpunkt verschiedener Rollen mit gegensätzlichen Rollenanforderungen stehen.

18 *D. Schössler*, Militär und Gewerkschaften, in: Roghmann/Sodeur/Ziegler, Hrsg., Beiträge zur Militärsoziologie, Sonderheft 12/1969 der Kölner Zeitschrift für Soziologie und Sozialpsychologie, S. 142 f.

19 *S. A. Stouffer*, An analysis of conflicting social norms, in: Americ. Soc. Rev 14 (1949), S. 707—717.

20 *T. R. Sarbin*, Role Theory, in: *Lindzey/Aronsen*, The Handbook of Social Psychology, Bd. 1, S. 537.

21 *R. Linton*, The cultural background of personality, S. 78 f.

22 Vgl. *A. Oldendorff*, Sozialpsychologie im Industriebetrieb, S. 116 f.

Der Interrollenkonflikt hat von der Antike bis zur Neuzeit zahllosen Dramen, Romanen und Gedichten ein Gerüst geliefert. Neben den scheinbar „ewigen" Konflikten zwischen den Rollen innerhalb der Verwandtschaft und der weiteren Intimgruppe spiegeln sich in der Literatur sehr deutlich die den einzelnen in der jeweiligen Epoche bedrängenden und konflikterzeugenden „Mächte", d. h. Rollensender[23].

Ödipus und Orest, Antigone und Kreon leiden und zerbrechen an dem Konflikt, der auf den Forderungen der Familie und des Staates beruht. Die diese Zeit beherrschende gentilizische Moral und die des Staates waren unvereinbar. Im Mittelalter erzeugte der Dualismus Staat - Kirche in den Angehörigen beider Großgruppen heftige Konflikte. T. S. Eliots[24] Mord im Dom ist geradezu ein klassisches Abbild und für den Rollenkonflikt schlechthin beispielhaft. Der Erzbischof von Canterbury, der zuvor engster Freund des Königs und sein Kanzler, aber nach seiner Herkunft Normanne und insoweit eigentlich Feind des Königs war, erklärte nach seiner Wahl zum Bischof weltliche und göttliche Ordnung als unverträglich und kam allein den Erwartungen seiner neuen Rolle nach, die ihm eine den Möglichkeiten seiner Person angemessene Identität sicherte.

Ein Beispiel aus der Literatur anzugeben, das den Konfliktstoff des heutigen Pluralismus der Gesellschaft umfassend repräsentiert, fällt schwer. Dazu sind die Konfliktmöglichkeiten zu vielfältig. Sie sind Ausdruck der Schlecht-Integration der Gesellschaft, also nicht nur der „natürlichen" Ambivalenz des Individuums.

§ 6 Gesellschaftsspezifisches Vorkommen

In der westlichen Industriegesellschaft kann der einzelne, abgesehen von einigen Grundrollen wie die des Familienangehörigen oder des Deutschen, zwar zwischen den verschiedenen Berufsrollen oder sonstigen „privaten" Rollen (Freundschaften, Vereinsmitgliedschaft) weitgehend frei wählen[1]. Die Gewähr eines konfliktfreien Rollenhaushaltes ist ihm

---

[23] Vgl. *G. W. F. Hegels* Beschreibung der „Kollision der gleichberechtigten Mächte, in: Sämtliche Werke, Bd. 12, Vorlesungen über die Aesthetik, S. 278 ff., 290 f. Dazu näher: *A. Gehlen*, Moral und Hypermoral, S. 123, 124. Gehlen sieht heute insbesondere eine Spannung zwischen dem staatsbezogenen Ethos und dem humanitär-eudaimonistischen der demokratisch-sozialen Bewegung. Als Beispiel führt er den neu eingezogenen Soldaten an, der mit dem Baby auf dem Arm vor dem Kasernentor erscheint. Gehlen überschätzt hier wohl die Bedeutung eines staatsbezogenen Ethos für den Großteil der Bevölkerung.

[24] *T. S. Eliot*, Mord im Dom (edition suhrkamp 8), S. 18, 21, 27, 38, 55, 76.

[1] Nur ist die Übernahme häufig durch ein kleines Reservoir der begehrten Rollen beschränkt. Ein erbitterter Kampf der zahlreichen Anwärter ist die

aber damit nicht gegeben. Denn das Individuum wächst in eine Sozialstruktur hinein, die durch Konflikte gekennzeichnet ist. Die für die Entfaltung der Person notwendig mannigfache Zugehörigkeit ist verbunden mit der Belastung durch Konflikte. Allerdings entstehen jene Spannungen nicht automatisch durch mehrere Mitgliedschaften. Die (Des)-Integration der Gesellschaft hat nicht überall ein gleiches Maß erreicht. Neben harmonisierenden Rollenzusammensetzungen gibt es heute viele, die widersprüchliche Erwartungen aufweisen[2].

Da die Rechtsordnung gewisse Konfliktvorkehrungen trifft, ist es von rechtssoziologischem Interesse, auf welchen Grundsätzen die Auswahl der irgendwie geregelten möglichen Konflikte beruht. Die Untersuchung kann leider nicht auf eine umfassende Darstellung konkreter Rollenkombinationen nach ihrer jeweiligen Vereinbarkeit und der für unsere Gesellschaft typischen Rollenkonflikte gestützt werden[3]. Um wenigstens eine erste grobe Antwort zu ermöglichen, soll skizzenhaft ein Überblick gegeben werden[4].

Die gewählte Reihenfolge besagt dabei nichts über Intensität, Häufigkeit der Konflikte und Bedeutung für die Gesellschaft. Die Aufteilung wird nur als eine mögliche Lösung angesehen und soll in erster Linie die typischen Konfliktbereiche in der Sozialstruktur schildern.

Rollenkonflikte können auftreten:

1. Innerhalb der Familie

Ein Konflikt ergibt sich hier beispielhaft für die Ehefrau, die zugleich der Mutterrolle nachkommen muß[5]. Das Ende dieser Doppelfunktion in der Primärgruppe durch Tod oder Auszug der Kinder aus dem Elternhaus beseitigt für die Frau vielen Konfliktstoff[6].

2. Auf Grund der Anforderungen von Familie und Beruf[7]

In den USA ist nahezu jeder dritte Mann durch den Umfang der Kollisionen von Berufs- und Familienleben beunruhigt[8]. Vom Schicht-

---

Folge. „Hoher Status ist notwendig knapp", sagt *Luhmann*, Funktionen und Folgen formaler Organisation, S. 236. Vgl. ausführlich dazu: *D. Claessens*, Rolle und Macht, S. 132.

[2] Vgl. *R. Emmet*, Rules, Roles and Relations, S. 173.

[3] Die Untersuchungen von *Kahn* u. a. (s. S. 86, Anm. 2) beschränken sich auf Organisationen.

[4] Die Darstellung orientiert sich vorrangig am Schrifttum über Rollenkonflikte sowie an eigenen Beobachtungen und ist entsprechend unvollständig.

[5] Vgl. hierzu insbesondere: *Myrdal/Klein*, Women's Two Roles: Home and World. Überblick bei *R. König*, Soziologie der Familie, in: R. König, Hrsg., Handbuch der empirischen Sozialforschung, Bd. 2, S. 198.

[6] *W. Nesswetha*, Formen der Reaktion auf Konflikte, S. 182.

[7] Vgl. die angeführte Aussage der Ärztin (s. S. 88 f., Anm. 17).

[8] *Kahn* u. a. (s. S. 86, Anm. 2), S. 59.

arbeiter[9], der tagsüber schläft, während seine Frau die Kinder und den Haushalt versorgen muß, hat die Familie allenfalls am Wochenende etwas. Die Angehörigen der mittleren Führungsebene in der Industrie sind nicht selten zwei Schichten an ihren Betrieb gebunden und müssen auch vom Wochenende Stunden opfern, wenn sie nicht auf ihre Karriere verzichten wollen.

3. Zwischen sonstigen „privaten" Rollen und dem Beruf

Hiermit ist das weite Feld von Konflikten angesprochen, die etwa zwischen der Rolle als Freund, als Sportkamerad usw. und der Berufsrolle, die keine Berücksichtigung der privaten Bindungen duldet, bestehen. Wenn der Freund (z. B. Anwalt) dem anderen (z. B. Richter) in einer höchst offiziellen Situation begegnet, gelingt es bei fehlender Übung selten, die Situation ohne Verhaltensunsicherheit zu bewältigen. Der Staatsanwalt, der bei einem Treffen mit Bekannten von einem Delikt erfährt, steht vor dem Problem, ob er tätig werden muß[10].

4. Im Berufsleben

Allein innerhalb der Berufsrolle oder zwischen den Berufsrollen sind vielfältige Konfliktmöglichkeiten gegeben. Zur näheren Darstellung bietet sich die Klassifizierung der Rollenkonflikte an.

Intrarollenkonflikte:

a) Inter-Normen-Konflikte[11]

Berufliches Leben vollzieht sich heute weitgehend in Organisationen[12]. Ihre Kriterien, rationaler oft notwendig komplizierter Aufbau zur optimalen Erreichung bestimmter bewußter auch variierender Zwecke, beeinflussen als Maßstab auch die Beurteilung der übrigen Erscheinungsformen der Arbeitswelt und bewirken so mehr oder weniger die Übernahme der Organisationsgrundsätze. Daher können die in Organisationen — in denen im übrigen der größte Teil der arbeitenden Bevölkerung von Industrienationen zusammengefaßt ist — auftretenden Konflikte als repräsentativ für Konflikte im Beruf[13] überhaupt angesehen werden. Typischer Konfliktanlaß ist die Aufteilung von Verwaltungs- und die mit der Organisation in gestufter Verbindung stehenden Spezialistenfunktionen. Bei völliger Eingliederung müssen die Fachleute regelmäßig auch bürokratische Tätigkeit verrichten. Da sie diese Aufgaben auf Grund ihrer Ausbildung als Spezialist weitgehend als über-

[9] Vgl. zur Schichtarbeit ausführlich: *K. Thomas*, Analyse der Arbeit, S. 86, 233 ff., 243, 253.

[10] Vgl. die ergötzliche Schilderung bei *H. Spoerl*, Der Maulkorb.

[11] Konflikte, die infolge unterschiedlicher Erwartungen der Rollensender auftreten.

[12] Vgl. *R. Mayntz*, Soziologie der Organisation, S. 7 f.; *A. Oldendorff*, Sozialpsychologie im Industriebetrieb, S. 25 f. mit Nachweisen.

[13] Beruf im Sinne jeder Erwerbstätigkeit.

flüssig und niederrangig beurteilen, sehen sie sich in ihrer „eigentlichen" Pflichterfüllung gehemmt[14]. Auch stimmen oft die professionellen Erwartungen (Ziele) der Fachleute mit denen ihrer Organisation nicht überein. So ist häufig die humanitäre des Mediziners nicht mit dem Interesse der Bürokratie, Kosten zu sparen, zu vereinbaren[15] — Der Leiter einer Organisation schließlich hat ständig über den Vorrang von Bedürfnissen der allgemeinen Verwaltung und der Spezialisten zu entscheiden[16].

Konflikte in einer Organisation werden weiter durch ihre Aufteilung in Subsysteme hervorgerufen. Die einzelnen Abteilungen entwickeln ein Eigeninteresse, das sich nicht ausschließlich an den Zielen des Gesamtsystems orientiert. Dadurch kommt es in den verschiedenen Abteilungen zur Ausbildung von Rollenerwartungen, die sich nicht mehr vereinen lassen. Die Zugehörigkeit zu mehreren Abteilungen bedeutet dann, ständig entsprechenden Konflikten ausgesetzt zu sein. Je verschiedenartiger die einzelnen Abteilungen sind, desto inhomogener sind — zusammen gesehen — ihre Erwartungen. Dem entspricht die Beobachtung, daß die Belastung eines Rollenträgers mit der Diversifikation seines Rollensatzes positiv korreliert[17]. Da im höheren Management der Kontakt mit verschiedenen Gruppen besonders zunimmt, kann hierin ein Grund gefunden werden, daß diese Personen stärker unter Rollenkonflikten leiden als die Angehörigen anderer Hierarchieebenen[18].

Abgesehen von dem höheren Management sind Rollenkonflikte für Mitglieder von Organisationen besonders heftig, die an den jeweiligen (Sub)-Systemgrenzen beschäftigt sind, weil sie hier direkt mit den anderen Sub-Systemerwartungen oder mit den Forderungen des Systempublikums konfrontiert werden[19]. Richter, die ein ungünstiges Urteil in Anwesenheit der persönlich Betroffenen verkünden müssen,

---

14 So bei Krankenschwestern, die beide Aufgaben wahrnehmen müssen und nun unzufrieden sind, weil sie ihre Patienten nicht hinreichend versorgen können. Erklärbar ist die Belastung auch durch die geringere affektive Befriedigung, die durch die Einschränkung der Krankenpflege bedingt ist.

15 *J. Ben-David*, The Professional Role of the Physician in Bureaucratized Medicine. A Study of Role Conflict, in: Human Relations 11 (1958), S. 154—274.

16 *A. Etzioni*, Soziologie der Organisation, S. 130 f.

17 *J. D. Snoek*, Role strain in diversified role sets, in: Americ. Journ. of Soc. 61 (1966), S. 363 ff.; vgl. dazu kritisch: *H. P. Dreitzel*, Die gesellschaftlichen Leiden, S. 369.

18 Vgl. *Kahn* u. a. (s. S. 86, Anm. 2), Role Conflict, S. 147 f.

19 Vgl. *Kahn* u. a. (s. S. 86, Anm. 2), Role Conflict, S. 123. Andererseits erleichtert die höhere Diversifikation, sich durch verschiedene Mechanismen den einzelnen Erwartungen selber zu entziehen. Vgl. hierzu *R. Lautmann*, Rolle und Entscheidung des Richters. Ein soziologischer Problemkatalog, in: JRR 1 (1970), S. 392 f.

werden hierdurch mehr belastet, als wenn zur Verkündung keine Parteien oder allenfalls die Anwälte erscheinen.

An den Subsystemgrenzen beschäftigt ist in gewisser Hinsicht jeder Vorgesetzte, da er regelmäßig zwei Kommunikationsnetzen (sog. Flaschenhalsfunktion) angehört und so leicht Adressat gegensätzlicher Erwartungen wird.

Ein „Untergegebener" ist der Belastung durch Rollenkonflikte ausgesetzt, wenn er mehreren Vorgesetzten unterstellt ist und diese ihm widersprüchliche Anweisungen erteilen. Konfliktreich ist für den „Untergebenen" auch eine Situation, in der Personalloyalität und Sachloyalität zugleich angesprochen werden. Beispielhaft sei eine Gerichtsberatung erwähnt, in der der Beisitzer — Assessor — sich zwischen den unüberhörbaren Wünschen seines Vorsitzenden, der sein Weiterkommen beeinflussen kann, und den Standards seiner „Wissenschaft" entscheiden muß.

Intrarollenkonflikten sind in bürokratischen Organisationen weiter Personen ausgesetzt, die Innovationen, schöpferische Entscheidungen für nicht Routine-Fragen treffen sollen. Einmal müssen sie gleichfalls routinemäßige Arbeit leisten und sind so den Erwartungen der Administration innerlich verhaftet, zum anderen rufen Innovationen regelmäßig Gegner hervor, die am Status quo interessiert sind oder gar die geplanten Änderungen als Drohung empfinden[20].

Für das Gefüge einer Organisation sind noch Rollenkonflikte typisch, die durch die verschiedenen informalen Rollen entstehen können. Belastend kann sich allerdings auch für das Mitglied einer Organisation der mögliche Widerspruch zwischen seiner formalen und seiner informalen Rolle auswirken.

Auch bereits nur formal lose Verbindung zur Organisation kann Konflikte verursachen[21]. Der Anwalt, dessen Existenz auch von dem Wohlwollen der Gerichtsorganisation abhängig ist, kommt ihren Erwartungen zuweilen mehr entgegen, als es mit der professionellen Beistandspflicht gegenüber seinem Mandanten verträglich ist[22].

---

[20] Vgl. *T. Rasehorn*, Von der Klassenjustiz zum Ende der Justiz, in: KJ 69, 273 f., der den Rollenkonflikt beim Reformer-Richter schildert. Als Mitglied eines Kollegiums müsse er sich der h. M. anschließen und Kompromisse mit Verhaltensformen eingehen, die er ablehnt, will er nicht jeglichen Einfluß in seinem Beruf verlieren und eine zu Lasten der Rechtsuchenden gehende Verhärtung verhindern. Gegenüber der Exekutive und Öffentlichkeit habe er für praktische Reformen einzutreten und dabei oft Kompromißlösungen mit schlechtem Gewissen auf sich zu nehmen. Dies sei aber Aufgabe des verantwortungsvollen „Politikers" in einer gespaltenen Zeit und in einer gespaltenen Gesellschaft.

[21] Vgl. dazu die Übersicht bei *Mayntz/Ziegler*, Soziologie der Organisation, in: R. König, Hrsg. (s. Anm. 5), Handbuch 2, S. 478, 479.

In ähnlicher Weise sieht sich der berufsmäßige gerichtliche Sachverständige (z. B. Psychiater oder Psychologe) oft in den Konflikt zwischen den Standards seiner Wissenschaft und den Erwartungen des Gerichts gestellt. Häufig empfängt ihn bei Eintritt in den Gerichtssaal das Vorurteil des Gerichts. Stemmt er sich dagegen und bringt er seiner Wissenschaft gemäß Argumente vor, die er dem Gericht schwer einleuchtend und plausibel darlegen kann, so gerät er in die Gefahr, sich „Beliebtheit", Anerkennung und nicht zuletzt weitere Beauftragung durch das Gericht zu verscherzen. In diesen Situationen liegt es nahe, daß Sachverständige auf die unbequemen Argumente lieber verzichten. — Konfliktreich kann sich auch die Beziehung des Gutachters zu seinem „Patienten" gestalten. Um die nötigen Informationen zu erhalten, nähert er sich dem Angeklagten usw. als Arzt und muß den ihm Vertrauenden dann als Gehilfe des Richters „eiskalt" sezieren[23].

Schlecht in einer Person vereinbare Teil-Rollen bereiten dem Militär Schwierigkeiten. Neben den heute erheblich angewachsenen reinen Verwaltungsaufgaben sind vom Offizier die Rollen des „Führers" und technischen Fachmannes zu bewältigen. Damit sind zwei völlig verschiedene Ebenen angesprochen, zwischen denen sich der Soldat zurechtfinden muß. Einmal die auf Befehl und Gehorsam beruhende überkommene pyramidenförmige Hierarchie[24], zum anderen das durch Sachverstand (also insoweit Autonomie), Partnerschaft und Teamwork gekennzeichnete Miteinander. Zwar sind die Situationen, in denen jeweils das eine Rollensegment aktualisiert wird, häufig verschieden. Ob aber der einfache Soldat und der Offizier die Rollensegmentierung hinreichend verarbeiten und akzeptieren, ist nach den bisherigen Erfahrungen sehr zweifelhaft[25].

b) Intra-Norm-Konflikte

Konfliktauslösend ist die Erwartung, daß sowohl ein Höchstmaß an Quantität wie an Qualität bei Einhaltung bestimmter Termine erzielt wird. In gleicher Weise können sich die Forderungen nach Produktivität und Sicherheit sowie nach Produktivität und gutem Betriebsklima aus-

---

22 Vgl. dazu: *A. S. Blumberg*, The Practice of Law as Confidence Game, in: Law and Society Rev. 1 Nr. 2 (1967), S. 15—39 und *H. Dahs*, Handbuch des Strafverteidigers, S. 21 ff.

23 Vgl. *G. Mauz* auf der 11. Tagung der Deutschen Richterakademie, wiedergegeben im Tagungsbericht der „Die Welt", v. 4. April 1970, Die geistige Welt, S. II, Willensfreiheit oder Handlungszwang.

24 Auf die Einübung auch der Befehlsmechanismen kann nicht verzichtet werden, da bei Ausfall der Technik auf vortechnische militärische Kommunikationsweisen zurückgegriffen werden muß.

25 *S. J. v. Heiseler*, Militär und Technik, S. 106. Von positiven Erfahrungen berichtet dagegen *M. Janowitz*, The Professional Soldier. A Social and Political Portrait, S. 21, 35. Auf ähnliche Probleme in der Industrie macht *H. P. Bahrdt*, Industriebürokratie, S. 34 f. aufmerksam.

wirken[26]. Zu Intra-Norm-Konflikten führen schließlich allgemein unklare Organisationsziele. Sie bringen erhebliche Verhaltensungewißheit mit sich.

c) Eigen-Rolle-Konflikte

aa) Als kennzeichnend für die heutigen Berufsrollen wurde bereits ihre geringe affektive Besetzung, Unpersönlichkeit und Bedeutungslosigkeit für den jeweiligen Rollenträger herausgestellt. An dem Wandel der Rolle der Krankenschwester läßt sich dies leicht demonstrieren. Der gesuchte enge Kontakt mit dem Patienten („Muttterersatzrolle") wird immer mehr verdrängt durch die technische Seite des diagnostisch-therapeutischen Prozesses. Für die Schwestern tritt nun leicht ein Konflikt zwischen der emotional befriedigenden „Mutterersatzrolle" und der „Heilerrolle" ein[27].

bb) Da die widersprüchlich erscheinenden Forderungen nach Sicherheit und Produktivität meist nicht im formalen Bereich rational gelöst werden, sondern auf die Arbeiter und Personen an den typischen Konfliktstellen der Hierarchie abgeschoben werden, erzwingt der Situationsdruck einfach ein gefährliches Verhalten[28]. Im übrigen können leistungsgerechtes und gefährliches Verhalten durchaus identisch sein[29]. Es bedarf keiner Erläuterung, daß großes Haftungsrisiko im Beruf und eigenes Bedürfnis nach Sicherheit und Regreßfreiheit Eigen-Rolle-Konflikte unvermeidlich machen.

cc) Die eigene Rollenauffassung (Selbstdeutung der Rolle) kann im Gegensatz zu der formalen Definition der (Mitgliedschafts-)Rolle stehen und entsprechende Konflikte bewirken. Durch den schnellen sozialen Wandel kann insbesondere die eigene einst zutreffende eingeprägte Selbstdeutung falsch werden[30].

Interrollenkonflikte:

a) Verflechtung von Rollen Wirtschaft, Wissenschaft und Staat. Die Wissenschaftler am Massachusetts Institute of Technology können sich einen Tag in der Woche der praktischen Berufsarbeit als Mediziner,

---

26 Vgl. *R. Mayntz*, Soziologie der Organisation, S. 83. Weitere Beispiele bei *W. J. Goode*, Eine Theorie des Rollen-Stress, in: H. Hartmann, Hrsg., Moderne amerikanische Soziologie, S. 272.

27 Vgl. *M. Pflanz*, Medizinsoziologie, in: R. König, Hrsg. (s. Anm. 5), Handbuch 2, S. 1143 mit w. Nachweisen.

28 Vgl. *K. Thomas*, Analyse der Arbeit, S. 289.

29 Vgl. *K. Thomas* (s. Anm. 28).

30 *M. Banton*, Roles, S. 168. Bahnbeamte, die noch zu einem „hoheitlich" gefärbten Verhalten erzogen wurden und diese Haltung verinnerlicht haben, können sich häufig nur schwer auf die heute angemessene Rolle des „Angestellten eines Dienstleistungsbetriebes", von dem nur Leistung erwartet wird, umstellen und können so die Entstehung eines marktgerechten, „werbewirksamen Bildes" der Bundesbahn erschweren.

Ingenieur, Architekt oder Betriebswirt widmen. Ohne diese Möglichkeit würden „gute" Leute, von denen es auf ihrem Gebiet nur einige wenige gibt, nicht an das Institut gehen. Nicht selten werden diese Experten als Direktoren beschäftigt und unterliegen dann leicht folgenden Interessenkonflikten[31]:

aa) Sie sind Mitglieder der staatlichen Laboratorien, die Geldmittel von der Regierung beantragen und kaufen Einrichtungen, die von sehr wenigen Konzernen hergestellt werden.

bb) Sie sind Ratgeber der Regierungsabteilungen, die über die Anträge und die Verträge mit den Konzernen entscheiden müssen.

cc) Sie sind Direktoren der Konzerne, die Einrichtungen für diese Art von Untersuchungen herstellen.

Für die Verhältnisse in der Bundesrepublik sind diese naheliegenden Interessenverflechtungen und -kollisionen durchaus nicht utopisch. So gehört beispielsweise der Aufsichtsratsvorsitzende der Farbwerke Hoechst, die mit 20 % an der Uran-Isotopen-Trennungs-Gesellschaft mbH „Uranit" in Jülich beteiligt ist, dem Aufsichtsrat der Gesellschaft für Kernforschung an, die das Zentrum Karlsruhe betreibt und ist zudem noch — als Präsident des Deutschen Atom-Forums — Mitglied des einflußreichen Beratenden Ausschusses für Forschungspolitik beim Bundeswirtschaftsministerium, das über den Karlsruher Etat das letzte Wort hat[32].

Bei der Errichtung eines Instituts für Zukunftsforschung durch die Max-Planck-Gesellschaft wurden von Vertretern der Industrie im Senat dieser Gesellschaft die Mittel des neuen Instituts beschränkt, um die Priorität in der Zukunftsforschung einem reinen Industrie-Institut zu verschaffen, das natürlich nur an kurzfristig wirtschaftlich verwertbaren Ergebnissen interessiert ist. Da den verschiedenen Einrichtungen häufig unterschiedliche Zielsetzungen zugrunde liegen, sind persönliche Konflikte der Rollenträger wahrscheinlich. Von vorrangigem Interesse ist aber, daß die Offenlegung und rationale Diskussion der jeweiligen Zwecke und ihrer Realisierungen nicht durch derartige Rollenverflechtungen verhindert werden.

b) Konflikte, die durch Hauptberuf oder Amt und Ausübung einer Nebentätigkeit entstehen können. Die Konflikte können auf Grund zeitlicher Unvereinbarkeit beider Rollen oder wegen ihrer widersprüchlichen Anforderungen entstehen.

c) Dann gibt es Berufsrollen, die im Grunde aus anderen unverträglichen Rollen zusammengesetzt sind. Als Beispiel sei die des Militär-

---

[31] *M. Banton*, Roles, S. 168, 169.

[32] Vgl. „Der Spiegel" v. 5, Jan. 1970, Nr. 12, S. 44, 45.

geistlichen oder des militärischen Lehrers genannt. Erziehung zur Nächstenliebe, Güte steht beim Militärpfarrer der psychischen Vorbereitung für das Tötungsgeschäft — insbesondere die moralische Rechtfertigung der „Verteidigung" — gegenüber[33]. Dieser Rollen-Kategorie lassen sich auch die zahlreichen „Puffer"-Funktionen zuordnen, die aus Rollen gegensätzlicher sozialer Kräfte zusammengesetzt sind (z. B. Betriebsratsmitglied, Klassensprecher usw.).

d) Der schon angeführte Konflikt zwischen dem eigenen großen Haftungsrisiko und den Berufserwartungen wird verschärft, wenn der Berufstätige eine Familie zu versorgen hat, also den Erwartungen der Angehörigenrolle zusätzlich ausgesetzt ist[34].

5. Zwischen der jeweiligen „privaten" sowie Berufsrolle und der „öffentlichen" Rolle

Mit „öffentlicher" Rolle ist etwa die des Staatsbürgers, der den Gesetzen — speziell als Wehrpflichtiger, als Wähler, als Zeuge, als Abgeordneter usw. — unterworfen ist, gemeint. So bereitet es dem Angehörigen oder Freund Konflikte, wenn die Erwartungen der Gesetze (an ihn als Staatsbürger) und die des mit ihm privat Verbundenen entgegengesetzt sind. Der Wehrpflichtige, der in seinen zivilen Rollen Höflichkeit, Kritikfreudigkeit u. a. gelernt hat, wird diesen Rollen als Soldat völlig entfremdet. Dies geht nicht ohne Konflikte ab[35]. — Der Parlamentspräsident, der zugleich Gewerkschaftsvorsitzender ist, sieht sich unterschiedlichen Erwartungen hinsichtlich der Intensität seines politischen Engagements gegenüber.

6. Zwischen sonstigen „privaten" Rollen

Hierher gehört u. a. die sog. Mischehenproblematik. Alltäglich sind Konflikte insbesondere zwischen Alter und Geschlecht und allen anderen Rollen. — Ludwig Bendix führt als Tatsache an, daß es in Ehestreitigkeiten frauenfreundliche und männerfreundliche Gerichte gibt, und daß von der Vorabentscheidung zugunsten des weiblichen oder männlichen Geschlechtes häufig der Spruch abhängig ist[36]. Der junge Vorgesetzte,

---

[33] Vgl. *W. Burchard*, Role conflicts of military chaplains, in: Americ. Soc. Rev. 19 (1954), S. 528—535. Dazu auch Auszüge aus der sog. Schnez-Studie, in: „Der Spiegel" v. 5. 1. 1970, Nr. 1/2, S. 27.

[34] Vgl. *N. Luhmann*, Legitimation durch Verfahren, S. 64 f.: zur Entlastung des Richters von der Rücksicht auf seine anderen Rollen.

[35] Vgl. *R. Ziegler*, in: Roghman/Sodeur/Ziegler, Hrsg. (s. S. 89, Anm. 18), Militärsoziologie, S. 132.

[36] *L. Bendix*, Zur Psychologie der Urteilstätigkeit des Berufsrichters und andere Schriften, S. 114, 128.
Andere Vorabentscheidungen wie: Maklerfreundlich — Maklerfeindlich, „Sach"kredit vor Geldkredit usw. beruhen dagegen auf komplexeren Zusammenhängen und lassen sich rollentheoretisch nur mühsam einordnen.

der fast nur ältere Mitarbeiter hat, reagiert darauf in der Regel mit großem Unbehagen. Noch unangenehmer ist es dem älteren Untergebenen[37].

7. Bei Randseitern

Ursprünglich wurden nur Menschen, die zwei Kulturen angehörten, wie die europäischen Juden, die Italiener in Amerika und die Rassenmischlinge als Randseiter bezeichnet. Ihr Konflikt liegt in den widerspruchsvollen kulturellen Standards und der fehlenden vollen Anerkennung in einer der beiden Großgruppen. Da die gleiche Problematik auch bei innergesellschaftlichen Kulturkonflikten, etwa bei verschiedenen sozialen Schichten oder Hierarchieebenen in einem Betrieb auftritt, spricht man von Randseitern auch, wenn der Konflikt zeitlich und auf einen bestimmten sozialen Bereich begrenzt ist[38].

Bei der Einführung der Laufbahngruppe Fachoffizier in die Bundeswehr entschieden sich viele Unteroffiziere dafür, ranghöchste ihrer Laufbahngruppe zu bleiben, statt von Offizieren wie von Unteroffizieren als rangniedere Offiziere nicht voll anerkannt zu werden. — Auch wenn die Eigenständigkeit der Teileinheit einer übergeordneten Gesamtheit besonders ausgeprägt ist, sind Konflikte naheliegend (Bayer-Deutscher). Der „Preuße" in Bayern bleibt auch bei längerer Anwesenheit Randseiter. — Zu den Randseitern sollen noch der soziale „Aufsteiger", der Adoleszente, und der Kriminelle, der sich zwischen den Normen der Gesellschaft und seiner Subkultur zurechtfinden muß, gerechnet werden[39].

8. Bei Menschen, die zwischen „universalistischen" und „partikularistischen" Normen sich entscheiden müssen

Gemeint sind Menschen, die sich als Weltbürger ebenso wie als Angehörige ihrer Nation verpflichtet fühlen. Wer für den Frieden, gleich, wo es auf der Erde Streit gibt, öffentlich mit anderen eintritt, kann leicht dem nationalen Interesse, dem der fremde Kleinkrieg etwa zugute kommt, Schaden zufügen. Atomforscher und andere Wissenschaftler, die durch ihre Ergebnisse Ansehen und Einfluß der Nation anheben können, und selber den ihnen gebührenden wissenschaftlichen Ruhm ernten möchten, stehen vor der Frage, ob die Bekanntgabe

---

[37] *H. Daheim*, Desorganisationsprozesse in einem Bürobetrieb, in: KZfSS 10 (1958), S. 256 f., 261. *A. Oldendorff*, Sozialpsychologie im Industriebetrieb, S. 102.

[38] Vgl. *E. V. Stonequist*, Randseiter, in: *W. Bernsdorff*, Wörterbuch der Soziologie, S. 862.

[39] *Sykes/D. Matza*, Techniken der Neutralisierung: Eine Theorie der Delinquenz, in: Sack/König, Hrsg., Kriminalsoziologie, S. 360 ff.

nicht von anderen Mächten oder auch nur von ihrer Nation zum Schaden der ganzen Menschheit ausgenutzt wird[40].

Schließlich gehören hierher auch die Fälle der Widerstandskämpfer und der Gehorsamsverweigerer, die entgegen konkreten staatlichen Weisungen zugunsten des von ihnen als höher angesehenen allgemeinen nationalen oder übernationalen Interesses handeln.

9. Bei Statuskongruenzen

Wegen der Zuordnung von sozialem Status und Rolle werden die Belastungen bei Statusinkongruenzen auch als spezifische Interrollenkonflikte angesehen. Statusinkongruenzen erschweren die Integration der Teil-Bilder des einzelnen und führen so zu Identitätsstörungen. Praktisch treten diese Inkongruenzen u. a. auf:

a) Bei hoher Ausbildungsstufe und „niedrigerer" Berufstätigkeit

So beklagten sich Akademiker während der Jahre großer Arbeitslosigkeit 1929, 1930 und nach dem Kriegsende 1945, 1946, daß ihnen z. B. zugemutet wurde, Pflastersteine zu klopfen. — Junge Diplomingenieure machen heute in der Industrie häufig die Erfahrung, daß sie ihre erlernte wissenschaftliche, selbständige Arbeitsweise bei den kleinen, als nebensächlich empfundenen Detailaufgaben nicht verwerten können, und fühlen sich daher überflüssig oder glauben zumindest, unterwertig beschäftigt zu sein.

b) Bei wechselseitigem Über- und Unterordnungsverhältnis oder Aufhebung der Gleichordnung

Der Chef ist einfaches Mitglied eines Vereins, in dem ein Untergebener Vorsitzender ist[41]. — Durch die allgemeine Wehrpflicht kann es zu Statusinkongruenzen kommen, wenn als einfache Soldaten Eingestufte einen hohen Berufsstatus (etwa Professor) haben. Der Konflikt verschärft sich, wenn ihre militärischen Vorgesetzten, etwa ein Leutnant, ihnen im Privatleben untergeordnet sind oder von ihnen ausgebildet wurden (Student).

Die allgemeine „relative Gleichordnung" ist bei Patienten im Krankenhaus aufgehoben. Sie müssen den Abstieg vom Status eines „Freien",

---

[40] Vgl. *J. R. Oppenheimer*, Drei Krisen der Physiker, S. 80; *C. Zuckmayer*, Das kalte Licht, Dialog Ketterick, 2. Akt, 8. Szene; *F. Dürrenmatt*, Die Physiker.

[41] Vgl. dazu *K. Thomas*, Analyse der Arbeit, S. 85. Die negativ empfundene Statusinkongruenz ist auch der Grund, warum der Übergang von einer herrschenden Rolle zu einer dienenden oft schwerer zu vollziehen ist als der Übergang von einer dienenden zu einer anderen dienenden. Schon der Abstieg vom „Präsidenten" zum einfachen Verkehrsteilnehmer, Badegast, Urlauber, Nachbar ist für viele Positionsinhaber nicht tragbar, und sie führen daher ihre Statussymbole ständig mit sich.

zum Status eines bedienten „Unmündig-Machtlosen" ertragen[42]. Der Konflikt wird noch verschärft, wenn der Patient gewohnt ist, selber vielen anderen Menschen Weisungen zu erteilen und sich nun dem Reglement der Schwestern und Assistenzärzte unterwerfen muß.

c) Bei Unterschieden zwischen Geschlechts- und Berufsstatus

In den Vereinigten Staaten ist die Statusinkongruenz bei Negern, die zugleich Ärzte sind, typisch. Die Weigerung vieler Weißer, sich von einem Negerarzt untersuchen zu lassen, ist für die Situation bezeichnend[43].

§ 7 Schichtspezifische Konfliktverteilung

Auch diese Frage ist hinsichtlich der rechtlichen Konfliktslösungen von rechtssoziologischem Interesse. Nach einer häufig vertretenen Auffassung[1] sollen in den Unterschichten eher Normenschwäche, in den Mittelschichten dagegen Normenkonflikte vorherrschen. Soweit unter Normenkonflikten Intrarollenkonflikte angesprochen sind, ist dies plausibel. Denn gerade in den Mittelschichten stellt die Häufung von Rollensendern und die entsprechende Integrationsleistung der Positionsinhaber besonders hohe Ansprüche[2]. Bei den Interrollenkonflikten könnte die gleiche Begründung zutreffen. Dagegen hat sich neuerdings Dreitzel[3] mit der These gewandt, daß die Vergrößerung des Rollenhaushaltes nicht mit der Belastung korreliere, da Identifikation nur mit wenigen Kernrollen erfolge. Die anderen seien leichter ablegbar. Folglich komme es gerade bei Personen mit kleinem Haushalt, aber hohem Identifikationsgrad und Unvereinbarkeit der Rollen zu starken Interrollenkonfliktsbelastungen. Hiervon würden die Mitglieder unterer Schichten häufiger als die der Mittelschichten betroffen, weil sie eher unter dem Normendruck von Arbeits-(Vollzugs)-Rollen zu leiden haben, die zudem ihre personalen „Ausgleichsrollen" beeinträchtigen. Besonders deutlich werde dies bei den Schichtarbeitern, deren Rollenhaushalt durch die wechselnden Arbeitszeiten notwendig begrenzt ist und die erhebliche Störung ihres Ehe- und Familienlebens hinnehmen müssen[4].

---

[42] Vgl. dazu *M. Pflanz*, Medizinsoziologie, in: R. König, Hrsg. (s. Anm. 5), Handbuch 2, S. 1130 f. und insbesondere *J. J. Rhode*, Soziologie des Krankenhauses. Zur Einführung in die Soziologie der Medizin.

[43] Vgl. *A. Strauß*, Spiegel und Masken. Die Suche nach Identität, S. 75.

[1] Vgl. u. a. *G. Rose*, Anomie and Deviation, A Conceptual Frame-work for Empirical Studies, in: Brit. Journ. of Soc. 17 (1966), S. 29 ff.

[2] Vgl. *H. P. Dreitzel*, Die gesellschaftlichen Leiden, S. 369 f.

[3] *H. P. Dreitzel* (s. Anm. 2), S. 369 f.

[4] *H. P. Dreitzel* (s. Anm. 2), S. 371, Anm. 72.

Mit der Andeutung der Problematik muß es hier sein Bewenden haben[5], da die empirische Einzelforschung diesen differenzierten Ansätzen noch nicht nachgegangen ist und der übrige Forschungsstand kein relativ einheitliches Bild aufweist.

§ 8 Folgen der Konflikte

Nähere umfassende Angaben in empirischen Untersuchungen über die Wirkungen der Konflikte, die speziell dem Pluralismus der Industriegesellschaften eigen sind, fehlen.

Feststellbar jedenfalls sind für den einzelnen:

1. negative Folgen[1]:

aa) Nachweisbare psychische Spannungen, Unzufriedenheit, Unentschiedenheit[2], Unsicherheit, Verlust der Arbeitsfreude, Minderung der Selbstachtung und des Selbstvertrauens, Gefühl der Nichtigkeit persönliche Hilflosigkeit, Beeinträchtigung der Beziehungen zu Rollenpartnern, allgemeine soziale Isolierung, Frustration und folgendes aggressives Verhalten, das die Isolierung weiter fördert, Verlust des Vertrauens in die jeweilige „Organisation", erhöhte Unfallgefährdung, da die Wahrnehmung der Gefahren durch die Belastung verringert wird. akute Angst, „Zerrissenheit" des Individuums[3].

bb) Erfolgt keine hinreichende Lösung oder Milderung des Konfliktes und wird er chronisch, so kommt es zu Neurosen- und Hysteriebildung. Eine weitere Form der Konfliktsentlastung ist die Somatisierung[4], etwa durch ein Magengeschwür. Einige Untersuchungen kommen zu dem Ergebnis, daß das Ausmaß der Rollenkonflikte und insbesondere der Statuskongruenzen in der Bevölkerung mit der Suizidrate korreliert[5].

---

5 Vgl. dazu noch *H. P. Dreitzels* (s. Anm. 2) These: Intrarollenkonflikte führen zu Normenschwäche und Orientierungslosigkeit besonders in den Mittelschichten, während Unterschichten eher Interrollen- und Legitimitätskonflikten ausgesetzt seien.

1 Auf die kaum übersehbaren Einzelnachweise wird hier weitgehend verzichtet.

2 Erinnert sei an Bismarcks beißenden Spott gegenüber Moltke, dessen halbenglische Ehe daran schuld gewesen sei, daß Moltke mit der Beschießung von Paris so lange gezögert habe. (In Wahrheit war Moltkes halb-englische Frau Marie Burt „schwarz-weiß" eingestellt. Vgl. Wolfgang Venohr, Hrsg., Preußische Porträts.)

3 Vgl. *P. Lersch*, Aufbau der Person, S. 208.

4 *T. R. Sarbin*, Role Theory, in: *Lindzey/Aronson*, The Handbook of Social Psychology, S. 543 f.; *H.-R. Lückert*, Der Mensch, das konfliktträchtige Wesen; ders., Konfliktpsychologie, S. 264; *H. Thomae*, Mensch in der Entscheidung, S. 102.

cc) Übereinstimmend wird in der Literatur[6] betont, daß Rollenkonflikte zu erheblicher Energieverschwendung führen.

2. positive Folgen:

aa) Die schmerzhafte Erfahrung des Rollenkonfliktes kann den einzelnen für andere soziale Bereiche öffnen, ihn zu mehr Verständnis für die Haltungen anderer bringen. So u. a. den Richter zur Selbstkritik bereiter machen und ihn Sterilität in Motivation und Entscheidung überwinden lassen[7]. Im übrigen kann der Konflikt zur erhöhten Ich-Leistung, Integration, anspornen und so die Entfaltung der Person fördern.

So kann der Rollenkonflikt wie jeder andere Konflikt auch eine schöpferische Funktion haben. Bekannt ist Rilkes Entscheidung[8], als er einen Analytiker aufsucht, der ihn von seinen Spannungen heilen soll. Er lehnt eine Behandlung ab, weil er fürchtet, daß mit dem Austreiben der Teufel auch die Engel aus ihm verschwinden würden.

bb) Einen „positiven" Aspekt gewinnt die Tatsache von Rollenkonflikten dadurch, daß sie „Freiheit" anzeigen. Denn wenn die gesellschaftsbeherrschenden Interessengruppen sich in ihrer Zielsetzung wirklich dem Gesamtsystem völlig unterordnen wollten, könnte der Pluralismus der Existenz, der heute noch „Freiheit" garantiert, aufgehoben sein. So gesehen, ist die Permanenz der Konflikte Preis und Voraussetzung für die individuelle Existenz in Industriegesellschaften.

für die Gesellschaft:

1. negative Folgen:

a) Es kommt allgemein zu schlechten Rollenausführungen[9]. Die Entscheidungsfreudigkeit verringert sich (Absicherungsdenken wird überwiegend), Zunahme an Unfallhäufigkeit, Reduzierung der Anwesenheit im Betrieb durch späteres Kommen, früheres Weggehen. Insgesamt tritt eine bemerkenswerte Einbuße an Produktivität ein[10].

---

[5] Vgl. *Gibbs/Martin*, Status Integration and Suicide, S. 27 f.; dazu kritisch *H. P. Dreitzel* (s. S. 126, Anm. 2), Die gesellschaftlichen Leiden, S. 276, Anm. 71; *E. Stengl*, Selbstmord und Selbstmordversuch (1969), S. 17, berichtet nur, daß Suizide am häufigsten bei Akademikern und Managern vorkommen, also bei Personen, die als „Führungskräfte" in der Regel vielen Rollensendern gerecht werden müssen.

[6] Vgl. *Kahn* u. a. (s. S. 86, Anm. 2), Role Conflict, S. 65; *Rocheblave-Spenlé* (s. S. 88, Anm. 16), La notion de rôle, S. 302.

[7] Vgl. *R. Lautmann* (s. S. 93, Anm. 19), Rolle des Richters, S. 394.

[8] Vgl. *H.-R. Lückert*, Der Mensch, das konfliktträchtige Wesen, S. 62.

[9] „Negation der Rollen selbst durch Rollenkonflikte", *Rocheblave-Spenlé* (s. S. 88, Anm. 16), La notion de rôle, S. 302.

[10] Vgl. *A. Oldendorff*, Sozialpsychologie im Industriebetrieb, S. 113.

Beim Richter ist Folge der Überlastung geringere Sorgfalt hinsichtlich der Legalität seiner Urteile[11]. Der Rollenkonflikt eines Wählers führt beispielsweise häufig dazu, daß er sich aus der politischen Arena fernhält, bis eine der lästigen Positionen politisch irrelevant wird. Jedenfalls wird seine Entscheidung zunächst verzögert oder verhindert[12].

b) Zunahme an Kriminalität.

aa) Dies wurde insbesondere beim sogenannten Kulturkonflikt[13] durch überzeugende empirische Untersuchungen nachgewiesen[14]. Eine Arbeit[15] aus jüngster Zeit über die Kriminalität der Gastarbeiter in der Bundesrepublik kommt zu dem Ergebnis, daß mit der Länge des Deutschlandaufenthaltes und mit dem Überwechseln von Gemeinschafts- in Einzelunterkünfte die Delinquenz ansteigt. Die Verhaltensnormen der kohäsiven, kooperativen meist ländlichen Heimatgruppe mit einfachen Konsumgewohnheiten gerieten in starken Konflikt mit den Normen der desintegrierten, individualistischen, konsumorientierten Gruppe der Gastumwelt.

bb) Der häufige Ausbruch von Gefangenen aus dem Gefängnis und von Jugendlichen aus Besserungsanstalten kurz vor der Entlassung ist gleichfalls Folge eines Rollenkonfliktes. Die „Nahezu-Entlassenen" empfinden sich bereits als „Freie" und empfinden daher ihre Behandlung als „Gefangene" als unerträglich.

2. positive Folgen:

Rollenkonflikte stehen in Wechselwirkung zum sozialen Wandel[16]. Sie können ihn auslösen und beschleunigen. Regelmäßig bewirken sie jedenfalls die Thematisierung der eigenen Ordnung[17]. Je größer die Kon-

---

[11] *Smith/Blumberg*, The Problem of Objectivity in Judicial Decision-Making, Social Forces 46 (1967), S. 96—105. Vgl. die kritische Fragestellung bei *R. Lautmann* (s. S. 93, Anm. 19), Rolle des Richters, S. 393.

[12] Vgl. *D. R. Segal*, Status Inconsistency, Cross Pressures and American Political Behaviour, in: Americ. Soc. Rev. 74 (1969), S. 352 f.

[13] Hierzu: *T. Sellin*, Culture Conflict and Crime, S. 29; *E. H. Johnson*, Crime, Correction and Society.

[14] Vgl. *E. Glueck*, Culture Conflict and Delinquency, S. 64, 65. *A. W. Lind*, The Getto and the Slum, in: Social Forces 95 (1930), S. 206—215. Lind weist nach, daß die Kriminalität in Mischgebieten erheblich stärker ist als in Gettos, kriminogen also der stärkere kulturelle Kontakt.

[15] *H. B. Grüber*, Kriminalität der Gastarbeiter, S. 119. Grüber konnte einen konkreten Konflikt zwischen „conduct norms" nur bei Verhalten gegenüber ungetreuen Ehefrauen, beim Streit zwischen Männern und hinsichtlich der Gastfreundschaft feststellen. Vgl. BGH NJW 68, 1291.

[16] *W. J. Goode*, Eine Theorie des Rollen-Stress, in: H. Hartmann, Hrsg., Moderne amerikanische Soziologie, S. 286.

[17] Bei der Darstellung der Folgen von Rollenkonflikten durch *M. Sader* (s. S. 24, Anm. 35), Sozialpsychologie, S. 223 f., überwiegt die positive Würdigung im Hinblick auf die Wandlung von gesellschaftlichen Bedingungen.

flikte und je häufiger und übereinstimmender die Abweichungen sind, um so zwingender ergibt sich auch die Veränderung bestimmter Institutionen, deren Entlastungs- und Sicherungsfunktionen aber erst überspielt werden müssen. In der neueren Organisationstheorie werden Rollenkonflikte vielfach als funktional betrachtet, da sie systemfördernde Innovationen bewirken können[18].

Konkrete Beispiele für die mögliche Indizierung und Förderung des sozialen Wandels: beim Kulturkonflikt etwa könnten marginale Persönlichkeiten (wie ein Martin Luther King) die Änderung von Einstellungen herbeiführen. Der durch die umstrittene Stellung der Frau hervorgerufene Konflikt bei Männern wie bei Frauen könnte die sozial akzeptierte Emanzipation der Frau einleiten. Der schon angesprochene Konflikt zwischen Personal- und Sachloyalität könnte den Vorrang der Sachloyalität bewirken und damit in weiten Bereichen erhebliche Änderungen auslösen.

§ 9 Lösungsformen

1. Soziale, nicht rechtliche Mechanismen[1], die gegen die Entstehung von Rollenkonflikten gerichtet sind

a) Allgemeine Mißbilligung (sozialer Druck) von gewissen Rollenkombinationen

So wird es ungern gesehen, daß der Leiter eines Krankenhauses in der Politik führend ist. — Da erfahrungsgemäß häufig ein enger freundschaftlich-gesellschaftlicher Verkehr von Offizieren und Soldaten für den Vorgesetzten bei der Durchsetzung von Befehlen Konflikte (Berufsrolle — private Rolle) aufwirft, wird auf den Offizier durch seine Vorgesetzten und auch von Kameraden eingewirkt, diese Kontakte zu unterlassen. Die Einrichtung von streng nach dem jeweiligen Status getrennten Kasinos soll die angestrebte Distanz aufbauen und stabilisieren. Die gleiche Entwicklung läßt sich in Großbetrieben beobachten.

b) Positionsbesetzung durch Personen, deren Rollensatz kein erhebliches Konfliktpotential bietet

Es ist bekannt, daß in der Industrie bei Auswahl von Spitzenkräften auch die jeweiligen Ehefrauen der Kandidaten die Entscheidung beein-

---

[18] Vgl. *Mayntz/Ziegler*, Soziologie der Organisation, in: R. König, Hrsg. (s. S. 91, Anm. 5), Handbuch 2, S. 450.

[1] Die rechtlichen Vorkehrungen gehören zu den sozialen Mechanismen. Die Überbau-Unterbau-These ist nicht überall sinnvoll. Der rechtliche Aspekt einer Situation ist nur einer von möglichen.

flussen. Dabei wird neben der Fähigkeit zur Repräsentation auch darauf geachtet, ob die Ehefrau ihren Mann vom „totalen“ Einsatz im Unternehmen zurückhalten oder ihm jedenfalls insoweit beachtliche Schwierigkeiten bereiten wird[2].

In den Vereinigten Staaten müssen für hohe Regierungsämter vorgesehene Wirtschaftsfachleute ihre Anteile an Unternehmen verkaufen, wenn die denkbare Gefahr besteht, daß „Interessenkollisionen“ etwa durch staatliche Kreditvergabe, staatliche Aufträge usw., an denen das betreffende Unternehmen interessiert ist, entstehen können.

c) Scharfe Trennung von formalen und informalen Rollen[3]

aa) Wenn im informalen Beziehungssystem ein Konflikt ausgebrochen ist, kann mit Hilfe der formalen Rolle der Konflikt überbrückt werden, so daß „dienstlich“ keine Funktionsstörung eintritt. Der Zwiespalt wirkt aber für die Betroffenen durchaus belastend und wurde bereits gewürdigt[4].

bb) Der Vorgesetzte kann sich auf die formale Rolle zurückziehen, wenn Erwartungen an ihn gerichtet werden, die er mit Rücksicht auf andere nicht erfüllen kann[5]. Das situationsbedingte formale Verhalten wird weitgehend akzeptiert, auch wenn es als Schutzfunktion und Technik der Verhinderung durchschaut wird[6].

d) Allgemein anerkannte Rangfolge der Verhaltensnormen

Durch die Rangfolge sind bereits die möglichen Kollisionsfälle vorweg entschieden. Der einzelne ist so von dem Konflikt entlastet, wenn er der sozial akzeptierten Lösung folgt. Beispielhaft haben in der Regel die Erwartungen der Eltern vor denen der eigenen Geschwister den Vorrang, die des Firmenchefs gehen denen seiner Abteilungsleiter vor usw.[7].

---

[2] Vgl. „Frankfurter Rundschau“ vom 18. Okt. 69, Nr. 242, S. 12.

[3] Vgl. dazu *N. Luhmann*, Die Gewissensfreiheit und das Gewissen, in: AöR 90 (1965), S. 257, 273 ff.; *A. Podlech*, Das Grundrecht der Gewissensfreiheit und die besonderen Gewaltverhältnisse, S. 32.

[4] Siehe o. S. 94.

[5] Vgl. dazu: *N. Luhmann*, Funktionen und Folgen formaler Organisation, S. 64, 289 f.

[6] *N. Luhmann* (s. Anm. 5); vgl. auch *M. Banton*, Roles, S. 171: Höherer Status eines Berufs hilft, mehr unpersönlich mit Klienten zu verkehren.

[7] Vgl. dazu das plastische Beispiel bei *H. P. Dreitzel*, Die gesellschaftlichen Leiden, S. 217, und allgemein *M. Sader*, Rollentheorie (s. o. S. 24, Anm. 35), S. 224.

e) Die Rollenerwartung schreibt vor, den Rollenpartner nicht in Konflikt zu bringen

Bei amerikanischen Soldaten wurde in extremen Belastungssituationen die Ausbildung eines sog. „buddy"-Systems beobachtet[8]. Danach schließen sich zwei Soldaten zu einem besonderen Beistandsverhältnis zusammen. Keiner darf etwas unternehmen, was den anderen in Konflikt zwischen den Erwartungen der Organisation und seinen Verpflichtungen als „buddy" bringen könnte. Die Meldung zu einer Patrouille ist intern nur zulässig, wenn der Soldat dies mit seinem „buddy" vorher abgesprochen hat. Bei der Bergung von Verwundeten braucht der „buddy" nicht mehr zwischen den vielen Kameraden zu wählen, sondern kann und muß, insoweit entlastet, zuerst dem „buddy" helfen.

Für zahlreiche Rollenkonflikte gibt es keine ausgearbeiteten sozialakzeptierten Lösungen. „Der Einzelne ist auf seine Lösungsprobleme isoliert[9]." Dennoch lassen sich auch in diesen Fällen Regelmäßigkeiten aufzeigen. Die möglichen Verhaltensformen in einer bestimmten Kultur sind endlich. Vollzähligkeit der Darstellung ist hier nicht möglich und auch nicht angestrebt.

2. Verteidigungsmechanismen zur Milderung von Konflikten

a) Auf rein psychisch-somatische Ebene

Durch Neutralisierung[10], Unterdrückung von Konflikten[11], Ablenkungsmanöver[12], rituelle Handlungen[13], Beruhigungsmittel[14], Entlastung durch psychosomatische Krankheit[15].

---

8 Vgl. *R. Ziegler*, Einige Ansatzpunkte der Militärsoziologie und ihr Beitrag zur soziologischen Theorie, in: R. König, Hrsg., Beiträge zur Militärsoziologie, Sonderheft 12/1968 der Kölner Zeitschrift für Soziologie und Sozialpsychologie, S. 13 f., 29, mit weiteren Nachweisen.

9 *N. Luhmann*, Funktionen und Folgen formaler Organisation, S. 67.

10 Beispielhaft beruhigten junge Delinquenten, die zwischen den Normen der Gesellschaft, ihren Bedürfnissen und den Erwartungen ihrer Subkultur stehen, den Konflikt nach der Festnahme durch Einstellungen wie: „wollte es nicht", „haben es sich selbst zuzuschreiben", „jeder nörgelt an mir herum", „tat es nicht für mich"; vgl. dazu *Sykes/Matza*, Techniken der Neutralisierung: Eine Theorie der Delinquenz, in: Sack/König, Hrsg., Kriminalsoziologie, S. 360 f.

11 Der Konflikt wird schlechthin verleugnet.

12 Die Aufmerksamkeit richtet sich auf bestimmte Ereignisse und Erwartungen und blendet subjektiv unverträgliche Forderungen — so gut es geht — aus. Vgl. dazu *T. R. Sarbin*, Role Theory, in: *Lindzey/Aronson*, Handbook of Social Psychology, Bd. 1, S. 542.

13 Handlungen, die die konfliktauslösenden Ursachen selbst nicht betreffen und sie auch nicht beseitigen, sondern nur für den Betroffenen tröstend wirken können, z. B. beten.

b) Im sozialen Verkehr[16]

aa) Zeitliche und räumliche Trennung von Rollen

Die Aufteilung der Handlungsbereiche mit je eigenen Werthierarchien ist wohl die übliche Form der Konfliktvermeidung[17]. Ehemänner sehen es meistens deshalb ziemlich ungern, wenn ihre Frauen oder Angehörige im Betrieb erscheinen und Verhaltensunsicherheit für alle Beteiligten auslösen. Neben den nicht akzeptierten Formen, „er führt ein Doppelleben", gibt es sozial voll anerkannte. Der Vater, der im Berufsleben eine Position zu vergeben hat und seine arbeitslose, nicht hinreichend dafür qualifizierte Tochter nicht einstellt, braucht sich keine Sorge um die Achtung seiner Bekannten zu machen.

bb) Flucht vor der Situation

Es kann der geographische Ort verlassen werden, aber auch der soziale, d. h. die konfliktsbelastete Position oder Schicht.

cc) Handlungsverschleierung[18]

Die entgegengesetzte Erwartung wird vor den einzelnen Rollensendern jeweils verborgen und jede wird, soweit möglich, erfüllt. Technisch geschieht das durch Errichtung von Kommunikationsbarrieren. Nicht selten haben Spitzenfunktionäre Arbeitszimmer mit mehreren Zugängen.

---

[14] Schlaf, Essen, Trinken und pharmazeutische Mittel können zeitweise die Belastung verringern oder aufheben.

[15] Sie wurden bereits bei den Folgen der Konflikte erwähnt. Siehe oben S. 102.

[16] Hierzu umfassend *R. K. Merton*, Der Rollen-Set: Probleme der soziologischen Theorie; *W. J. Goode*, Eine Theorie des Rollen-Stress; beide in: H. Hartmann, Hrsg., Moderne amerikanische Soziologie, S. 255 ff., 269 ff. Vgl. auch die Beispiele bei *M. Sader*, Rollentheorie, in: (s. S. 24, Anm. 35), Sozialpsychologie, S. 222 f.

[17] Linton führt als Beispiele die schottische Geschichte eines Mannes an, der entdeckt, daß er den Mörder seines Bruders zu Gast hat. Um seinen Konflikt zu lösen, geleitet er als Gastgeber den Mörder sicher über die Grenze des Stammesgebietes, um ihn dann — als Bruder des Opfers — in einen todbringenden Zweikampf zu verwickeln. (Vgl. *R. Linton*, Rolle und Status, in: H. Hartmann, Hrsg., Moderne amerikanische Soziologie, S. 250, 254). Bei *C. F. Meyer*, Füße im Feuer, wird der Gastgeber auf Grund des Konflikts weißhaarig und begnügt sich beim Abschied vom Mörder mit Andeutungen.

[18] Vgl. „Der Spiegel" vom 23. Sept. 1969, Nr. 39. Der Konzernchef der Ford-Werke Knudsen gab seinen Stilisten detaillierte Anweisungen für die Formgebung. Bei seinem Rundgang ließ der unterstellte Firmenchef die Details erneut ändern. Schließlich fanden die Stilisten die Lösung, beiden Chefs verschiedene Details zu zeigen.

dd) Alternierende Erwartungstreue[19]

Der Rollenträger betreibt Schaukelpolitik. Er erfüllt wechselnde Erwartungen verschiedener Rollensender.

ee) Delegierung von Aufgaben

Die weltlichen Angelegenheiten einer Kirche, etwa das umfangreiche Geldwesen der Großkirchen, entsprechen nicht ihrem „heiligen" Charakter und den konkreten Vorstellungen ihrer Mitglieder, die am Leben des Religionsstifters orientiert, u. a. die Vertreibung der Geldverleiher aus dem Tempel vor Augen haben. So werden diese Aufgaben leitend tätigen Laien, speziellen Ordensgemeinschaften oder besonders gegründeten juristischen Personen übertragen. — Der Terminplan von Spitzenfunktionären wird durch Sekretärinnen und andere Mitarbeiter vorbereitet und somit wird der Zorn der nicht berücksichtigten Gesprächspartner jedenfalls teilweise geschickt auf die Hilfskräfte abgeleitet.

ff) Handlungsverzögerung bis zur Situationsveränderung

Die Entscheidung für eine Erwartung wird solange herausgezögert, bis eine Forderung erloschen ist.

gg) Gegenseitiges Ausspielen der Gruppen mit widersprüchlichen Erwartungen

Das bekannte Wort vom „lachenden Dritten" meint diese Lösungsform.

hh) Bildung von Machtkoalitionen innerhalb des Rollensatzes

Sie erleichtern, bestimmten Erwartungen nicht zu entsprechen, da keine erheblichen Sanktionen mehr zu fürchten sind.

ii) Ausweitung des Rollensatzes

Die zusätzlichen Pflichten werden als Entschuldigungen für die mangelhafte Erfüllung anderer Pflichten angeführt. Der nicht mehr in gleichem Maße produktive Gelehrte übernimmt Verwaltungsaufgaben und sorgt sich besonders intensiv um die Ausbildung, um so sich selbst, seinen Kollegen, den Studenten, der Öffentlichkeit, das Nachlassen der an sich erwarteten Forschungstätigkeit zu begründen.

jj) Solidarisierung mit Gleichbelasteten

Die Verbindung erzeugt größeren inneren Halt, d. h. das Bewußtsein, nicht allein „persönlich" für den Konflikt verantwortlich zu sein und mildert so seine Schärfe. Auch kann die getroffene Entscheidung gegen

---

19 Vgl. *K. Holm*, Der Intra-Rollenkonflikt des Werkmeisters, in: *D. Claessens*, Rolle und Macht, S. 78 f.

eine Erwartung durch Hinweise auf entsprechende Kollegen abgesichert werden. („Jeder Vernünftige in meiner Lage würde so handeln".)

kk) Offenlegen des Konfliktes
vor allen Mitgliedern des Rollensatzes

Der Senderdruck wird schwächer, wenn die Unmöglichkeit, allen gerecht zu werden, nicht übersehen werden kann.

ll) Ausdrückliche Beschränkung
auf ein bestimmtes Rollenverhalten

Politiker geben bei öffentlichen Erklärungen gern an, ob sie nur als Minister, als Abgeordneter, als Parteimitglied oder als Privatmann sprechen, um dadurch von vornherein alle anderen Erwartungen auszuschließen.

mm) Vorübergehender Rückzug aus allen Rollenverpflichtungen (Urlaub, Klosteraufenthalt usw.)

Dadurch kann die personale Identität gestärkt werden[20]. Mit Abstand vom Tagesgeschehen ist die Integration einfacher. Gegensätze lassen sich einfacher ausklammern, verdrängen, beseitigen, wenn die Akteure der „Gegensätze" nicht unmittelbar auf ihre Ansprüche pochen können.

3. Lösung des Konflikts durch Entscheidung zwischen mehreren Erwartungen bzw. Gruppen oder Neudefinition einer Rolle

a) Die konfliktbelastete Entscheidung für eine bestimmte Gruppe oder Rollenerwartung wird erleichtert oder jedenfalls beeinflußt durch

aa) eine subjektiv festgelegte Rangfolge der Verhaltensnormen (u. a. kann eine zentrale Rolle alle anderen bestimmen)[21]

bb) die Einschätzung
- der Legitimität der Erwartungen,
- der Sanktion für Nichterfüllung
  - durch Rollenpartner
  - durch Dritte (weitere Beziehungsgruppe, Öffentlichkeit)
- der Rollenbelastung gegenüber den Vorteilen dieser Rolle (Arbeiter lehnen es häufig ab, Meister zu werden, weil die Position zu konfliktreich ist)[22].

---

[20] *H. P. Dreitzel*, Die gesellschaftlichen Leiden, S. 277, Anm. 75.

[21] Vgl. *E. K. Scheuch*, Methodische Probleme gesamtgesellschaftlicher Analyse, in: Spätkapitalismus oder Industriegesellschaft, S. 153.

[22] Vgl. *W. Kellner*, Der moderne soziale Konflikt, S. 225 f.

b) Rollenneudefinition

aa) Kombinierung von Konflikt-Rollen zu einer neuen Rolle, aus der Gegensätze eliminiert sind (Kompromiß). Hierher gehört auch die Integration der Rollen zu sinnvollem Ganzen durch Eigenleistung der Person, indem einzelne Normen immer wieder unterlaufen oder unterschiedlich akzentuiert werden[23].

bb) Neudefinition kraft Persönlichkeit des Rollenträgers, so daß konfliktreiche Sender ihre Erwartungen zum Teil abbauen, weil sie keine Chance für Erfüllung finden, aber die Beziehung zum Rollenträger nicht völlig abbrechen wollen.

Welcher dieser unvollständig dargestellten Lösungswege vom einzelnen gewählt wird, hängt von seiner Persönlichkeitsstruktur und anderen Faktoren ab, deren Erörterung aber hier nicht weiterführt[24].

---

[23] Vgl. *H. P. Dreitzel*, Die gesellschaftlichen Leiden, S. 136.

[24] Vgl. *K. Holm*, Der Intra-Rollenkonflikt des Werkmeisters, in: *D. Claessens*, Rolle und Macht, S. 87 ff.

Drittes Kapitel

Rechtliche Regelung von Rollenkonflikten

Die geschilderten Folgen von Rollenkonflikten legen ihre Berücksichtigung auch durch die Rechtsordnung nahe, zumal nicht wenige Konflikte durch ihre Regelungen bedingt sind.

Zur Darstellung der Regelungstypen muß wieder betont werden, daß Vollständigkeit nicht erreicht und auch nicht angestrebt wurde. Es sollen nur erkennbare Grundzüge herausgearbeitet werden.

Die eingeführten Typen beanspruchen nicht, reine Grundformen zu sein, die keiner analytischen Zergliederung mehr fähig wären. Durch eine letzte Aufteilung würde insgesamt die Vielfalt und Eigenart der vorgefundenen Regelungen verloren gehen. So wurden unterschiedliche Aspekte der jeweiligen Normen zum Anlaß genommen, verschiedene Regelungstypen aufzustellen. Die einzelnen Konfliktsregelungen ließen sich nicht allein gesondert nach der Motivation des Gesetzgebers anführen*, denn meistens tragen eine Regelung viele Gründe, und damit würde die Darstellung unnütz anschwellen.

Hier wurde ein Mittelweg gewählt. Gesetzesmotivationen werden daher schon bei der notwendig knappen Darstellung angeführt, um die jeweiligen Vorschriften leichter verständlich zu machen. Daran schließt sich eine zusammenfassende Würdigung an, die auch die rein sozialen Lösungsmechanismen einschließt.

§ 10 Darstellung

1. Anordnung ausschließlicher Unvereinbarkeit

a) „Öffentliche" Rollen

aa) „Neutrale" Spitzenfunktionsträger

Umfassende Inkompatibilitäten sind für die Rollen des Bundespräsidenten, der Richter des Bundesverfassungsgerichtes und des Wehrbeauftragten vorgesehen.

---

* Eine derartige Untersuchung in Anlehnung an die jeweiligen Rechtszwecke hat *W. Weber*, Parlamentarische Unvereinbarkeiten, in: AöR 58 (1930), S. 161 ff., geleistet. Vgl. die Kritik zu diesem Vorgehen bei *G. Sturm*, Die Inkompatibilität, S. 8, 10, 11.

Art. 55 GG begrenzt die Tätigkeit des Bundespräsidenten nahezu auf sein Amt. Ihm ist die Mitgliedschaft in der Bundesregierung und in den gesetzgebenden Körperschaften des Bundes und der Länder versagt, da ihm im Funktionensystem der Verfassung die Aufgabe eines „pouvoir neutre" zugewiesen ist. Seine Möglichkeit, integrierend zu wirken, hängt im hohen Maße davon ab, ob alle divergierenden Kräfte Vertrauen zu ihm gewinnen können. Daher ist Distanz zu allen Staatsorganen und politischen Gruppen geboten. Entsprechend wird Art. 55 Abs. 1 GG weit ausgelegt. Auch die Zugehörigkeit zu allen kommunalen, wirtschaftlichen Vertretungskörperschaften ist untersagt[1/2]. Ob ein politisches Ehrenamt mit der Präsidentenrolle vereinbar ist, hängt von der jeweiligen Beurteilung ab, inwieweit sie den Verdacht einer Parteilichkeit des Präsidenten nähren könnte[3]. Wegen des leicht gefährdeten Außenbildes ist von einer im Einzelfall widerlegbaren Vermutung gegen die Zulässigkeit der Übernahme politischer Ehrenämter auszugehen. Umstritten ist weiter die Parteizugehörigkeit des Präsidenten. Die bisher übliche Rekrutierung der Präsidenten aus den Reihen ihrer Parteien ist von der Verfassung durch den Wahlmodus gebilligt, und es besteht auch in der breiten Bevölkerung eine relative Kenntnis über die politische Herkunft und Zugehörigkeit des Präsidenten. Eine Pflicht zum Parteiaustritt wird daher einhellig abgelehnt[4]. Dennoch hilft m. E. bei Amtsübernahme auch die Ablegung der nominellen Parteizugehörigkeit dem Bürger, das Bild eines politisch engagierten, aber dennoch nur der gesamten Bevölkerung verpflichteten Staatsrepräsentanten aufzubauen, dem er ein gewisses Vertrauen entgegenbringen kann und so die mittelbare Verbindung zur Gesamtbevölkerung ermöglicht wird.

Ein staatliches Amt soll nicht zu unangebrachtem hoheitlichem Gebahren verleiten, das jegliche Verbindung zu der begrenzten Auftragserteilung durch den Bürger vermissen läßt, es soll aber auch nicht der Eindruck entstehen, als wenn Rollensender allein die nicht allgemein repräsentative jeweilige Machtgruppe ist, die nur zur bloßen „Besetzung" der staatlichen Rolle „befugt" war.

Befremden erweckte daher ein Vorfall im kommunalen Bereich, bei dem der vom Rat der Stadt gewählte Polizeipräsident vor Parteigremien seine Amtsführung rechtfertigen sollte und seine Abwahl gefordert wurde. Wohl haben wir eine Parteiendemokratie[5], aber die Ebene des Staates, die ohne falschen Harmonie- und Neutralitätsglauben

---

[1/2] So: *Maunz/Dürig/Herzog*, Grundgesetz, Art. 55 GG, Rdnr. 2, 3; *v. Mangoldt/Klein*, Das Bonner Grundgesetz, Bd. 2, Art. 55, Anm. III 2 c.

[3] In diesem Sinn: *G. Sturm* (s. Anm. 1), S. 72.

[4] Vgl. *v. Mangoldt/Klein* (s. Anm. 3), Bd. 2, Art. 55 GG, Anm. III 2 c mit w. Nachweisen.

[5] *G. Leibholz*, Der Strukturwandel der modernen Demokratie, S. 123 ff.

eine breitere Berücksichtigung aller Interessen gewährleistet oder es jedenfalls kann[6], und die Ebene der Parteien sind deshalb noch nicht gleichgeschaltet.

Nach Art. 55 Abs. 2 GG darf der Bundespräsident kein anderes besoldetes Amt, kein Gewerbe, keinen Beruf ausüben und weder der Leitung noch dem Aufsichtsrat eines auf Erwerb gerichteten Unternehmens angehören. Dadurch wird der spezifische Status des Bundespräsidenten vor der Beeinträchtigung durch andere wie der eines („auf Gewinn gerichteten") Gewerbes geschützt. Weiter soll die Gefahr jeglicher Interessenkollision, jeder Verdacht wirtschaftlicher oder beruflicher Abhängigkeit beseitigt und zum anderen sichergestellt werden, daß der Präsident seine ganze Kraft der Ausführung der zugewiesenen Rolle — im Sinne seines Diensteides, Art. 56 GG — widmet[7].

Eine besondere Neutralität und durch Sanktionen ungesicherte Autorität haben auch die Richter des Bundesverfassungsgerichtes[8] zu wahren. Aus funktionellen Gründen ist ihnen in gleichem Umfang wie dem Bundespräsidenten die Mitgliedschaft in politischen Organen des Bundes und der Länder versagt (Art. 94 Abs. 1 Satz 3 GG, § 3 Abs. 2 Satz 1 BVerfGG). Damit wird der Gewaltentrennung, die voll wirksam erst durch die „subjektive Gewaltenteilung"[9] (Verhinderung von Personalunion) ist, Rechnung getragen. So werden von Verfassungsgeber, Staatsrechtslehre und politischer Praxis die sonst unvermeidlichen Rollenkonflikte der Funktionsinhaber vermieden, die andernfalls zu Lasten der Freiheit des einzelnen und des Interesses der Allgemeinheit an einer „sauberen" Rollenausführung gehen würden.

Das jeweils von den Verfassungen entworfene und in der Regel durch die Praxis modifizierte System von Hemmungen und Kontrollen poli-

---

[6] Von dem Trugbild des „neutralen" Staates (Staat als Herrschaftsapparat) wird von vornherein nicht ausgegangen. Aber die größere Diversifikation unter den Rollensendern kann dem Amtsträger auch gegenüber den Parteileuten mehr Rückhalt geben. So werden die Parteigremien mit Ausübung von Druck zur Durchsetzung ihrer speziellen Interessen vorsichtiger sein, wenn der durch die Partei ins Amt „getragene" Beamte allgemein und fachlich anerkannt ist usw.

[7] Dazu und zur strengen Handhabung des Art. 55 GG im einzelnen: *G. Sturm* (s. Anm. 1), S. 75.

[8] Hinsichtlich der Landesverfassungsgerichte vgl. ausführlich: *G. Sturm* (s. Anm. 1), S. 75.

[9] Vgl. *Montesquieu:* „Alles wäre verloren, wenn ein und derselbe Mann bzw. die gleiche Körperschaft entweder der Mächtigsten oder der Adligen oder des Volkes folgende drei Machtvollkommenheiten ausübte: Gesetze erlassen, öffentliche Beschlüsse in die Tat umsetzen, Verbrechen und private Streitfälle aburteilen." Und: „Sobald in ein und derselben Person ... die legislative Befugnis mit der exekutiven verbunden ist, gibt es keine Freiheit." *Montesquieu,* Vom Geist der Gesetze, XI. Buch, 6. Kapitel, S. 212; zur „subjektiven Gewaltenteilung" noch: *M. Imboden,* Montesquieu und die Lehre der Gewaltentrennung, S. 11 f.; historischer Überblick bei *G. Sturm,* Die Inkompatibilität, S. 23 ff.

tisch einflußreicher Funktionen hat ein angepaßtes System von Inkompatibilitäten zur Folge, das auch nach außen die Eigenart der von den Verfassungen gewollten politischen Kräfteverteilung ausdrücklich manifestiert[10]. Die Wirkungen der Gewaltenteilung decken sich hier[11] mit dem von Weber[12] herausgestellten prozeß- und gerichtsverfassungsrechtlichen Prinzip der personellen Unterschiedenheit von Partei- und Richterstellung. Um den notwendig hohen Status der Richter nicht zu gefährden, jeden Anschein einer naheliegenden Parteilichkeit zu verhindern und die Arbeitskraft der Richter ganz auf ihr Amt zu lenken, ist den Richtern jede andere berufliche Tätigkeit, ausgenommen die eines Rechtslehrers an einer Hochschule, untersagt (§ 3 Abs. 4 Satz 1 BVerfGG).

Der Wehrbeauftragte des Bundestages ist als Hilfsorgan des Parlamentes eingerichtet (Art. 45 b GG). Da ihm aus politischen Erwägungen heraus aber nur geringe Eingriff- und Anordnungsbefugnisse gegeben werden, kann seine Amtsführung weitgehend nur dann wirksam sein, wenn es ihm gelingt, das Vertrauen seiner Rollensender: Soldaten und ihre Vorgesetzten, Bundestag, Verteidigungsministerium und schließlich der Öffentlichkeit zu gewinnen. Eine gewisse Unterstützung leistet ihm dabei die weitgefaßte Inkompatibilitätsregelung des § 14 Abs. 3 des Gesetzes über den Wehrbeauftragten des Bundestages.

Danach wird seine Neutralität und Unabhängigkeit als Kontrollorgan durch die Versagung politischer Funktionen entsprechend der Regelung bei den Bundesverfassungsrichtern proklamiert, und im nichtpolitischen Bereich sind die Beschränkungen denen des Bundespräsidenten nach Art. 55 Abs. 2 GG angeglichen. Nach § 14 Abs. 5 des Gesetzes über den Wehrbeauftragten des Bundestages ist der Wehrbeauftragte für die Dauer seines Amtes vom Wehrdienst befreit. Diese Regelung soll zur konkreten persönlichen Konfliktvermeidung beitragen.

Ähnlich umfangreich sind weiter die Unvereinbarkeiten der Mitglieder der Rechnungshöfe des Bundes und der Länder. Neben der funktionellen politischen Inkompatibilität (vgl. § 12 BRHG und die unterschiedlichen Regelungen der Länder) werden die Mitglieder der Rechnungshöfe

[10] Vgl. hierzu: *W. Weber* (s. Anm. 1), S. 161, 254.

[11] Unter Gewaltenteilung wird hier das gesamte System von Hemmungen und Kontrollen staatlicher Funktionen verstanden. Eine Aufteilung in vertikale und horizontale Ebenen erleichtert nur die bessere Anschauung. Damit ist gemeint, daß auch Funktionen der vertikalen jene auf der horizontalen blockieren können. — (Vgl. zuletzt dazu *N. Achterberg*, Probleme der Funktionenlehre, S. 109 f., 112.) — Die Mitgliedschaft beim Bundesverfassungsgericht ist auch deshalb unvereinbar mit der Zugehörigkeit zu legislativen und exekutiven Landesorganen. Vgl. auch BVerfGE 18, 172, 183: Gemeindebeamter und Bundestagsabgeordneter — unvereinbar; ablehnend *G. Sturm* (s. Anm. 1), S. 82.

[12] *W. Weber* (s. Anm. 1), S. 161, 191 ff.

durch die Verleihung der richterlichen Unabhängigkeit von sachfremden Einflüssen und Konfliktquellen abgeschirmt. Auch hier paßt zudem als „Rechtsmotiv" die personelle Trennung von Parteistellung und Richteramt[13].

bb) „Politische" Spitzenfunktionsträger

Von den staatlichen Spitzenfunktionen wurden bisher Regelungen angezogen, die auch eine gewisse Neutralität des Rollenträgers garantieren wollen. Bei den Rollen des Bundeskanzlers und seiner Minister entfällt notwendig dieser Zweck. Die wenigen ausdrücklich geregelten politischen Unvereinbarkeiten deuten darauf hin, daß hier entweder durch die politische Praxis das Zweckmäßige an Regelungen erst herauskristallisiert werden sollte oder daß eben eine Verbindung der Bundesregierung mit anderen politischen Kräften geradezu erwünscht ist.

Aus Art. 55 Abs. 1 und 94 Abs. 1 GG folgt, daß Mitgliedschaft in der Bundesregierung und das Amt des Bundespräsidenten oder das eines Richters am Bundesverfassungsgericht unvereinbar sind.

Nach § 4 BMinG können Mitglieder der Bundesregierung nicht auch einer Landesregierung angehören. Daraus ergibt sich eine Unvereinbarkeit für die Zugehörigkeit zur Bundesregierung und zugleich zum Bundesrat[14], denn dem Bundesrat gehören Mitglieder der Landesregierung an. § 4 BMinG ist so eine Konkretisierung des föderativen Prinzips.

Eine ungeschriebene Inkompatibilität innerhalb der Bundesregierung nimmt Plaum[15] unter anderem zwischen den Ämtern des Bundeskanzlers, seines Stellvertreters und dem des Finanzministers an. Die Verfassung räume dem Kollegialprinzip (Art. 65 Satz 3 GG) einen gewissen Rang ein, und der Finanzminister sei durch ausdrückliche Regelungen mit besonderen Einwirkungsmöglichkeiten ausgestattet. Nach Art. 112 GG ist seine Zustimmung zu Haushaltsüberschreitungen erforderlich, nach § 21 Abs. 3 RHO kann der Finanzminister in dem Fall widersprechen, daß die Regierung eine Ausgabe oder einen Vermerk in den Haushaltsplan einzustellen beschließt, nach § 22 Abs. 1 GeschOBReg kann der Minister in einer Frage von finanzieller Bedeutung Widerspruch einlegen, der praktisch nur durch die Mehrheit der anderen Bundesminister und des Bundeskanzlers umgangen werden kann.

---

[13] *W. Weber* (s. Anm. 1), S. 197 f.

[14] *G. Sturm* (s. Anm. 1), S. 86.

[15] *W. Plaum*, Inkompatibilitätsprobleme bei der Bildung bzw. Umbildung der Bundesregierung, in: DVBl 58, 452 ff.

Sturm[16] wendet gegen die Annahme einer naheliegenden Unvereinbarkeit ein, daß die Machtkonzentration beim Bundeskanzler schon durch die Richtlinienkompetenz gegeben sei und es außerdem bei wirtschaftlichen Krisen von Nutzen sein könne, die Ämter des Bundeskanzlers und Finanzministers zusammenzulegen. Im übrigen werde das Grundgesetz, dem eine Inkompatibilität nicht zu entnehmen sei, durch die Auslegung an Hand der einfachen „Gesetze" (RHO, GeschOBReg) überstrapaziert.

Das juristisch-technische Argument überzeugt nicht. Wie das Kollegialprinzip des Art. 65 Satz 3 GG auszulegen ist, ergibt sich ja erst auch durch die Ausgestaltung des Zusammenspiels der Regierungsfunktionen. Das allgemeine Prinzip ist insoweit noch recht offen oder „leer". Dagegen läßt sich durch Art. 112 GG, § 21 Abs. RHO, § 22 Abs. 1 GeschO-BReg eine sinnvolle Rollenzuweisung ausmachen. Durch die Rollenverteilung soll vermieden werden, daß sachlich erhebliche Gesichtspunkte allzu leicht durch eine aktuelle politische Notwendigkeit verdrängt werden. Bei einer Personalunion läge die Gefahr zu geringer Einschätzung von finanziellen Sachproblemen wegen der dominierenden Kanzlerrolle nahe. Das Vetorecht des Finanzministers wird also nicht durch eine gewollte Verringerung der Machtkonzentration getragen, sondern ist durch das funktionelle Zusammenspiel von vornehmlich politischer Entscheidungsgewalt und Berücksichtigung von auch politischen Sachfragen bedingt. Erweist sich ein Finanzminister in Krisen als zu unbequem, ist eine schnelle Neubesetzung dieses Amtes vom Kanzler leicht durchzuführen. Der von Plaum[17] herausgearbeiteten Unvereinbarkeit ist daher zuzustimmen.

Neben diesen Inkompatibilitäten ist den Mitgliedern der Bundesregierung eine weitere Verflechtung mit dem politischen Leben offengelassen. Der Bundeskanzler kann so Parteivorsitzender sein, dies ist schon wegen der leichteren Durchsetzung seiner politischen Absichten und denen der Partei geboten[18]. Die Minister können eine nichtberufliche ehrenamtliche Aufgabe wie die eines Verbandsspitzenfunktionärs übernehmen[19], wenn es auch aus optischen Gründen nicht besonders zu empfehlen ist.

---

16 *G. Sturm* (s. Anm. 1), S. 88 f.

17 *W. Plaum* (s. Anm. 15). Auf die weiter — allerdings weniger überzeugend — von ihm angenommenen Unvereinbarkeiten innerhalb der Regierung kann im Rahmen dieser Arbeit nicht eingegangen werden.

18 Vgl. „Die Zeit" v. 13. Febr. 1970, S. 3: Der Kanzler und die Gazetten, „Sie sind ein Doppelwesen: Regierungs- und Parteichef. Meinen die Teile der Publizistik, die besonders kritisch mit Ihnen umgehen, mehr den Bundeskanzler oder mehr den SPD-Vorsitzenden?" Antwort: „Ich glaube, die halten das nicht auseinander. Würde das auch nicht tadeln. In einer parlamentarischen Demokratie kann man das nicht auseinanderhalten."

19 Vgl. *G. Sturm* (s. Anm. 1), S. 87.

Nicht politische Unvereinbarkeiten, die in etwa denen des Bundespräsidenten in Art. 55 Abs. 2 GG gleichkommen, sind für die Mitglieder der Bundesregierung in Art. 66 i. V. m. § 5 BMinG angeordnet. Diese Inkompatibilitäten sollen in erster Linie eine Teilung der Arbeitskraft[20], eingeschlossen die für die sonst notwendig aufzubringende psychische Energie für die Entscheidung zwischen den verschiedenen Rollenpflichten[21] verhindern, und zum anderen von vornherein Rollen ausschließen, deren Anforderungen eine funktionsgerechte, „saubere" Hauptrollenausführung beeinträchtigen könnte. Als Nebenzweck ist wieder eine bloße Statusabsicherung gegen „niederwertige" Rollen, die das Gesamtbild beeinflussen könnten, anzunehmen. Der erreichte hohe Status erleichtert im übrigen, Forderungen zurückzuweisen[22].

Eine „rechtssoziologische" Würdigung erfährt Art. 66 GG bei Köttgen[23]. Diese Norm gehöre zum Statusrecht, das durch eine Tendenz zur Ausschließlichkeit gekennzeichnet sei. Sie erkläre sich durch die mit jeder Statusakkumulierung gegebenen Möglichkeit eines personenrechtlichen Konflikts. Eine lediglich funktionelle Interpretation des Art. 66 GG sei daher unzureichend. Der Statusgedanke führe zwingend zu bestimmten Inkompatibilitäten, und er sei daher grundlegend. Status ist nach Köttgen wesensmäßig keine zweckrationale Kategorie, der man sich im Interesse beliebiger Ziele bedienen könne. Die administrativen Interessen des modernen Verwaltungsstaats würden zu einer Quelle instrumentaler Pervertierung ursprünglich wertverhafteter Ordnung[24]. Ohne ein rangverleihendes Statusrecht sei auch keine Repräsentation möglich, deren Vorbedingung die Duplizität von Regierenden und Regierten sei[25].

Von diesem Standpunkt ist es begreifbar, wenn Köttgen erfreut auf Regelungen verweist, die im Gefüge der egalitären Demokratie Ausnahmen von der allgemeinen Reduzierung auf den Fundamentalstatus des Menschen oder des Bürgers zu sein scheinen. Er befürchtet allerdings, diese Regelungen würden nur als unwesentliche Variante des Dienstrechtes eingestuft werden[26].

Auf die wesensmäßige Komponente ist hier nicht einzugehen, denn über einen unreflektierten Wertevollzug erübrigt sich die Diskussion[27].

---

[20] Vgl. *G. Sturm* (s. Anm. 1), S. 91.

[21] Vgl. die einführende Darstellung über die Rollenkonflikte, insbesondere über die Folgen, s. o. S. 102 ff.

[22] Siehe die allgemeine Darstellung, oben S. 106, insbesondere Anm. 6.

[23] *A. Köttgen*, Abgeordnete und Minister als Statusinhaber, in: Gedächtnisschrift für Walter Jellinek, S. 210 f.

[24] So: *A. Köttgen* (s. Anm. 23), Statusinhaber, S. 215.

[25] So: *A. Köttgen* (s. Anm. 23), Statusinhaber, S. 214.

[26] So: *A. Köttgen* (s. Anm. 23), Statusinhaber, S. 219.

[27] z. B. sind Familie und Ehe keinem ausschließlich irrationalen Ver-

Das Moment der Ausschließlichkeit auch zur Verhinderung personenrechtlicher Konflikte wurde schon in den Grundzügen über das Verhältnis von Rolle und Recht gleichfalls als charakteristisch für ein Statusrecht angedeutet[28]. Dennoch ist Köttgens Klassifizierung insgesamt hier nicht glücklich. Die Ausschließlichkeit des heutigen Staatsrollenträgers ist auf seinen „unpersönlichen" Bereich begrenzt[29]. Es gibt keine erbliche Weitergabe der Rollen, die Dauer der Übernahme ist terminiert, zudem ist eine Wahl Voraussetzung der Rollenbesetzung. Die strukturell bedingte nur flüchtige Außenidentifizierung von bereitgestelltem „Status" i. S. Köttgens mit dem jeweiligen Inhaber macht den Unterschied zum herkömmlichen Statusrechtsverständnis, wie es einführend durch die Schilderung des Ständestaates durch Jakob Burckhardt vermittelt wurde, besonders deutlich.

Mit der Erhaltung des ranghohen Außenbildes schließlich, — sozialer Status —, der Sicherung der Integration aller Teilbilder zu einer homogenen (Fremd-)Identität, ist der Sinn des Art. 66 GG und der §§ 4, 5 BMinG nicht genügend erfaßt. Die soziale Statusabsicherung ist nur Nebenzweck und in diesem Sinne auch funktional zu deuten.

Dem funktionellen Verständnis der Spitzenämter entspricht es, zu ihrer Charakterisierung auch die funktionelle Kategorie, die Rolle und nicht den Status zu benutzen. Mit dem aus funktionellen Gründen begrenzten Rollenhaushalt des Bundeskanzlers usw. ist der zu kennzeichnende Sachverhalt hinreichend beschrieben. Auch ist damit die dem Rollenverständnis geläufige Assoziierung einer Rollenkonfliktvermeidung erreicht.

Zu überdenken ist noch die Frage, ob Mitglieder der Bundesregierung zugleich Mitglieder des Bundestages sein können. Formal ließe sich dagegen anführen, daß die Rollen des Kontrollierenden und Kontrollierten, des Objekts und Subjekts parlamentarischer Abstimmungen notwendig getrennt sein müßten[30]. Nach dem parlamentarischen Regierungssystem, das durch die verfassungsmäßige Anerkennung der Einrichtung der Parteien (Art. 21 GG) eine auch äußerlich dokumentierte Färbung erhalten hat, erweist sich der dem angeführten Sprachgebrauch nach zu vermutende Rollenkonflikt als nicht existent. Bundesregierung

ständnis — so aber wohl *Köttgen* (s. Anm. 23, S. 215) — vorbehalten, sondern lassen sich rational einsehbar deuten (vgl. den Versuch *N. Luhmanns*, Grundrechte als Institution, S. 103 ff.). Daß ein Spielraum für Irrtümer und Verbesserung der jeweiligen Theorien bleiben muß, bedarf vom neopositivistischen Ansatz her keiner Erläuterung.

28 Siehe o. S. 33, 36.

29 Die normativ vorgesehene Ausdehnung der beruflichen Rollenerwartungen auf das gesamte Leben des Rollenträgers findet heute zunehmende Ablehnung.

30 Vgl. *W. Weber* (s. Anm. 1), S. 161, 180 ff.

und die sie tragende(n) parlamentarische(n) Fraktion(en) stehen sich im Gesetzgebungsverfahren nicht gegenüber, sondern sind in der Regel gemeinsam an der Durchsetzung des Gesetzgebungsvorhabens gegenüber der parlamentarischen Opposition und den mit öffentlicher Meinung, insbesondere der Presse, angesprochenen sonstigen gesellschaftlichen Kräften interessiert. Die klassische Frontenstellung, an die Montesquieu noch gedacht hat, ist modifiziert. Das Gewaltenteilungsprinzip, das seiner „reinen" Gewalt nach in keiner Verfassung je konkretisiert wurde, wird durch das parlamentarische Regierungssystem nicht „durchbrochen", sondern der dem Prinzip zugrunde liegende Gedanke erhält eine mit dem Regierungssystem vereinbare differenzierte Ausgestaltung[31].

Während also bei den Abstimmungen die Teilnahme der Regierungsmitglieder als Abgeordnete sinnvoll ist, ist dagegen eine führende Rolle der Minister im Vorfeld der Gesetzesberatung durch das Parlament und bei der Würdigung der Regierungspolitik nicht tragbar. Durch die Zuweisung der Gesetzesvorlage der Bundesregierung an den Bundestag soll eben eine neue Prüfung erfolgen. Dies ist nur bei personell anders besetzten Rollen garantiert, denn der interessierte Ressortminister würde als Ausschußvorsitzender vermutlich die Vorlage mit den gleichen Argumenten wie die Bundesregierung verteidigen und die anderen Ausschußmitglieder entsprechend zu beeinflussen suchen. Gegen eine grundsätzliche Verflechtung der Minister mit der politischen Basis im Parlament ist nichts einzuwenden. Der Kreis der Rollensender wird dadurch auch farbiger. Der Minister begreift eher die Rücksichten, die ein einfacher Abgeordneter nehmen muß und kann daher das politisch Mögliche leichter einkalkulieren und insgesamt seiner politischen Führungsaufgabe besser gerecht werden. Nur wenn ein anderes Raster beim Durchsetzen politischer Entscheidungen zum Tragen kommen soll, ist auch personelle Rollentrennung geboten. Um diese möglichen anderen Raster generell nach außen hin sichtbar zu machen, sind alle Repräsentationsämter der Fraktionen mit regierungsfremden Abgeordneten zu besetzen[32].

cc) Parlamentsabgeordnete

Auch den Abgeordneten, der nicht zugleich Bundesminister ist, engen geschriebene und ungeschriebene Inkompatibilitäten ein. Nach § 2 GeschOBRat ist das Doppelmandat, die Zugehörigkeit zum Bundestag und zugleich zum Bundesrat, nicht gestattet. Die rechtliche Qualifizierung der Geschäftsordnungen ist umstritten. Nach wohl herrschender

---

[31] Vgl. K. *Hesse*, Grundzüge des Verfassungsrechts, S. 178 ff., 181.

[32] Ein denkbar schlechtes Beispiel auf Länderebene lieferte Dr. Huber während der 5. und 6. Wahlperiode des Bayerischen Landtages. Er bekleidete sowohl das Amt des Fraktionsvorsitzenden als auch das eines Kultusministers.

Auffassung[33] sind es autonome Satzungen, während die Mindermeinung[34] in ihnen Rechtsverordnungen sieht. Für den Rechtssoziologen ist diese Frage ohne Gewicht. Entscheidend ist nur, ob die Norm überhaupt noch der Rechtsordnung im weitauszulegenden Sinne angehört und ob sie Beachtung findet, gilt. Das ist hier der Fall.

Auf § 2 GeschOBRat abzustellen, ist im Grunde nicht nötig. Denn nach herrschender Meinung und politischer Praxis wird eine ungeschriebene — aber von gleicher rechtlicher Wirkung wie eine geschriebene — verfassungimmanente Unvereinbarkeit der beiden Mandate angenommen[35]. § 2 GeschOBRat hat deshalb nur deklaratorische Bedeutung.

Die ungeschriebene Inkompatibilität beruht auf dem „gewaltenhemmenden und kontrollierenden" Funktionensystem. Die „bremsende" und zur Einblendung weiterer Argumente führende Verschränkung föderalistischer und unitarischer Kräfte im Gesetzgebungsverfahren würde andernfalls leicht unterlaufen werden, da die Mitglieder des Bundesrates zugleich Landesminister sind.

Eine praktisch zwar nicht relevant gewordene These, die das Doppelmandat bejaht und ihre Widerlegung, erleichtert die differenzierte Betrachtung der möglichen Inter-intrarollenkonflikte des Mandatsträgers.

Nach Krüger[36] entscheidet über die Zulässigkeit eines Doppelmandats, ob die potentielle Verschiedenheit der Willensbildung in beiden Versammlungen gesichert sei. Im Bundestag werde auf Grund freier Überzeugung, im Bundesrat weisungsgemäß entsprechend dem Kollektivbeschluß der jeweiligen Landesregierung abgestimmt. Derselbe Landesminister könne also ohne weiteres im Bundestag ein anderes Votum abgeben als im Bundesrat. Für die Ausübung des Doppelmandats fordert Scupin[37] als Voraussetzung allein, daß sich der Träger der beiden Rollen nur über ihre Verschiedenartigkeit klar sein müsse und Küster[38] verweist vertrauensvoll auf das „Gesetz der Stelle", nach dem

---

33 Vgl. *Maunz/Dürig/Herzog*, Grundgesetz, Art. 40 GG, Rdnr. 21 mit w. Nachweisen; vgl. auch BVerfGE 1, 153: „bloße Verfahrensordnung".

34 *Seifert/Geeb*, Das Deutsche Bundesrecht, I A 10, S. 140 a („Rechtsnormen besonderer Art"); *R. Altmann*, Zum Rechtscharakter der Geschäftsordnung des Bundestages, in: DÖV 56, 751 ff.

35 *Maunz/Dürig/Herzog*, Grundgesetz, Art. 51 GG, Rdnr. 19 mit w. Nachweisen.

36 *Hildegard Krüger*, Gibt es eine Inkompatibilität für die Mitglieder der Gesetzgebungsorgane nach dem Grundgesetz?, in: ZgesStW 106 (1950), S. 700, 715 ff. im Anschluß an *W. Weber* (s. Anm. 1), S. 161, 186 ff.

37 *Scupin*, Das Bonner Grundgesetz, Art. 51 GG, Erl. II 2.

38 *O. Küster*, Das Gewaltenproblem im modernen Staat, in: AöR 75 (1949), S. 397 ff.

die „Stelle“ verhältnismäßig schnell zwei Seelen in einer Person hervorzubringen wisse.

Die soziologische Darstellung des Rollenkonfliktes lehrt, daß sich (tatsächliches) Verhalten mit derartigen pauschalen Annahmen nicht einfangen läßt. Das Verhalten im Rollenkonflikt ist abhängig von den jeweiligen Rollensendern und der Persönlichkeit des Rollenträgers. Die Persönlichkeitsvariable soll hier vernachlässigt werden, da die klar definierten Abstimmungssituationen keinen der geschilderten Vermeidungsmechanismen gestatten, und Parlamentarier wie Thomas Dehler und Adolf Arndt sind rar.

Die „weisungsfreie“ Abstimmung des Mitgliedes der Landesregierung im Bundestag ist, Sturm[39] folgend, Fiktion. Denn einerseits wirkt der Landesminister als Mitglied seiner Regierung zumeist an dem Beschluß mit, der dann sein Verhalten im Bundesrat bestimmt[40]. Diese Mitwirkung im Kollektiv führt regelmäßig zu dem „inneren Wunsch“, sich auch loyal gegenüber dem Kollektiv zu verhalten. „Außen“ ist der Landesminister meistens durch entsprechende Ministergesetze zur Loyalität gegenüber der Politik seiner Regierung verpflichtet. Häufig wird Bundesratsmitgliedern auch ein gewisser Spielraum eigener weisungsfreier Entscheidung eingeräumt, so daß die Willensbildung und Stimmabgabe in beiden Organen ohne besonderen Druck gleich ausfallen wird[41]. Damit würde aber die vom Grundgesetz gewollte Verschiedenheit der institutionellen Raster im Gesetzgebungsverfahren ausgehöhlt.

Vernachlässigt wurde der Einfluß der jeweiligen Parteinormen, die von der Bundes- und Landeszentrale sowie der Parteiorganisation des Wahlkreises ausgehen. Dem Bundestagsabgeordneten wird der Bundesvorstand der Partei — schon räumlich — näher stehen, als die Parteiorganisation seines Wahlkreislandes. Das nur „delegierte“ Bundesratsmitglied wird dagegen mehr auf die Parteisender seines Landes Rücksicht nehmen. Eine „gespaltene“ Entscheidung des Doppelmandatsträgers würde also nur bei einer Divergenz der Normen der Parteizentralen des Bundes und der Länder begünstigt werden. Das kann vorkommen, aber der Regelfall ist es wohl nicht.

Auch für die Mitglieder der Landesregierungen, die nicht dem Bundesrat angehören, ist eine stillschweigende Vereinbarkeit anzunehmen.

---

39 *G. Sturm* (s. Anm. 1), S. 105 ff.

40 Vgl. *Maunz/Dürig/Herzog*, Grundgesetz, Art. 51 GG, Rdnr. 19; *Partsch/Genzer*, Inkompatibilität der Mitgliedschaft in Bundestag und Bundesrat, in: AöR 76 (1950), S. 186 ff.

41 Vgl. *D. Tsatsos*, Die Unzulässigkeit der Kumulation von Bundestags- und Bundesratsmandat. Die Rechtsproblematik einer lex imperfecta des Bonner Grundgesetzes, in: Recht und Staat in Geschichte und Gegenwart, Heft 310/311, S. 38 ff.

Denn einmal beeinflussen sie die Willensbildung im Bundesrat durch ihre Mitwirkung am Kabinettsbeschluß, der die Weisung für die Vertreter der Landesregierung im Bundesrat festlegt. Zum anderen kann die Bundestagsfraktion, der sie angehören, eine andere politische Haltung einnehmen als ihre Landesregierung. Loyalität zur Landesregierung, die ihnen meist wichtiger sein wird, und deren Politik sie zu repräsentieren haben und andererseits der Fraktionszwang bringen sie so in einen kaum lösbaren Rollenkonflikt[42]. Weiter sind diese Landesminister nach Art. 51 Abs. 1 Satz 2 GG geborene Vertreter der ordentlichen Bundesratsmitglieder[43], so daß hier wieder die schon erörterten Gründe für eine Unzulässigkeit des Doppelmandats eingreifen. Um die drohenden Rollenkonflikte und die unerwünschte praktisch unumgängliche Gleichschaltung der Rollen zu vermeiden, ist die Annahme einer Unvereinbarkeit wohl die beste Lösung.

Weder ausdrücklich noch durch ungeschriebenes Gesetz ist die gleichzeitige Zugehörigkeit zum Bundestag und zu einem der Landtage geregelt. Aus „rein juristischen" Gründen käme das föderalistische Prinzip und mit ihm verbunden der Gedanke der Gewaltenteilung als Begründung einer Inkompatibilität in Betracht. Die nähere Ausgestaltung der staatlichen Ebenen Bund - Länder zeigt aber, daß personelle Verschränkung von Bundes- und Länderorganen[44] in einem gewissen Ausmaß mit dem föderalistischen Prinzip vereinbar ist.

Sturm[45] würdigt die Überbeanspruchung eines Politikers durch zwei Mandate, die insgesamt die parlamentarische Leistungskraft beeinträchtigen können, allein als nur politologischen an der Zweckmäßigkeit orientierten Gesichtspunkt, aber nicht als juristisches Argument. Es sei daher nur am Rande zu beachten. Mit derartigen Selbsteinschränkungen verbaut sich der Jurist die Chance, bei gewichtigen Entscheidungen den (legitimen) Einfluß zu wahren, der ihm bisher noch zukam. Die Effektivität eines Systems kann durchaus ein rechtlicher Gesichtspunkt sein[46]. Sturm[47] sieht doch auch z. B. einen Zweck des Art. 55 GG in der Konzentration der Arbeitskraft des Bundespräsidenten auf sein Amt. Gerade wenn „rein" rechtliche Argumente nicht eindeutig eine bestimmte Entscheidung nahelegen, sollte der Jurist dankbar sein, die bisherigen Gründe durch Argumente bereichern zu können, die die empirischen Sozialwissenschaften liefern[48]. Damit ist ihm eine über-

---

42 Vgl. *G. Sturm* (s. Anm. 1), S. 106.

43 So *Maunz/Dürig/Herzog*, Grundgesetz, Art. 51 GG, Rdnr. 19.

44 Vgl. *v. Mangoldt/Klein*, Das Bonner Grundgesetz, Bd. 2, Art. 38 GG, Anm. IV 3; *K. H. Seifert*, Das Bundeswahlgesetz, S. 203.

45 *G. Sturm* (s. Anm. 1), S. 110.

46 Verschiedene rechtliche Regelungen haben nur hierin ihren Sinn.

47 *G. Sturm* (s. Anm. 1), S. 75.

48 *N. Luhmann*, Funktionale Methode und juristische Entscheidung, in: AöR 91 (1969), S. 1 ff.

prüfbare Grundlage an die Hand gegeben, und er braucht nicht irgendeinem seiner „irrationalen“ Vorurteile zu folgen und „zwingende“ rechtliche Scheinbegründungen[49] aufzubauen.

Bei der Flut von Gesetzen, die der Bundestag heute zu bewältigen hat, ist eine Verzettelung der Arbeitskraft des Abgeordneten auf zwei Parlamente — ohne das System damit zu fördern — nicht tragbar. Schließlich hat die Bevölkerung „einen Anspruch“ darauf, daß der mit nicht geringen Diäten versehene Abgeordnete sich auch voll — jedenfalls generell — einsetzen kann. Es sind schon genügend Abgeordnete des Bundestages durch andere Nebenfunktionen der Hauptarbeit im Parlament entfremdet. Ein sinnvoller Grund für die Personalunion ist nicht ersichtlich, es sei denn, man wolle kleinen Parteien bei personellen Schwierigkeiten nicht den Start erschweren. Es bleibt zu bedenken, ob sich die Wirksamkeit einer Partei vervielfachen kann, wenn die zur Verfügung stehende Arbeitskraft nur auf verschiedene Wirkungsstätten verteilt wird.

Die Regelung dieses Doppelmandates ist auch nicht der jeweiligen Absprache der Fraktion zu überlassen. Das allgemeine Interesse der Bevölkerung an der vollen Funktionsfähigkeit ihrer gut dotierten Abgeordneten erfordert eine generelle Unvereinbarkeit dieser Mandate[50].

Die „einfachen“ Abgeordneten schließlich sind nicht nur Abgeordnete, sondern haben in der Regel einen Beruf. Von besonderem Interesse ist dabei das Verhältnis von Parlamentsmandat und Zugehörigkeit zum öffentlichen Dienst. Die Aktualität des Problems erlaubt die im Rahmen dieser Arbeit notwendige knappe Darstellung[51]. Art. 137 Abs. 1 GG ermächtigt zur gesetzlichen Beschränkung der Wählbarkeit von Beamten, Angestellten des öffentlichen Dienstes, Berufssoldaten, freiwilligen Soldaten auf Zeit und Richtern im Bund, in den Ländern und Gemein-

---

[49] Vgl. dazu Formen bei *R. Schreiber*, Allgemeine Rechtslehre, S. 65 f.

[50] Sturms Argument, daß die zahlenmäßig kleineren Fraktionen in den Landesparlamenten schon um ihre volle Leistungsfähigkeit zu erhalten, eine ausgedehnte Übung der Mandatsvereinigung verhindern werden, mag richtig sein. Zu wünschen wäre allerdings ein empirischer Beleg. Andererseits kann der stärkere Druck der kleineren Fraktion dazu führen, daß der Doppelmandatsträger in Bonn zu einem häufig fehlenden Hinterbänkler wird. Da durch das Doppelmandat in jedem Fall die ordnungsgemäße Ausführung einer Rolle —, ohne sonstigen erkennbaren Nutzen für die Allgemeinheit zu bringen, — leidet, ist an der Forderung nach genereller Unvereinbarkeit festzuhalten.

[51] Vgl. ausführlich dazu: *G. Sturm* (s. Anm. 1), S. 119 ff., *W. Leisner*, Die Unvereinbarkeit von öffentlichem Amt und Parlamentsmandat, und zuletzt: *v. Unruh/Frotscher*, Die Entwicklung des Inkompatibilitätsprinzips im neueren deutschen Verfassungsrecht, in: DVBl 69, 821 ff.; *W. Thiele*, Zur Problematik der Inkompatibilität im kommunalen Bereich, in: DVBl 69, 825 ff.; *N. Achterberg*, Probleme der Funktionenlehre, S. 164 ff.

den. Auf Grund der Ermächtigung bestimmen § 57 BBG und § 36 Abs. 2 DRiG, daß der Beamte bzw. Richter aus seinem Amt auszuscheiden habe, wenn er die Wahl in den Bundestag annimmt, und verweisen auf Ausführungsgesetze. Für den Bundestag enthält das „Gesetz über die Rechtsstellung der in den Deutschen Bundestag gewählten Angehörigen des öffentlichen Dienstes" vom 4. August 1953 eine Regelung. Danach treten alle vom Gesetz Betroffenen in den Ruhestand, wenn sie die Wahl annehmen. § 33 BRRG gibt den Rahmen für entsprechende Gesetze der Länder, wenn ein Beamter die Wahl zum Mitglied der Volksvertretung seines Landes oder einer Vertretungskörperschaft seines Dienstherrn annimmt. Um die nähere Ausgestaltung dieser Einzelgesetze kreist die augenblickliche Diskussion. Hier sollen nur die Grundgedanken angeführt werden.

An erster Stelle ist das Gewaltenteilungsprinzip in seiner heutigen Bedeutung als Grundlage eines allgemeinen Systems von Hemmungen und Kontrollen staatlicher Funktionen zu sehen. Ein aktiver Beamter, der als Abgeordneter Verwaltung kontrolliert, ist zugleich Beaufsichtigender und Beaufsichtigter. Zu erwarten ist eine Dämpfung der Kritikbereitschaft[52]. Denn wie man es „gelernt" hat, als Beamter Kritikwürdiges nicht nach *außen* zu tragen, sondern intern zu regeln und zu verschleiern, so gesellt sich zur Pflicht, als Abgeordneter zu kontrollieren, die „latente" Pflicht, die Belange der Behörden wohlwollend zu fördern und alles zu vermeiden, was ihr Außenbild — das auch seine Identität beeinflußt — beeinträchtigen könnte. Aktualisiert wird diese Pflicht des Beamten - Abgeordneten auch durch das Wissen um die vielen anderen Beamten im Parlament, mit denen er sich solidarisch verbunden fühlt.

Ein -Eigen-Rolle-Konflikt kann noch durch die Notwendigkeit, seinen obersten Dienstherrn zu kritisieren, gegeben sein. Allerdings zeigt die Geschichte von Inkompatibilitäten[53], daß die persönliche Abhängigkeit von lokalen und sozialpartikularen Gewalten schon im konstitutionellen Staat einen größeren Einfluß haben konnte als die Bindung an seinen Dienstherrn, selbst wenn er diesem durch politische Überzeugung persönlich eng verbunden war. Ein Grund mag darin liegen, daß für die Stabilität der Identität des damaligen Beamten - Abgeordneten eben der kontaktengere Rollensenderkreis ausschlaggebend war. Personen, die ihre Identität aus wenigen „universalen" Rollensendern konstituieren — etwa der Nur-Gelehrte, dessen Identität von der Einschätzung seiner 12 Fachkollegen in anderen Ländern abhängt — sind selten. Durch die Versetzung in den Ruhestand ist der Einfluß der Beamtenrolle nicht

---

[52] Dazu näher: *T. Eschenburg,* Der Beamte in Partei und Parlament, S. 82 f.

[53] Vgl. *v. Unruh/Frotscher,* Die Entwicklung des Inkompatibilitätsprinzips im neueren deutschen Verfassungsrecht, in: DVBl 69, 821 f., 825.

völlig gebannt. Denn dieser Abgeordnete weiß ja, daß er nach Mandatsverlust wieder aufgenommen werden muß, fühlt sich also regelmäßig weiter den Behörden verbunden[54]. Dennoch wird eine gewisse Schwächung der Bindung durch die Ruhestandsregelung erzielt.

Weiter wird die Unvereinbarkeit durch den Gedanken einer Neutralisierung des Beamtentums getragen. Dadurch soll einer unparteiischen Amtsführung und insbesondere einer Ämterpatronage vorgebeugt werden. Wie die Entstehungsgeschichte des Art. 137 GG lehrt, sollte auch eine Machtverringerung der Bürokratie erreicht werden, da deren Berufsbeamten traditionell am Obrigkeitsstaat orientiert seien[55].

Drittens soll die „Überrepräsentation" der Beamten, die „Verbeamtung der deutschen Parlamente" verhindert werden[56]. Sturm[57] sieht in diesem Argument keinen Bezug zum Rollenkonflikt oder zur Rollenbeeinflussung, die durch die Inkompatibilitäten berücksichtigt werden sollen. Dem kann nicht gefolgt werden. Die Inkompatibilität wird zutreffend als ein Instrument zur Berücksichtigung des Rollensatzes eines Abgeordneten usw. geschildert. Die Zugehörigkeit zum öffentlichen Dienst wie auch zu anderen Berufen bringt eine bestimmte generalisierbare Mentalität mit sich, die die Stellungnahme zu anderen Fragen beeinflussen kann. Für die bundesdeutsche Bürokratie sei nur ungeachtet ihrer vielen hier nicht relevanten Vorzüge auf das Absicherungsdenken, die Überkorrektheit und die immer noch feststellbare, automatenhafte Bereitschaft zu gehorchen, die Innovationsfeindlichkeit und auf die mangelnde Bereitschaft, ökonomisch-effektiv zu denken, hingewiesen. Diese genannten Eigenschaften sind geradezu denen eines idealen Politikers entgegengesetzt. Parlamente sollen aber nicht zu Verwaltungen werden, sondern politische Führungs- und Kontrollorgane bleiben. Um diese Funktion zu erhalten, bedarf es Normen, die den übrigen Rollensatz eines Abgeordneten eingrenzen. Durch diese Inkompatibilitätsnormen soll also erreicht werden, daß die Ausübung der generell festgelegten Abgeordnetenfunktion nicht durch andere Rollen des Mandatsträgers erheblich beeinflußt werden kann. Ob nun der Beruf des Beamten (oder des Rechtsanwalts) wegen seines übermäßigen Vorkommens die Funktion des Parlaments gefährdet, ist eine Einzelfrage, die näher nur in konkreten Untersuchungen geprüft werden kann. Schließlich wird die generelle Unvereinbarkeit der Rollen des Beamten und des Abgeordneten noch durch die unmögliche ord-

---

[54] Vgl. dazu *R. Herzog*, Inkompatibilität, in: Kunst/Grundmann, Hrsg., Evangelisches Staatslexikon, Sp. 787.

[55] Vgl. ausführlich: *G. Sturm* (s. Anm. 1), S. 149, 154.

[56] Vgl. dazu *E. Fraenkel*, Strukturdefekte der Demokratie und deren Überwindung, S. 55.

[57] *G. Sturm* (s. Anm. 1), S. 154, 155.

nungsgemäße Pflichtenerfüllung in beiden Rollen gestützt. Nach den traditionellen Lehrmeinungen[58] tendiert das öffentliche Amt des Beamten zudem zur Ausschließlichkeit.

Der Ausschluß von bestimmten anderen Staatsdienern, wie den aktiven Soldaten vom Abgeordnetenmandat, beruht auf der Sicherung eines politisch neutralen Außenbildes des Soldatenstandes[59].

Ausschließlich unvereinbar sind die Rollen des Bundestagsabgeordneten und der eines Richters (Art. 137 GG, i. V. m. §§ 4, 36 DRiG). Die Grundzüge dieser Inkompatibilität wurden schon am Beispiel der Bundesverfassungsrichter erläutert[60]. Die getrennte Darstellung der Unvereinbarkeit der Bundesverfassungsrichter und der übrigen Richter ist wegen der besonderen Stellung der Verfassungsrichter im Staatsfunktionssystem geboten. Auf ein Argument, das die Inkompatibilität von Richteramt und Abgeordnetenmandat stützt, soll hier etwas näher eingegangen werden.

An der Entstehung eines Gesetzes nimmt ein Abgeordneter auf mannigfache Weise teil. Neben der gesetzlich vorgeschriebenen Mitwirkung im Gesetzgebungsverfahren befaßt er sich mit den Entwürfen in Fraktionssitzungen, Parteigremien und vielleicht im Kreise politischer Freunde. Durch diesen Prozeß wird er sich seine Meinung über Motivation und gewünschte Auslegung des Gesetzes bilden. Die Bindung an die zahlreichen Diskussionsgruppen wird in der Regel dazu führen, daß seine Meinung auch von ihnen mitgeformt wird.

Bei der Fülle der heute vom Abgeordneten zu bewältigenden Spezialgesetze kommt es zudem in der Regel zur bloßen unkritischen Übernahme von Einstellungen zum Gesetz, die sich die Spezialisten seiner Fraktion, Partei usw. erarbeitet haben.

Hat nun der gleiche Abgeordnete dieses Gesetz als Richter anzuwenden, und das bedeutet, auszulegen, so ist die Gefahr nicht ausgeschlossen, daß der Richter über das übliche Maß an „natürlicher" Befangenheit hinaus, vorprogrammiert ist und sich davon nicht freimachen kann. Diese „Schmälerung der inneren Freiheit durch Selbst-Bindung"[61] ist nach den Ausführungen über die Identität rational — im Rahmen des bisher Erklärbaren — einsehbar. Die Integration der einzelnen Rollen zu einer Einheit ist — nach dem bisherigen Erkenntnisstand[62] vorge-

---

[58] Siehe o. S. 118 f.

[59] Vgl. *W. Weber* (s. Anm. 1), S. 105 ff.

[60] Siehe o. S. 114 f.

[61] Vgl. *D. Tsatsos*, Die verfassungsrechtliche Problematik der Inkompatibilität, in: DRiZ 64, 251 f., 255.

[62] Eine andere Sicht auf Grund des zunehmenden allgemeinen Rollenbewußtseins wird bei Aufstellung rechtspolitischer Forderungen erörtert.

gebene menschliche Notwendigkeit. Mißlingt die Integration, ist mit den bereits beschriebenen negativen Folgen zu rechnen. Aus Selbst-Erhaltungsgründen besteht also ein starker Druck, die erforderliche subjektive Einheit zu erzielen. Um die unlösbare Lage zu verhindern, etwa als Abgeordneter die Verfassungsmäßigkeit eines Gesetzes loyal mit seiner Teilidentitätsgruppe (Fraktion, Partei usw.) zu bejahen, als Richter sie aber nach den herrschenden „objektiven Auslegungsmethoden" zu verneinen, greifen die geschilderten psychologischen Konfliktsvermeidungsmechanismen ein. In diesem Fall wird es leicht zu einer Überspielung des relativ offenen Richters kommen, d. h. seine Einwände werden von vornherein verdrängt werden. Verstärkt wird dieser Mechanismus durch die Möglichkeit, auf ausgearbeitete Überlegungen einfach zurückgreifen zu können.

Diese Erwägungen treffen in abgeschwächtem Maße auch zu, wenn der Richter-Abgeordnete an der Entstehung eines Gesetzes selber nicht mit beteiligt war. Denn die Loyalität zu seinen Beziehungsgruppen ist im Regelfall von genereller Art. Diese Befangenheit des Richters wird sich also nicht nur auf einen konkreten Fall beschränken und durch den partiellen Ausschluß vom Richteramt in dieser Sache berücksichtigen lassen, wie es etwa bei der Befangenheit des Richters durch die Beteiligung von Angehörigen am Verfahren geregelt ist. Abhelfen kann nur eine generelle Ausschließlichkeit der beiden Funktionen.

dd) Kommunalvertreter und Richter

Während die Unvereinbarkeit des Richteramtes und des Abgeordnetenmandates ausdrücklich geregelt ist und rechtspolitisch nur Zustimmung gefunden hat, ist das Verhältnis von Richteramt und Gemeindemandat bisher nicht eindeutig geregelt worden und hat auch im Schrifttum keine einheitliche Behandlung erfahren[63]. Wohl ordnet § 4 Abs. 1 DRiG an, daß ein Richter nicht zugleich Aufgaben der gesetzgebenden oder der vollziehenden Gewalt wahrnehmen dürfe. Für die Annahme der Wahl als Gemeinderat trifft § 36, Abs. 2 DRiG, diese Norm ist Komplementärvorschrift zu § 4 DRiG, keine Regelung, wohl aber für andere Fälle. Überzeugende „rein" rechtliche Argumente für eine von den Ländern noch zu treffende Unvereinbarkeit oder zwingende Gegenargumente lassen sich nicht angeben. Ein Hinweis für die Lösung des Problems kann die Prüfung ergeben, ob auch der Grundsatz der generellen Befangenheit des Richters anwendbar ist[64].

---

[63] Vgl. zuletzt *H. Gröttrup*, Richteramt und Gemeindemandat, in: DÖV 69, 489 f. mit Nachweisen.

[64] Entgegen seines tiefer gehenden allgemeinen Ansatzes (durch die Berücksichtigung der Selbstbindung des Richters) verweist D. Tsatsos pauschal nur auf § 47 VwGO und die generelle Möglichkeit, daß jeder Richter in die Lage kommen könne, Gemeindenormen inzidenter anwenden und prüfen zu müssen (*D. Tsatsos*, s. Anm. 62, Inkompatibilitäten, S. 256).

Während die vom Bundestag beschlossenen Gesetze die tägliche Arbeit eines jeden Richters mehr oder weniger direkt berühren, betreffen die vom Gemeinderat erlassenen Vorschriften die Tätigkeit der Richter, abgesehen von den Verwaltungsrichtern, nur in einem kleinen abgrenzbaren Ausschnitt. Die Verwaltungsgerichtsordnung sieht für die Verwaltungsrichter nur den für das jeweilige Verfahren geltenden Ausschluß wegen Befangenheit vor, wenn der Richter einer Körperschaft angehört, deren Interessen durch das Verfahren berührt werden (§ 54 Abs. 3 VwGO). Es liegt nahe, der möglichen Rollenbeeinflussung der anderen Richter durch eine dem Gedanken des § 54 Abs. 3 VwGO Rechnung tragende Interpretation der Normen über die Befangenheit (vgl. § 24 StPO, § 42 ZPO) vorzubeugen. Eng verbunden ist damit die Frage der parteipolitischen Betätigung der Richter. Weil diese Problematik vorwiegend auf das Außenbild des „unparteilichen" Richters zugeschnitten ist, kann hier — von einer kurzen Stellungnahme abgesehen — auf die jüngst erschienene Monographie von Niethammer-Vonberg[65] verwiesen werden.

Nicht wenige der dort referierten Meinungen brachten zum Ausdruck, daß für das „Leben und das Volk" die richterliche Persönlichkeit, ob in der Robe oder im bürgerlichen Gewand, unteilbar sei, weshalb dem Richter nicht in seinem Privatleben politische Bewegungsfreiheit zugestanden werden könne[66] und noch etwas präziser: dem einfachen Menschen sei nicht zuzumuten, in vernünftiger Weise dieselbe Person einmal als Richter bei rechtsprechender Tätigkeit und einmal als Parteiführer oder Abgeordneten zu sehen[67].

Sogar für die bloße Parteimitgliedschaft müßten die Richter einen zu hohen Preis bezahlen, nämlich die Anzweiflung ihrer äußeren und inneren Unbefangenheit[68].

Angesichts des gewachsenen allgemeinen Rollenbewußtseins wäre es begrüßenswert, wenn diese einzelnen Auffassungen durch empirische Untersuchungen belegt worden wären, zumal auch Gegenstimmen laut geworden sind. Die noch vorwiegend undifferenzierte Sicht (also nur Richter, statt als Richter, als Abgeordneter) der Bevölkerung ist wohl auch nicht zuletzt auf das Bemühen der Richterschaft selber um ein neutrales, steriles Außenbild zurückzuführen[69].

---

[65] *C. Niethammer-Vonberg*, Parteipolitische Betätigung der Richter.

[66] (Reichsjustizminister) *Eugen Schiffer*, Die deutsche Justiz, S. 52 ff.

[67] *U. Käser*, Die politische Tätigkeit des Richters, Gedanken zu einem Richtergesetz, S. 60; vgl. dazu *E. Schmidt*, Berufsjurist und Staatliche Rechtspflege, in: MDR 47, 374 ff.

[68] Vgl. dazu *R. Brack*, Richter als Mitglieder politischer Parteien, in: DRiZ 66, 254 ff.

[69] Vgl. dazu BVerfGE 4, 331, 346, 347: „Der weisungsgebundene Beamte der beteiligten Verwaltung erscheint nach der Natur der Sache selbst als

Eigene Stellungnahme: Der einzelne ist bemüht, sich ein homogenes Fremdbild vom anderen zu verschaffen. Die Integration von Parteilichkeit in einer Rolle und relativen Offenheit-Unparteilichkeit in einer anderen wird u. a. durch die Annahme gelöst, daß postulierte Unparteilichkeit im Grunde nicht vorhanden sei. Dieser Schluß erfolgt um so leichter, je stärker die Identifikation des Richters mit einer politischen Partei in das Bewußtsein des Rechtssuchenden tritt. Aus diesem Grunde ist die Übernahme von Repräsentations- oder sonstigen offenkundigen Führungsfunktionen im Hinblick auf ihre Vertrauensstellung als Richter schädlich. Dieses Ergebnis deckt sich mit § 39 DRiG.

Für ein gänzlich anderes Bewußtsein mag die These von Leutnanten der Bundeswehr repräsentativ sein[70]: „Ich will ein Offizier der Bundeswehr sein, der eine scharfe Trennung zwischen Dienst und Freizeit beansprucht, weil ich meinen Beruf als verantwortungsvollen und strapaziösen Job sehe.“ Und als Erläuterung[71]: „Während des Dienstes bin ich Zugführer. Aber anschließend möchte ich auf die Reeperbahn gehen und meinetwegen betrunken in der Gosse liegen. Wenn dann die Leute sagen, dieser Mann ist kein richtiger Zugführer, dann sage ich, man muß Rollen bewußt trennen.“

Nur erwähnt sollen die Versuche werden, mit Hilfe des schon angedeuteten Status-Verständnisses das Problem zu lösen. Das Preußische Oberverwaltungsgericht[72] entschied: „Das Amt erfaßt die gesamte Persönlichkeit des Beamten. Er ist niemals nur Privatmann.“ Nach Köttgen[73] steht eine Spaltung der amtlichen und außeramtlichen Sphäre „im tiefsten Widerspruch zu dem Wesen eines jeden personenrechtlichen Verhältnisses“, und: „die Tatsache der Unteilbarkeit menschlicher Psyche spottet jeglichen formalisierenden Unterscheidungsmerkmals[74].“ Auch für den Amtsträger im Lichte des Grundgesetzes vertritt Krüger[75] die Meinung, bei der „Öffentliche Person“ gehe es um

---

Partei: Er kann nicht durch den Satz, er sei als Richter nicht weisungsgebunden, aus einem Repräsentanten der Exekutive für einzelne Geschäfte in einen Repräsentanten der Rechtsprechung verwandelt werden.“

[70] Abgedruckt in: „Der Spiegel“ v. 2. Febr. 1970, Nr. 6, S. 36.

[71] Spiegel-Gespräche mit Offizieren der Bundeswehr, in: „Der Spiegel“ v. 2. Febr. 1970, Nr. 6, S. 41; vgl. dazu § 17 Abs. 2 SoldatenG: „Sein Verhalten muß dem Ansehen und dem Vertrauen gerecht werden, die sein Dienst als Soldat erfordert.“

[72] PrOVG JW 27, 2867.

[73] *A. Köttgen*, Die Entwicklung des deutschen Beamtenrechts und die Bedeutung des Beamtentums im Staate der Gegenwart, in: Handbuch des deutschen Staatsrechts, Bd. 2, S. 1 ff., 18.

[74] *A. Köttgen*, Das deutsche Berufsbeamtentum und die parlamentarische Demokratie, S. 17. Eine Einschränkung seiner Ansicht im Hinblick auf Art. 1 GG findet sich in: Von den Grundrechten des Soldaten, S. 47 ff., 76 ff.

[75] *H. Krüger*, Allgemeine Staatslehre, S. 318.

einen Status, „der das Leben der Person überhaupt" erfasse und ausgestalte[76].

Berücksichtigt werden kann das übermäßige politische Engagement eines Richters durch das Institut der Ablehnung wegen Befangenheit. Hier ist im Anschluß an Arzt[77] eine ablehnungsfreundlichere Haltung zu empfehlen, als sie die herrschende Meinung einnimmt.

ee) Ehrenamtliche Richter

Da in der Rechtsprechung ehrenamtliche Richter mitwirken, die auch regelmäßig einer hauptberuflichen Rolle verpflichtet sind, bedarf es besonderer Regelungen, um eine „saubere" sachgemäße Ausführung der Richterrolle sicherzustellen. Eine nähere Erklärung der möglichen Beeinflussung des ehrenamtlichen Richters durch einen anderen Rollensender kann jetzt wohl unterbleiben. Die einzelnen vorgefundenen Unvereinbarkeitsregelungen der Verwaltungs-, Finanz- und Sozialgerichtsbarkeitsgesetze werden von folgenden Gesetzesmotiven getragen[78].

1. Berücksichtigung der Funktionshemmung[79] (Gewaltenteilungsprinzip)[80],
2. Berücksichtigung eines möglichen starken eigenen Interesses am Verfahren (Eigen-Rolle-Konflikte)[81],

---

76 Im Grundsatz zustimmend: *C. Niethammer-Vonberg*, Parteipolitische Betätigung der Richter, S. 74.

77 *G. Arzt*, Der befangene Strafrichter, S. 42 ff., 107 ff.

78 Vgl. jetzt die ausführliche funktionale Untersuchung bei *J. Rueggeberg*, Zur Funktion der ehrenamtlichen Richter in den öffentlich-rechtlichen Gerichtsbarkeiten, in: VerwArch 61 (1970), 189 ff.

79 Vgl. *Redeker/v. Oertzen*, Verwaltungsgerichtsordnung, § 22 VwGO, Anm. 1; der aber nur allgemein auf den Sinn der Vorschrift, Pflichtenkollisionen zu vermeiden, verweist. Die Gefahr unerwünschter, erheblicher Rollenbeeinflussung ist nicht rein theoretisch. Die Mitwirkung von Laienrichtern ist nicht allgemein auf die erste Instanz beschränkt. Es gibt ehrenamtliche Bundesarbeits- und Bundessozialrichter. Für die Oberverwaltungsgerichte kann die Landesgesetzgebung eine Beteiligung von ehrenamtlichen Richtern vorsehen (§ 9 VwGO).

80 Zum Beispiel a) bei ehrenamtlichen Verwaltungs- und Finanzrichtern und Mitgliedern des Bundestages, der gesetzgebenden Körperschaften eines Landes, der Bundesvereinigung oder einer Landesregierung (§ 22 Nr. 1 VwGO; § 19 Nr. 1 FGO). b) bei ehrenamtlichen Verwaltungs- und Finanzrichtern und nicht ehrenamtlichen Beamten und Angestellten des öffentlichen Dienstes, hinsichtlich der Verwaltungsrichter des gesamten öffentlichen Dienstes (§ 22 Nr. 3 VwGO); hinsichtlich der Finanzrichter nur der Steuerverwaltung des Bundes und der Länder und Mitglieder eines Steuerausschusses (§ 19 Nr. 3 FGO, Vermeidung einer Hausgerichtsbarkeit im engeren Sinne). c) bei ehrenamtlichen Verwaltungs- und Finanzrichtern und Berufssoldaten und Soldaten auf Zeit (vgl. § 22 VwGO, § 19 Nr. 4 FGO), weil bei diesen Berufsgruppen die grundsätzliche Abhängigkeit gegenüber dem Staat noch größer sei als bei Verwaltungsangehörigen (BVerwG DVBl 57, 323, 324).

81 Zum Beispiel bei ehrenamtlichen Verwaltungs-, Finanz- und Sozialrichtern und Rollenträgern, die a) am Verfahren wegen ihrer geschäfts-

3. Aufrechterhaltung der gewünschten Ausdifferenzierung[82] von Richterrollen durch:

   a) ausschließliche Unvereinbarkeit zum Beispiel von ehrenamtlichen Verwaltungs-, Sozial- und Berufsrichtern (vgl. § 22 Nr. 2 VwGO, § 19 Nr. 2 FGO, § 3 SGG).

Einmal sollen die in der Rechtspflege sonst tätigen Personen ihrer Aufgabe nicht entzogen werden[83] (Eigeninteresse der Gerichtsorganisation), zum anderen soll die Institution der ehrenamtlichen Richter neben der „Volksnähe der Rechtspflege" — dieser Gedanke ist bei den Schöffen und Geschworenen ausschlaggebend — das unverfälschte Einbringen von Gesichtspunkten gewährleisten, die die Praxis beherrschen und die der Berufsrichter aus seiner notwendig gegebenen Distanz und sachlichen Unkenntnis leicht übersieht oder verkennt. Die ehrenamtlichen Sozial-, Arbeits- und auch Handelsrichter[84] sind sachkundige Beisitzer.

Praktisch relevant wird der Sinn dieser ausdrücklich angeordneten Rollendifferenzierung etwa bei der Frage, ob auch ein Richter im Ruhestand unter das Inkompatibilitätsgebot fällt. Die Rechtsprechung des Bundessozialgerichtes bejaht Vereinbarkeit der „Rollen". Neben formalen Argumenten wird zwar darauf hingewiesen, „daß ein Berufsrichter möglicherweise durch seine Arbeit in seiner Denkweise und seiner Persönlichkeit so sehr geprägt worden sei, daß er weder eine wirkliche Ergänzung noch etwa ein ‚Gegengewicht' für die aktiven Berufsrichter sein könne"[85]. Diese Anschauung habe jedoch bisher noch nicht Ausdruck in den Verfahrensordnungen gefunden. Es sei insbebesondere Aufgabe des Gesetzgebers, rechtliche Forderungen zu ziehen und festzulegen, wie lange nach Beendigung des Richteramtes diese Bedenken noch fortwirken oder wie lange jemand im Verhältnis zu seinem gesamten Berufsleben als Berufsrichter der Sozialgerichtsbar-

mäßigen Besorgung fremder Rechtsangelegenheiten auch ein eigenes Interesse haben (wie Rechtsanwälte, Steuerberater usw.; vgl. § 22 Nr. 5 VwGO, § 19 N. 5 FGO), b) oder den (Groß-)Gruppen, die am Verfahren direkt oder indirekt beteiligt sind, einer führenden Stellung angehören (wie Vorstandsmitglieder bei Fragen der Sozialversicherung; vgl. § 17 Abs. 2, Abs. 3, Abs. 4 SGG mit sachgemäßen Differenzierungen). — Auf nähere Einzelheiten ist bei der Anlage dieser Arbeit als erste Überschau nicht einzugehen. Auch wiederholen sich die dem Grundsatz nach bereits dargestellten Erwägungen in zahlreichen Varianten.

[82] Vgl. zur Ausdifferenzierung als Festigung von Systemgrenzen gegenüber einer Umwelt, insbesondere beim gerichtlichen Verfahren, *N. Luhmann*, Legitimation durch Verfahren, S. 59 ff.

[83] Vgl. *Löwe/Rosenberg/Schäfer*, Die Strafprozeßordnung und das Gerichtsverfassungsgesetz, § 34 GVG, Anm. 4.

[84] Vgl. § 109 GVG.

[85] BSGE 11, 181.

keit tätig gewesen sein muß, um seinen Ausschluß von der ehrenamtlichen Richtertätigkeit zu rechtfertigen.

Hier wird die unnötige Enge bisherigen juristischen Denkens offenkundig. Der Rechtsprechung ist der Grund der Unvereinbarkeit des Berufs- und Laienrichteramtes geläufig. Sie wagt aber nicht den Topos Rollenausdifferenzierung ohne ausdrücklichen Hinweis des Gesetzgebers in die rechtliche Argumentation einzuführen. Dabei ist dieser Gedanke jeder gerichtlichen Verfahrensordnung immanent[86]. Vertretbar ist die Bejahung der Vereinbarkeit daher allein wegen der Zurückhaltung der Rechtsprechung, die fraglichen Fristen an Stelle des Gesetzgebers festzusetzen. Diese im Grunde wenig bedeutungsvolle Festsetzung hätte das Bundessozialgericht unter Hinzuziehung psychologischer Gutachten wohl in eigener Verantwortung treffen können. Praktisch wird ja auch von den Gerichten festgesetzt, bei welchem Blutalkoholgehalt Fahruntüchtigkeit anzunehmen ist. Für eine gesetzliche Regelung der Einsetzung von Richtern im Ruhestand als ehrenamtliche Richter spricht allerdings die dann wahrscheinlich einheitliche Ergänzung aller insoweit in Frage kommenden Verfahrensgesetze.

b) Vermeidung einer identischen Besetzung der ehrenamtlichen Arbeitgeber- und Arbeitnehmerrichterrollen (vgl. § 21 Abs. 2 ArbGG).

Der Fall kann eintreten, wenn ein Angestellter eines Arbeitgeberverbandes selber Unternehmer ist und zum Arbeitsrichter bestellt werden soll. In den Kommentaren[87] wird zur Begründung dieser Vorschrift angegeben, sie beruhe auf der „Natur der Sache". Der durch diese Leerformel angesprochene Grund läßt sich hier besonders leicht angeben. Durch Richterrollendifferenzierung soll gewährleistet sein, daß jeder mögliche relevante Gesichtspunkt zum Ausdruck — insbesondere auch zur Kenntnis des Berufsrichters kommen kann und Gegensätze nicht etwa bereits durch einen Kompromiß in der Person eines Arbeitgeber-Arbeitnehmer-Richters harmonisiert werden. Personelle Rollentrennung garantiert die Berücksichtigung generell unterschiedlicher Raster.

c) Vermeidung der Besetzung der ehrenamtlichen Arbeitsrichterfunktionen durch Beamte oder Angestellte der Arbeitsgerichtsorganisation (§ 21 Abs. 3 ArbGG).

In den Kommentaren[88] findet sich nur der allgemeine Hinweis auf mögliche Interessenkollisionen. Schärfer betrachtet wird durch diese

---

[86] Vgl. *N. Luhmann*, Legitimation durch Verfahren, S. 59.

[87] Vgl. *Dersch/Volkmar*, Arbeitsgerichtsgesetz, § 21 ArbGG, Rdnr. 11.

[88] Vgl. *Dersch/Volkmar*, Arbeitsgerichtsgesetz, § 21 ArbGG, Rdnr. 11.

Regelung vermieden, daß sich die Grundhaltungen von Berufsrichtern und ehrenamtlichen Richtern auf Grund ihres tagtäglichen Zusammenseins in der Gerichtsorganisation anpassen. Zudem macht der Prestigevorsprung des Berufsrichters die Gefahr einer mehr einseitigen Anpassung glaubhaft. Der Sinn des § 21 Abs. 3 ArbGG liegt zusammengefaßt also darin, den gesetzlich vorgesehenen ausdifferenzierten Rollenkomplex eines Gerichtes vor einer Homogenisierung durch organisatorische Zufälle (Beamte des Gerichts = Richter) zu bewahren.

4. Beschränkung der ehrenamtlichen Richtertätigkeit auf Mitwirkung in einer Instanz (vgl. § 17 Abs. 5 SGG).

Diese „selbstverständliche" Rollentrennung soll die durch eine weitere Instanz gewollte neue offene Beurteilung des Falles personell absichern. Mit ihr wird menschliche Selbstbindung berücksichtigt.

In diesem Zusammenhang sind auch die Vorschriften über nicht erwünschte Stellenkombinationen von möglichen Schöffen und Geschworenen, §§ 34, 84 GVG, anzufügen. Die dort festgelegten Unvereinbarkeiten gestatten allerdings dem Wortlaut nach, Ausnahmen zu machen. In der Praxis wirken sie sich aber wie zwingende Normen aus[89]. Der nahezu gleichlautende Wortlaut mit den bereits erörterten entsprechenden Verfahrensgesetzen erlaubt eine pauschale Betrachtung.

Statt der Funktionenhemmung oder Neutralisierung als Motiv für den gewünschten Ausschluß des Bundespräsidenten, der Mitglieder der Bundesregierung und einer Landesregierung und der sog. politischen Beamten (vgl. § 34 Abs. 1 Nr. 1—3 GVG) sieht der Kommentar von Löwe/Rosenberg/Schäfer[90] den Sinn dieser Regelung in der Konzentration auf das jeweilige öffentliche (politische) Amt.

Auf einen Interrollenkonflikt, der wegen der besonderen zeitlichen Inanspruchnahme in einer anderen Rolle wahrscheinlich ist, nimmt § 34 Abs. 1 Nr. 6 GVG Rücksicht. Danach sollen Religionsdiener und Mitglieder solcher religiöser Vereinigungen, die satzungsgemäß zum gemeinsamen Leben verpflichten, nicht als Schöffe eingesetzt werden[91].

ff) Sonstige Mitglieder der Rechtspflegeorganisation (im weiteren Sinne)

Die Anordnung der ausschließlichen Unvereinbarkeit von Rollen innerhalb der Rechtspflege wird noch in vielen weiteren Vorschriften

---

[89] Vgl. dazu *Schwarz/Kleinknecht*, Strafprozeßordnung, § 34 GVG, Anm. 1.

[90] *Löwe/Rosenberg/Schäfer*, Die Strafprozeßordnung und das Gerichtsverfassungsgesetz, § 34 GVG, Anm. 1 b, mit weiteren Einzelheiten und Nachweisen von Interpretationen, in denen der Sache nach mit „Rollenkonflikten" argumentiert wird.

[91] Vgl. *Löwe/Rosenberg/Schäfer* (s. Anm. 90), § 34 GVG, Anm. 6.

direkt oder indirekt angesprochen. Hier sollen insoweit abschließend nur noch einige repräsentative genannt werden. §§ 150, 151 GVG sichern die strenge Rollentrennung von Staatsanwälten und Richtern, § 7 Nr. 10 BRAO macht nochmals deutlich, daß die Funktionen eines Rechtsanwaltes und die eines Richters generell nicht vereinbar sind. Nach § 8 BNotO darf der Notar als unabhängiger Träger einer öffentlichen Rolle (§ 1 BNotO) nicht zugleich Inhaber eines besoldeten Amtes sein. Diese Unvereinbarkeit beruht einmal auf der (theoretischen, statusrechtlichen) Erwägung, daß der Inhaber eines besoldeten Amtes seine gesamte Arbeitskraft ohne Einschränkung dem Dienstherrn zur Verfügung stellt, und zum anderen sollen (Rollen)-Konflikte vermieden werden[92]. Diese sind naheliegend, weil die Rollen einem verwandten öffentlich-rechtlichen „Rollenbereich" angehören[93] und dennoch entgegengesetzte Rollenmerkmale, Weisungsgebundenheit und Unabhängigkeit aufweisen.

Von den seltenen Fällen einer massiven direkten Beeinflussung des „Dienstherrn" abgesehen, wäre es für den Träger beider Rollen (heute noch) schwer, die Notwendigkeit einer streng differenzierten Haltung zu verarbeiten und durchzuhalten.

gg) Wehrpflichtige

Von den wenigen übrigen ausdrücklich geregelten Unvereinbarkeiten bei „öffentlichen Rollen", durch die potentielle Konflikte vermieden werden sollen, kann hier nur auf die Regelung der generellen Befreiung von der Wehrpflicht verwiesen werden. Nach § 11 Abs. 1 Nr. 1—3 WPflG sind Geistliche der beiden Großkirchen und der anderen Bekenntnisse in entsprechender Position vom Wehrdienst generell befreit.

Bemerkenswert an der Begründung dieser Freistellung ist der Hinweis auf die dem geistlichen Stande eigentümliche Würde[94]. Der Geistliche sei allein kraft seiner besonderen Ausbildung und Widmung zu Handlungen des religiösen Kultes berechtigt und sei aus der Gemeinschaft der Gläubigen herausgehoben. Als möglicher Konfliktanlaß ist hier also an eine Statusinkongruenz gedacht worden und nicht so sehr an das nahezu allen Bekenntnissen eigene Gebot, nicht zu töten. Auf andere „Würdenträger" nimmt das Wehrpflichtgesetz sonst keine Rücksicht. Die Bevorzugung der Geistlichen ist durch die historisch über-

---

92 Vgl. *Seybold/Hornig*, Bundesnotarordnung, § 8 BNotO, Rdnr. 7.

93 Wegen der fehlenden „inneren" Verwandtschaft können daher „der Natur der Sache nach" Regelungen unterbleiben, die einem Richter verbieten, etwa an Spielen teilzunehmen, in denen er den Weisungen des Spielleiters zu folgen hat.

94 *G. Hahnenfeld*, Wehrpflichtgesetz, § 11 WehrpflG, Rdnr. 6.

lieferte gegenseitige Respektierung der (obrigkeitlichen) Ordnungen des Staates und der Kirche zu erklären. In einer hoch differenzierten Sozialordnung ist auch im Hinblick auf die Gleichbehandlung der „Würdenträger" anderer pluralistischer Gruppen insoweit eine Sonderstellung der Geistlichen nicht mehr zu rechtfertigen.

Eher sollte heute auf die generelle Gefährdung einer glaubhaften Verkörperung von Werten abgestellt werden, die denen des Kriegshandwerkes entgegengesetzt sind[95], sowie auf die Sicherstellung der religiösen „Versorgung" der Bevölkerung. Nach diesen Gesichtspunkten wäre auch die als intolerant[96] empfundene Benachteiligung der hauptamtlichen Prediger und „Sonderpionierprediger" der Zeugen Jehovas zu vermeiden[97]. Die Intensität von Rollenkonflikten bei Mitgliedern dieser Gruppe belegt allein die umfangreiche Rechtsprechung[98] hierzu.

hh) Nebentätigkeiten

Die Berücksichtigung von Rollenkonflikten liegt auch den zahlreichen speziellen Regelungen zu Grunde, die Nebentätigkeiten untersagen[99]. Ein gesetzlicher Versagungsgrund liegt beispielsweise bei Beamten[100] vor, wenn die Nebentätigkeit a) den Beamten in einen Widerstreit mit seinen dienstlichen Pflichten bringen kann (vgl. § 5 Abs. 2 Nr. 3 BNebTätVO), z. B. durch gleichzeitige Beschäftigung beim Stadtplanungsamt und bei einem Grundstücksmakler, b) die Arbeitskraft des Beamten so stark in Anspruch nimmt, daß die ordnungsgemäße Erfüllung seiner dienstlichen Pflichten beeinflußt wird (vgl. § 5 Abs. 2 Nr. 2 BNebTätVO), c) mit dem Ansehen der Beamtenschaft (Statusinkongruenzvermeidung) oder mit Rücksicht auf das Gemeinwohl nicht vereinbar ist (vgl. § 5 Abs. 2 Ir. 1 BNebTätVO), z. B. wenn ein Oberinspektor bloße Botendienste gegen Vergütung leistet.

---

[95] Vgl. *H. Bogs*, Probleme des Geistlichenprivilegs im Wehrrecht, in: Der Staat 70, 43 f., 57; die Entrüstung über den Weihbischof Defregger, der im Krieg als Offizier eine Erschießung von Geiseln befohlen hat, belegt die unpassende Rollenkombination (vgl. „Der Spiegel" v. 4. Aug. 1969, Nr. 32, S. 28).

[96] Vgl. dazu ausführlich: *H. Hannover*, Ist die Bestrafung der Ersatzdienstverweigerung der Zeugen Jehovas mit dem Grundrecht der Glaubens- und Gewissensfreiheit vereinbar?, in: GA 64, 33, 43 f.; und *A. Arndt*, Anmerkungen zu BVerfGE 19, 135, in: NJW 65, 2195 und zu BVerfG NJW 68, 770, in: NJW 68, 880.

[97] Vgl. *G. Hahnenfeld*, Wehrpflichtgesetz, § 11 WehrpflG, Rdnr. 6.

[98] Vgl. u. a. BVerwGE 14, 318; BVerwG NJW 63, 1169.

[99] Vgl. §§ 64 BBG; § 42 BRRG; Bundesnebentätigkeitsordnung vom 22. April 1964; Verordnung über die Nebentätigkeit der Richter im Bundesdienst v. 15. Okt. 1965; § 20 SoldatenG; § 11 BAT.

[100] Vgl. ausführlich dazu: *O. G. Fischbach*, Bundesbeamtengeketz, § 65 BBG, S. 489 f.; *K. Ebert*, Das Recht des offentlichen Dienstes, S. 88 f.

b) *„Private" Rollen*

Die wenigen Regelungen, die „private" Rollen von anderen abschirmen, lassen sich in drei Gruppen gliedern.

aa) Normen, die der Statusintegration dienen

Nach § 7 Nr. 8 BRAO ist die Zulassung zur Rechtsanwaltschaft zu versagen, wenn der Bewerber eine Tätigkeit ausübt, die mit dem Beruf eines Rechtsanwalts oder mit dem Ansehen der Rechtsanwaltschaft nicht vereinbar ist. Aus dem gleichen Grund kann eine Zulassung zur Rechtsanwaltschaft zurückgenommen werden (§ 15 Nr. 2 BRAO). Mit der Tätigkeit eines Steuerberaters unvereinbar ist jede gewerbliche Beschäftigung und die Stellung als Arbeitnehmer (§ 22 Abs. 4 StBerG). Nach § 20 der Zulassungsverordnung für Kassenärzte ist die Zulassung u. a. aus hier zwei relevanten Gesichtspunkten zu versagen, nämlich, wenn der Bewerber wegen eines Beschäftigungsverhältnisses oder einer ehrenamtlichen Tätigkeit nicht in erforderlichem Maße zur Verfügung steht und zweitens, wenn er eine mit dem Beruf des Arztes unvereinbare Tätigkeit ausübt. Den katholischen Geistlichen schließlich, um damit die Aufzählung von Beispielen abzurunden, ist nach den Grundsätzen des Kirchenrechts (cc 137, 139, 141, 142), d. h. durch die Rechtsordnung (vgl. Art. 140 GG i. V. m. Art. 137 WV und den entsprechenden Staatsverträgen), jede standeswidrige und standesfremde Berufstätigkeit verboten[101]. Als unvereinbare weitere Beschäftigung werden — verallgemeinert gesagt — jede gewerbliche und jede sonstige niederrangige insbesondere durch Unterordnung charakterisierte Tätigkeiten angesehen, sowie Nebenrollen, die den Rollenträger rein arbeitsmäßig zu sehr von seiner „Haupt- und Lebensrolle"[102] abhalten.

Angesichts des durch die Berufsfreiheit (Art. 12 GG) näher konkretisierten Rechtes auf Selbstdarstellung (Art. 2, 12 GG) bedürfen diese Einschränkungen besonderer Rechtfertigung[103]. Das Bundesverfassungsgericht[104] hat dazu vor kurzem Stellung nehmen müssen. Danach kann die Freiheit der Berufswahl durch die Schaffung von Inkompatibilitäten beschränkt werden, um so den Beruf eindeutig zu prägen und das Berufsbild vor allem in der Öffentlichkeit klar zu umgrenzen und von der Durchdringung mit Merkmalen anderer Berufstätigkeiten zu bewahren. Weiter würde die Aufsicht über die gewissenhafte Erfüllung der Berufspflichten erleichtert und so auch das Ansehen des Berufs

---

101 Vgl. dazu ausführlich: K. *Mörsdorf*, Lehrbuch des Kirchenrechts, S. 267 ff.

102 Vgl. dazu W. *Kalsbach*, Bundesrechtsanwaltsordnung und Richtlinien für die Ausübung des Rechtsanwaltsberufs, § 7 BRAO, Anm. 10.

103 Vgl. N. *Luhmann*, Grundrechte als Institution, S. 131.

104 BVerfG DVBl 67, 576 zu §§ 22, 23 StBerG; Vereinbarkeit mit Art. 3, 12, 14 GG.

gefördert werden. Warum diesen Berufen ein besonderes Ansehen zu verschaffen ist[105], bedarf näherer Analyse[106]. Die Position des Rechtsanwaltes ist durch seine Zwitterstellung als Organ der Rechtspflege (§ 1 BRAO) und als berufener unabhängiger Berater und Vertreter in Rechtsangelegenheiten (§ 3 BRAO) gekennzeichnet. Durch die Einbeziehung in die gesamte Rechtspflege besteht ein öffentliches Interesse an der Wirksamkeit dieses Berufes. Funktionalistisch gesehen, trägt der Anwalt zur Stabilisierung der Rechtsordnung bei. Indem er seine Klienten so berät und besänftigt, daß sie sich besser anpassen, beugt er Normabweichungen vor, und wird zu „einer Art Puffer zwischen den illegitimen Wünschen seiner Klienten und dem sozialen Interesse"[107], wobei er in gewisser Hinsicht mehr das Recht als den Klienten vertritt. Daneben transformiert er das Begehren seines Mandanten in das Rollensystem des gerichtlichen Verfahrens. Um diese Kopplung des sozialen Interesses an Normerziehung und die seines Mandanten wahrnehmen zu können, muß zwischen Anwalt und Klient eine Vertrauensbeziehung entstehen.

Dieses Vertrauensverhältnis ermöglicht dem Klienten, sich frei auszusprechen — ohne den Verlust oder die Beeinträchtigung seines „Gesichtes", seiner Identität, hinnehmen zu müssen — und erleichtert dem Anwalt, den „Normerziehungsprozeß" durchzuführen. Damit zusammenhängend ist Vertrauen weiterhin nötig, um die für den Mandanten schwer nachkontrollierbare, sachgemäße Transformierung seiner Interessen in das Rollensystem des Verfahrens vorzunehmen. Denn wenn es ohne Vertrauen überhaupt zur Auftragserteilung kommt, besteht doch noch die nicht geringe Gefahr, daß der Mandant aus Mißtrauen wesentliche Informationen zurückhält und so möglicherweise seinen Prozeß verliert. Abgesehen davon, daß sich der Verlierer meistens subjektiv „im Recht" fühlt, wird hier die durch Vorurteile entstandene Abneigung gegenüber der Rechtsordnung nur noch verstärkt. Gerade das mangelnde Verständnis gerichtlicher Verfahren und ein vom Rechtsstab immer noch gepflegtes metaphysisches Image der Entscheidungsfindung[108] lassen den Rechtssuchenden glauben, daß das Ge-

---

105 Vgl. zum Ansehen der Anwaltschaft noch: BGH MDR 61, 686; BGH NJW 61, 922.

106 Zur Erläuterung, wie andere „niederwertige" Rollen das „Ansehen" eines Berufes beeinträchtigen können, sei nur auf die Entstehung von „Gesamt-Fremdbildern" durch Integration der Teilbilder und auf die Rückwirkung dieses Gesamtbildes auf das „Ansehen" des Teilbildes verwiesen.

107 Vgl. *T. Parsons*, Recht und soziale Kontrolle, in: Hirsch/Rehbinder, Hrsg., Studien und Materialien zur Rechtssoziologie, Sonderheft 11/1967 der Kölner Zeitschrift für Soziologie und Sozialpsychologie, S. 132.

108 Vgl. zuletzt *H. Weinkauff*, in: JZ 70, 57, der sich gegen eine Entzauberung des Rechts wehrt, d. h. den Verlust seiner eigenständigen Würde und Hoheit befürchtet.

richt „ihm sein Recht" nicht vorenthalten würde. Die dann unvermeidliche Enttäuschung vertieft nur die Kluft.

Um dem Klienten die Aufnahme eines Vertrauensverhältnisses ohne längeren vorbereitenden Kontakt zu ermöglichen, sind Vorkehrungen getroffen, die dem Anwalt generell „Erkennungszeichen" einer Vertrauensposition verleihen. Neben der umfassenden Schweigepflicht des Anwalts (§§ 139 Abs. 3, 300 StGB) ist sein Rollensatz generell durch die angeführten Vorschriften beschränkt. Der Klient soll nicht den Eindruck haben, als wenn sich der Anwalt in erster Linie an seinem eigenen kommerziellen oder sonstigen anderen Interessen orientieren würde. Diese naheliegende Annahme einer Rollenbeeinflussung (Helfer des Klienten, Geschäftsmann, Wahrnehmer anderer Interessen), soll durch die Deklarierung einer „freien (vgl. § 2 Abs. 1 BRAO) und nicht gewerblichen (vgl. § 2 Abs. BRAO)" Rolle[109] vorgebeugt werden. Das Verbot, in derselben Rechtssache beiden Parteien zu dienen (§ 356 StGB), trägt zur Zeichnung der Vertrauensposition bei. Vertrauen[110] wird auch durch das Wissen ermöglicht, daß der Anwalt (und die anderen Berufsträger) sich jedenfalls generell nur dieser hauptberuflichen Rolle widmen muß.

Zusammengefaßt sollen die Inkompatibilitäten dazu beitragen, ein generell von Rollenkonflikten und Rollenbeeinflussungen abgeschirmtes Berufsbild zu konstituieren, das generell im Hinblick auf Vertrauen enttäuschungsfest ist.

Die gleichen Gründe sind für die Einschränkungen des Kassenarztes tragend. Die Arzt-Patient-Beziehung ist geradezu Schulbeispiel einer generalisierten Vertrauensbeziehung[111]. Der Erfolg ärztlicher Behandlung ist häufig davon abhängig, daß der Patient alle notwendigen Informationen mitteilt, — dies geschieht meistens nur, wenn keine Identitätsstörung zu befürchten ist —[112] und daß der Patient an das Können

---

[109] Weise gestattet das Steuerberatungsgesetz, das in seinem § 13 Abs. 1 StBerG jede gewerbliche Tätigkeit verbietet, dem Steuerberater Finanzgeschäfte, die die Anlage des eigenen Vermögens, das des Ehegatten oder von Verwandten und Verschwägerten in gerader Linie betreffen (§ 13 Abs. 2 StBerG). Weise, weil das generelle Verbot insoweit sicher übertreten und das „Ansehen" der Norm so korrumpiert werden würde.

[110] Zum Vertrauen vgl. noch die Generalklausel (§ 43 Satz 2 BRAO): Der Rechtsanwalt hat sich innerhalb und *außerhalb* des Berufes der Achtung und des Vertrauens, die die Stellung des Rechtsanwalts erfordert, würdig zu erweisen. (Entsprechende Regelung beim Steuerberater, § 22 Abs. 2 Satz 2 StBerG, vgl. dazu: *Kolbeck/Peter/Rawald*, Kommentar zum Steuerberatungs-Gesetz, § 22 Rdnr. 49 f., StBerG mit Einzelheiten über Geldsachen, geschlechtliche Beziehungen zu Angestellten.) Ob diese Vorschriften nicht eher zu einer übersehbaren Honoratiorengesellschaft passen als zu der heutigen hochdifferenzierten Rollengesellschaft, soll nur als Frage aufgeworfen werden.

[111] Vgl. *T. Parsons* (s. Anm. 106), Recht und soziale Kontrolle, S. 127.

[112] *A. Geißler*, Zur Psychologie des Arzt-Patient-Verhältnisses, in: Probleme und Ergebnisse der Psychologie, Bd. 12 (1964).

und die Einsatzbereitschaft des Mediziners glauben kann. Jüngere Untersuchungen haben allerdings eine beachtliche Asymmetrie im Arzt-Patient-Verhältnis aufgezeigt. Danach kaschieren Ärzte mit dem Vertrauensverhältnis ihren absoluten Führungsanspruch, während für die Patienten der Leistungsfaktor verdeckt wird. Derartige divergierende Rollenerwartungen ließen sich wohl auch im Anwalt-Klientverhältnis nachweisen. So verschleiert die professionelle Vertrauensideologie das vorrangig kommerzielle Interesse des Anwalts und den Leistungsanspruch des Klienten.

Funktionalistische Deutung von Normen, hier der Inkompatibilitäten, beschränkt sich nicht mit der Feststellung, daß Vorschriften das soziale Zusammenleben fördern, sondern führt auch zur Frage, ob nicht andere Regelungen sinnvoller, noch „funktionaler" sind oder ob die Nebenwirkungen — hier Ausbildung einer ständigen Berufsideologie — schädlicher sind als der mit den Normen eingebrachte Nutzen. Der Vorwurf, funktionalistisches Denken sei konservativ, führe nur zur Stabilisierung des Status Quo, wird in der Regel nur von den leider unpräzisen funktionalistischen Aussagen provoziert, die von „Systemnotwendigkeiten" handeln, statt sich mit Beiträgen zur Aufrechterhaltung des augenblicklichen Zustandes eines Systems zu begnügen und damit die Aufmerksamkeit auf mögliche Verbesserungen und Innovationen zu lenken.

Der sozialen Bedeutung des Anwalts und der als notwendig empfundenen generalisierten Vertrauensbeziehungen halber sind die Unvereinbarkeitsnormen beizubehalten. Der unerwünschten ständischen Berufsideologie kann und sollte durch eine umfassende Aufklärung über die Funktionen des Anwaltes, des Arztes usw. durch die Massenmedien und vor allem durch die Schule entgegengewirkt werden. Mitbeteiligung der Assistenzärzte usw. an den Einnahmen von Chefärzten können dazu beitragen, den auch vermögensmäßigen „Sonderstatus" abzubauen oder jedenfalls in Grenzen zu halten.

bb) Normen, die die Unvereinbarkeit von Rollen aus rein funktionellen Gründen anordnen

Nach § 105 Abs. 1 AktG kann ein Aufsichtsratsmitglied nicht zugleich Vorstandsmitglied sein. Das ergibt sich aus den Funktionen von Aufsichtsrat und Vorstand. Während dem Vorstand die Geschäftsführung obliegt, hat der Aufsichtsrat die Vorstandsmitglieder zu bestellen (§ 81 AktG) und ihre Geschäftsführung zu überwachen (§ 111 AktG). Rollentheoretische Erörterungen über die Vereinbarkeit von ausführenden und kontrollierenden Rollen erübrigen sich wohl. Der möglichen volkswirtschaftlichen Bedeutung der Aktiengesellschaft wegen ist die Wirksamkeit der strukturellen — organisatorischen Sicherungen auch durch personelle Unvereinbarkeiten geschützt. Nach § 100 Abs. 2 Nr. 1 AktG kann nicht Aufsichtsratsmitglied sein, wer bereits in zehn Handelsgesellschaften Aufsichtsratsmitglied ist, — damit soll einer Machtkonzentration generell vorgebeugt werden — und § 100 Abs. 2 Nr. 2 und Nr. 3 AktG sichern die Aufsichtstätigkeit gegen Einflüsse ab, die durch Führungsrollen des in Frage kommenden Aufsichtsratsmitgliedes in von der Gesellschaft abhängigen Unternehmen entstehen könnten.

cc) Wettbewerbsverbote

Durch einige dieser Vorschriften soll erreicht werden, daß der Beschäftigte seine ganze Arbeitskraft auf die Berufsrolle konzentriert. So dürfen nach § 88 AktG (vgl. auch § 284 AktG) Vorstandsmitglieder im allgemeinen weder ein Handelsgewerbe betreiben, noch Mitglied des Vorstandes oder Geschäftsführer oder persönlich haftender Gesellschafter einer anderen Handelsgesellschaft sein. Nach § 60 HGB ist es dem Handlungsgehilfen u. a. generell versagt, ein Handelsgewerbe zu betreiben (vgl. auch §§ 61, 82 a, 90 a HGB). Bei anderen Wettbewerbsverboten besteht das Gesetzmotiv vorrangig darin, die Ausschaltung lästiger Konkurrenz zu erleichtern. Nach § 112 HGB darf ein Gesellschafter generell weder in dem Handelszweig der Gesellschaft Geschäfte machen noch an einer anderen gleichartigen Handelsgesellschaft als persönlich haftender Gesellschafter teilnehmen (vgl. auch insoweit §§ 88, 284 AktG). Nach §§ 74 a — c HGB ist es dem Prinzipal möglich, mit dem Gehilfen für die Zeit nach Beendigung des Dienstverhältnisses eine Beschränkung seiner gewerblichen Tätigkeit zu vereinbaren (vgl. auch die entsprechende Regelung für gewerbliche Arbeiter, d. h. Gesellen, Gehilfen, Lehrlinge, Betriebsbeamte, Werkmeister, Techniker, Fabrikarbeiter in § 133 f. GewO). Als tragender Grund für diese Inkompatibilitäten wird im Schrifttum[113] die Vermeidung von „Interessen" — d. h. Rollenkonflikten angegeben. Diese Begründung ist jedoch ideologisch. Sie verschleiert, daß die Wettbewerbsverbote wegen der angeführten „kommerziellen" Gesichtspunkte geschaffen wurden und sich die Vermeidung von „persönlichen" Konflikten allein als Nebenfolge ergibt.

Bemerkenswert an den gesetzlichen Regelungen ist noch der unterschiedliche Umfang der Unvereinbarkeiten. Hier ist eine Parallele zur Abstufung bei den „öffentlichen" Rollen unverkennbar[114]. (Wichtige Staatsfunktionen — Vorstandsmitglieder von Aktiengesellschaften usw.) Die gesetzlichen Unvereinbarkeiten werden weitgehend durch

[113] Vgl. *H. Wiedemann*, Gesellschaftsrecht, S. 48, Fall 105.

[114] Großorganisationen, die in gewisser Hinsicht zugleich auf Effektivität und innere Kontrollen angelegt sind, haben auch ähnliche Probleme zu bewältigen (subjektive Gewaltenteilung, Konzentration ihrer Mitarbeiter auf bestimmte Funktionen usw., so hat etwa die Industrie das dem Militär einst eigene Stabssystem heute weitgehend kopiert).

private Vereinbarungen ergänzt, so daß das hier gezeichnete Bild leicht eine verzerrte Wiedergabe der sozialen Wirklichkeit sein kann. Spezifisch rechtssoziologische, empirische Untersuchungen liegen insoweit noch nicht vor.

dd) Verbot der Urlaubsarbeit

Diese Regelungen untersagen Arbeitnehmern während des Urlaubs jede dem Urlaubszweck widersprechende Erwerbstätigkeit (vgl. § 8 BUrlG, § 19 Abs. 5 JArbschG, 55 Abs. 4 SeemG). Der Arbeitnehmer soll sich von den besonderen Anstrengungen, die eine Berufsrolle mit sich bringt, erholen. Daß damit auch den Belastungen durch die geschilderten Rollenkonflikte (Berufsleben — Privatleben[115], innerhalb des Berufs)[116] Rechnung getragen wird, bedarf keiner näheren Erläuterung. Der bei den sozialen Konfliktsmechanismen angeführte vorübergehende Rückzug[117] aus allen beruflichen Rollenverpflichtungen[118] wird durch diese Urlaubsregelungen jedenfalls generell möglich gemacht.

2. Anordnung partieller, situationsbedingter Unvereinbarkeit

a) „Öffentliche" Rollen

aa) Richter

α) Die Verfassungsordnungen aller Gerichtszweige enthalten bei Anpassung an das jeweilige spezifische Verfahren Normen, um einen Richter zwingend von der Mitwirkung in bestimmten Fällen ausschließen zu können[119]. Die Fälle lassen sich in etwa in folgende Gruppen gliedern:

— unmittelbares, direktes Selbst-Betroffensein des Richters am Gegenstand des Verfahrens.

So, wenn der Richter durch eine strafbare Handlung des Angeklagten verletzt wurde (§ 22 StPO Abs. 1 Nr. 1) oder in Sachen, in denen er selbst Partei ist oder bei denen er zu einer Partei in dem Verhältnis eines Mitberechtigten oder Regreßpflichtigen steht (vgl. § 41 Nr. 1 ZPO).

---

[115] Siehe o. S. 91 f.

[116] Siehe o. S. 92 ff.

[117] Siehe o. S. 110.

[118] Während des Urlaubs begeben sich die meisten Menschen wieder in neue Rollenkomplexe. Deren Andersartigkeit, u. a. geringer Verbindlichkeitsgrad der Erwartungen, ermöglicht die Erholung.

[119] Hinsichtlich der Einzelheiten muß auf die ausführlichen Kommentare der Prozeßordnungen verwiesen werden. Hier interessieren nur die Grundzüge. Allgemein zur Ausdifferenzierung vgl. *N. Luhmann*, Legitimation durch Verfahren, S. 59 ff.

Der Richter wäre in diesen Fällen mit hoher Wahrscheinlichkeit einem Interrollenkonflikt ausgesetzt. Auch wenn er „persönlich" seinem Verletzer nicht gram ist, trifft ihn eine generelle Rollenerwartung, daß er als Verletzter „Ärgernis" zu nehmen habe. Kommt er dem nicht nach, hat er mit Mißbilligung zu rechnen[120]. Dieser Mechanismus wird zumeist durch die geschilderte innere Alter-Ego-Kontrolle ausgelöst. Der Angeklagte sollte aber einen Richter erhalten, bei dem relative Unbefangenheit, d. h. relative Offenheit vorausgesetzt werden kann.

— wenn der Gegenstand des Verfahrens den Ehegatten und die weitere Intimgruppe sowie bestimmte andere Personen betrifft, mit denen der Richter ähnlich stark verbunden ist (vgl. §§ 22 Nr. 2, Nr. 3 StPO; 41 Nr. 2, Nr. 3 ZPO).

Die Rollenerwartungen dieser Personen können für den Richter besonders dringend sein, weil einmal in der Regel zu ihnen eine starke affektive Bindung gegeben ist, die auch bei Aufhebung der formellen Bindung, wie bei einer aufgelösten Ehe weiterbestehen kann, und zum anderen sind diese Personen für die Identität des Richters regelmäßig mit ausschlaggebend, d. h. er ist an der Konsistenz ihres Fremdbildes von ihm, das sein „Selbst" mitkonstituiert, aus Selbst-Erhaltungsgründen interessiert. Das Recht nimmt durch den Ausschluß in diesen Fällen auf den wahrscheinlichen Konflikt zwischen den Normen der Primär-Intimgruppe und den Normen des Standes-Berufsbildes (u. a. Unparteilichkeit) zu Gunsten eines ordnungsgemäßen Verfahrens und des Richters selbst Rücksicht.

— wenn die Möglichkeit besteht, daß der Richter durch Vorbefassung mit der Sache, etwa als Prozeßbevollmächtigter, als gesetzlicher Vertreter einer Partei, als Beamter der Staatsanwaltschaft, als Polizeibeamter, als Anwalt des Verletzten oder als Verteidiger nicht mehr die hinreichende Offenheit besitzt oder direkt einem „Interessen" — d. h. Rollenkonflikt ausgesetzt ist[121],

— wenn die Ausdifferenzierung des Verfahrens durch eine Mitwirkung des Richters als Zeuge oder Sachverständiger gefährdet ist (vgl. § 22 Nr. 5 StPO).

Da generelle Fälle nicht ausgeschlossen sind, in denen der Richter, um sein Bild als Zeuge, als Sachverständiger nicht in Frage zu stellen, das Verfahren insgesamt bewußt oder unbewußt einseitig lenkt oder durch die spezifische Anteilnahme seine relative Offenheit verloren hat, wird

---

120 Auf diesen Mechanismen hat vor allem *T. Geiger*, Vorstudien zu einer Soziologie des Rechts, S. 144 f., aufmerksam gemacht.

121 Vgl. ausführlich: *G. Arzt*, Der befangene Strafrichter, S. 86 f.; RGSt 17, 173, 175; 30, 70, 71.

durch den Ausschluß dieser mögliche allgemeine Verdacht vermieden und damit ein Grund, der Rechtsordnung „feindlich“ gegenüberzustehen, ausgeräumt.

— wenn die Möglichkeit besteht, daß der Richter durch Mitwirkung an einer durch Rechtsmittel angefochtenen Entscheidung usw. „festgelegt“ ist (vgl. § 23 StPO, § 41 Nr. 6, ZPO).

Auch hier nimmt das Recht weise Rücksicht auf das Bestreben vieler Richter, die Kontinuität ihres Selbstbildes vom „meistens unfehlbaren Richter“ zu erhalten[122] und auf die menschliche Trägheit, die zum Rückgriff auf selber ausgearbeitete Denkschemen und daran orientierte Vorstellungen verleitet.

— bei Besetzung von speziellen Kammern mit ehrenamtlichen Richtern, bei denen dadurch Rollenkonflikte wahrscheinlich sind (vgl. § 30 Abs. 5 Satz 2 ArbGG).

Nach § 22 Abs. 2 Nr. 2 ArbGG können als ehrenamtliche Richter aus Kreisen der Arbeitgeber auch Geschäftsführer und Betriebsleiter bestellt werden, soweit sie u. a. selbständig zur Einstellung von Arbeitnehmern berechtigt sind. Werden jetzt Fachkammern für Streitigkeiten eben dieser Geschäftsführer und Betriebsleiter eingerichtet, so würden die ehrenamtlichen Geschäftsführer — Arbeitgeberrichter in einen Konflikt zwischen den Loyalitätsnormen ihrer „Geschäftsführer-Gruppe“ und den Normen als Arbeitgeberrichter geraten. Das gewollte direkte Einbringen der jeweils spezifischen Gesichtspunkte der Arbeitgeberseite könnte dann auf Grund dieses Konfliktes unterbleiben.

β) Neben den gesetzlich enumerierten Ausschlußgründen können Rollenkonflikte des Richters vor allem durch das verfassungsmäßig[123] garantierte Institut der Ablehnung eines Richters wegen Befangenheit

---

[122] „Objektiv“ besteht regelmäßig keine Kontinuität der Person. Der einzelne unterliegt aber dem Zwang, subjektiv eine einheitliche Lebenslinie herzustellen. Damit sind bewußte Selbstkorrekturen nicht ausgeschlossen. Sie erfordern aber ein hohes Maß an — von den jeweiligen Einzeldarstellungen abgehobene — innerer Festigkeit und ein anerzogenes und sonstwie verinnerlichtes Bedürfnis nach Offenheit, Wandlungsmöglichkeit und die Bereitschaft, Neues zu lernen. Vertreter der älteren Generation haben entgegen diesen Notwendigkeiten der modernen Gesellschaft häufig das Festhalten an einmal bezogene Stellungen und Haltungen, das ihnen als Ausdruck von Charakterstärke schmackhaft gemacht wurde, verinnerlicht und empfinden daher die Selbstkorrektur als Verrat (vgl. die Einwände gegen den Bundespräsidenten Heinemann, die sich auf seinen mehrfachen Parteiwechsel beziehen).

[123] Die Anerkennung des verfassungsrechtlichen und grundrechtlichen Ranges des Instituts erfolgte durch den Beschluß des Bundesverfassungsgerichts, in dem der Ausschluß der Richterablehnung in der freiwilligen Gerichtsbarkeit (§ 6 FGG) festgestellt wurde (BVerfGE 21, 139).

berücksichtigt werden (vgl. u. a. § 24 StPO, § 42 ZPO, § 54 VwGO). Auf den konkreten Nachweis eines Rollenkonfliktes, der den Richter befangen sein läßt, kommt es nicht an. Entscheidend ist vielmehr, ob die Besorgnis des Angeklagten (der Partei usw.) der Richter sei befangen, aus der Sicht eines[124] „vernünftigen" Prozeßbeteiligten gerechtfertigt ist. Um den Rechtssuchenden oder den Angeklagten in die Rechtsordnung zu integrieren, das ist ein nie endender Prozeß wie jeder Sozialisationsvorgang, und ihn für die Annahme des Urteiles empfänglich zu machen, muß der Rechtsgenosse zum Richter Vertrauen haben können.

Die Garantie des gesetzlichen Richters, Art. 101 Abs. 1 Satz 2 GG, die Ausschließungsgründe und die Ablehnungsmöglichkeit sollen dazu beitragen, ein Vertrauensverhältnis ohne längeren Kontakt zu erzeugen. Mit Recht reagieren deshalb die Obergerichte besonders empfindlich auf die Verletzung dieser Grundsätze, denn ihre Einhaltung beeinflußt die Wirksamkeit des Rechts weitgehend. Allerdings sind in der Richterschaft im Hinblick auf das Institut der Ablehnung Empfindlichkeit und Abneigung nicht zu verkennen[125]. Einmal mögen darin obrigkeitsstaatliche Relikte richterlichen Denkens zum Ausdruck kommen, da durch die Ablehnung ihr „Staat" anscheinend in Frage gestellt wird, oder jene Richter sehen es mit ihrem an der Klischeevorstellung eines unparteiischen Richters orientierten Selbstbild als nicht vereinbar an, daß auch bei ihnen Befangenheit vorliegen könne. Im übrigen ist die Ablehnung eines Richters prozeßunökonomisch. Wohl ist der Richter als solcher nicht Angehöriger der Justizverwaltung und insoweit zu wirtschaftlichen Erwägungen an sich nicht aufgefordert. Aber das notwendige tagtägliche Zusammenspiel im Justizapparat und die kärgliche Ausstattung mit Rollenattributen (Abstellkammern ähnliche Diensträume, keine Weisungsbefugnis gegenüber dem Geschäftszimmerpersonal, Unterbezahlung usw.) verhindern das Bewußtsein, ein von den spezifischen Belangen der Organisation unabhängiger, souveräner Richter zu sein[126].

Eine Aufarbeitung der umfangreichen Kasuistik der Rechtsprechung zur Richterablehnung ist hier nicht zu leisten. Auf die gründliche Darstellung von Arzt[127] und Teplitzky[128] kann insoweit verwiesen werden.

---

[124] Vgl. BVerfGE 20, 50; BGHSt 4, 264; 18, 214, 215, 217; KG NJW 63, 451 und dazu *G. Arzt*, Der befangene Strafrichter, S. 22: „Maßgebend ist hier der *objektive* Betrachter, der sich freilich in die Angeklagten*rolle* begeben muß."

[125] Vgl. dazu *O. Teplitzky*, Die Richterablehnung wegen Befangenheit, in: JuS 69, 318, 319; *D. Arzt*, Der befangene Strafrichter, S. 18, 36.

[126] Vgl. dazu *L. Bendix*, Zur Psychologie der Urteilsfähigkeit des Berufsrichters und andere Schriften, S. 96 f.

[127] *G. Arzt*, s. Anm. 124.

[128] *O. Teplitzky* (s. Anm. 124), Befangenheit.

Beiden Arbeiten liegt das rollentheoretische Konzept zwar nicht ausdrücklich, so aber doch der Sache nach zu Grunde.

M. E. wird die Stärke der Rollenerwartung zutreffend danach eingestuft und über die Ablehnung entschieden, ob die Rollensender dem engeren Kreis des Richters angehören (Verlöbnis, Freundschaft, freundnachbarliche Beziehungen, Duzbrüderschaft mit Stammtischmitgliedern, außerordentlich gute Kollegialität usw.) oder ob die Sender nur dem weiteren Rollensatz zuzurechnen sind (alle Staatsbürger, alle Amtsträger, alle Richter, bloße gesellschaftliche Beziehungen, lose geschäftliche Beziehungen), und ob etwa dem Richter ein Abbruch dieser losen Beziehungen zuzumuten ist. Mit der Möglichkeit einer Ablehnung ist neben der Garantie eines fairen Verfahrens auch dem Richter geholfen[129]. Denn er braucht z. B. nicht zu befürchten, durch die notwendige Glaubwürdigkeitsprüfung und mögliche negative Bewertung eines ihm befreundeten Zeugen einen Baustein seiner Identität zu verlieren[130].

Weiterhin ist zutreffend die Gefährdung der Offenheit des Richters in der Tatsachenwahrnehmung, Bewertung und rechtlichen Würdigung durch tief eingeprägte Einstellungen und Haltungen hervorgehoben worden. Ein durch Wort und Tat bekannter „Kommunistenjäger" sollte nicht Kommunisten aburteilen dürfen[131], ein NS-Verfolgter, der Wiedergutmachungsantrag gestellt hat, nicht NS-Verbrecher[132] und ein NPD-Mitglied und „Ordnungs"-Fanatiker nicht Angehörige der APO[133].

Zweifel an der gebotenen Offenheit des Richters bestehen bei Vorbefassung mit der gleichen Sache. Das wurde schon angedeutet. § 354 Abs. 2 StPO, nach dem das Revisionsgericht an eine andere Abteilung oder Kammer zurückzuweisen habe, trägt der jetzt „erkannten" Sachbefangenheit Rechnung. Gehört aber nunmehr der anderen Kammer oder Abteilung ein Richter an, der bei der ersten Entscheidung mitgewirkt hat, will der Bundesgerichtshof[134] der Ablehnung dieses Richters wegen Befangenheit nicht stattgeben. Diese Haltung ist nur aus dem überkommenen (ideologischen) Selbstverständnis der Richter zu erklären[135]. Abgesehen von der natürlichen Schwäche des Richters,

[129] Dazu: G. *Arzt* (s. Anm. 124), Strafrichter, S. 51, 52, 56.

[130] Ein psychologisch geschickter Richter kann aber darauf hinarbeiten, daß der Zeuge nur hinsichtlich der speziellen Situationsschilderung unglaubwürdig erscheint und dem Zeugen deutlich machen, daß er, als Richter, nur von diesen „objektiven" Eindrücken ausgehen könne. Zeugen verstehen das auch als Freunde, Bekannte usw.

[131] Anders aber BGH LM Nr. 6 zu § 24 StPO.

[132] Vgl. BGH bei *Dallinger*, MDR 57, 16.

[133] Vgl. dazu: *O. Teplitzky* (s. Anm. 124), Befangenheit, in: JuS 69, 321, Anm. 49.

[134] BGHSt 21, 142.

[135] Vgl. dazu *E.-W. Hanack*, in: NJW 67, 580, 581; und *L. Bendix* (s. Anm. 125), Psychologie, S. 101 ff.

seine Fehler einzusehen und selber zu korregieren — die törichten internen Listen der Justizverwaltungen über die Anzahl der glatt durchgegangenen Entscheidungen (Treffer) konstituieren Rollenerwartungen[136], die ja zu derartigem Fehlverhalten geradezu führen müssen — versetzt das Auftauchen des gleichen Richters in der neuen Verhandlung, wie Dahs[137] anschaulich belegt, den Angeklagten in hoffnungslose Verzweiflung. Dem Ansehen der Justiz ist dieses Ergebnis nur abträglich[138]. In der Vorstellung der Bevölkerung lebt nicht der königliche Richter, sie kennt ja nur den „beamteten", mit allen menschlichen Vorzügen und Fehlern, wie sie jedem anderen Sterblichen eigen sind. Ein Kraftfahrzeugmeister, der über seine „Niederlage" in einem Prozeß nachsann, meinte schließlich alles erklärend, die Richter hätten gewußt, daß sie von seinem vermögenslosen Prozeßgegner niemals die Gerichtskosten erstattet bekommen hätten.

Unterschätzt wird schließlich auf Grund des falschen Richterselbstbildes der massive Senderdruck, der von den Massenmedien auf den Richter ausgeübt wird. Dem dadurch erzeugten Intrarollenkonflikt wird durch das bloße Verbot einer rundfunk- oder fernsehöffentlichen Hauptverhandlung (vgl. § 169 GVG) nicht hinreichend begegnet. Durch das Institut der Ablehnung könnte gerade im Falle einer dem Urteil vorgreifenden Berichterstattung dem Angeklagten ein relativ „unbefangener" Richter verschafft werden[139].

Das viel erörterte[140] Problem der möglichen „sozialen" Befangenheit von Richtern braucht hier nur gestreift werden. Daß eine bestimmte Schichtzugehörigkeit Sachverhalte beeinflussen kann, ist gesicherte soziologische Erkenntnis. Desgleichen, daß die Wirksamkeit von Vorurteilen nicht schon durch das bloße (womöglich leutselige) Hineinversetzen in die Lage des anderen beseitigt werden kann. Allein die vielen Juristen wohl nicht ohne Grund eingeprägte Abneigung, sich

---

136 T. Geigers Ergebnisse über die juristische Geltungsfrage: Falsch ist eine Entscheidung nicht, weil sie auf einem juristisch-theoretischen Irrtum beruht, sondern einzig und allein, sofern sie sich nicht im Rechtsleben durchsetzt, die höhere Instanz also anderer *Meinung* ist (in: *T. Geiger*, Vorstudien zu einer Soziologie des Rechts, S. 253), scheinen immer noch nicht rezipiert zu sein. Auf Geigers Frage: Wissen die Juristen das?, paßt die beschämende Antwort: Sie wissen es, aber sie wollen es nicht wissen.

137 *H. Dahs*, Handbuch des Strafverteidigers, S. 89; ders., Ablehnung von Tatrichtern nach Zurückverweisung durch das Revisionsgericht, in: NJW 66, 1691.

138 Dazu *G. Arzt* (s. Anm. 124), Strafrichter, S. 81, 82.

139 So *G. Arzt* (s. Anm. 124), S. 113 f.; anders aber der BGH in: MDR 69, 371.

140 Vgl. *L. Bendix*, Zur Psychologie der Urteilstätigkeit des Berufsrichters und andere Schriften, S. 104, 129 mit einleuchtenden Beispielen; *E. F. Fraenkel*, Soziologie der Klassenjustiz und Aufsätze zur Verfassungskrise 131—32; *G. Arzt*, Der befangene Strafrichter, S. 46; *H. Rottleutner*, Klassenjustiz, in: U. Sonnemann, Hrsg., Wie frei ist unsere Justiz?; *T. Rasehorn*, Von der Klassenjustiz zum Ende der Justiz, in: KJ 69, 273 f.

sozialwissenschaftlicher Ergebnisse zu bedienen, erlaubte es bislang, dem Ideal des „wahrhaft unparteilichen" Richters ohne auch nur den geringsten Anschein innerer Not zu frönen. Praktisch abgeholfen werden kann der „Schichtenjustiz" wohl nur durch eine Rekrutierung von Richtern aus allen Schichten[141]. Dabei ist eine gewaltsam direkt schichtproportionale Beteiligung überflüssig.

γ) Von den Standards seines Berufs wird ein Richter nicht selten durch den Senderdruck der Kollegen abgelenkt. Hier soll nur auf den praktisch erheblichen Fall der Anpassung von Assessoren eingegangen werden. Ihr Fortkommen ist von der Beurteilung des Kammervorsitzenden mit abhängig. Und Vorsitzende sehen es nicht gern, wenn ihnen allzu oft und mit Nachdruck Widerstand geleistet wird. Außerdem haben sie in der Behandlung von Routinefragen einen beachtlichen Erfahrungsvorsprung. Der junge Assessor, dem bei Eintritt in die Gerichtsorganisation als erstes die Vorstellung einer nahezu unerreichbaren Würde und Autorität eines Kammervorsitzenden vermittelt wird, sieht sich so den Rollenerwartungen dieses Vorsitzenden, der allgemeinen Justizverwaltung nach Anpassung, dem in Studium und Ausbildung verinnerlichten Berufsnormen und nicht zuletzt seinem eigenen Interesse und dem seiner Angehörigen usw. an guten Beurteilungen gegenüber. Das Wissen um diese Rollenkonflikte ist in die Verfahrensgesetze aber nicht eingegangen. Die Reihenfolge der Stimmabgabe (§ 197 GVG) ist bei Kenntnis der Meinungen in der Beratung nur Farce. Wohl darf nach § 29 DRiG nicht mehr als ein Richter auf Probe, kraft Auftrags oder auf Abordnung bei der Entscheidung mitwirken. Das ist aber unzureichend. Die vom Gesetz durch die Einrichtung der Kollegialgerichte gewollte autonome Meinungsbildung[142] (zumindest von Vorsitzendem und Berichterstatter) sowie das Austragen möglicher Differenzen bei faktischer Gleichrangigkeit der Richter wird nur erzielt werden, wenn Beurteilung, Ernennung und Beförderung des Assessors und auch des anderen Beisitzers nicht maßgeblich durch den Vorsitzenden beeinflußt werden können. Angemessen wäre es, einem Personalausschuß diese Aufgabe zu übertragen[143].

bb) Andere Gerichtspersonen

Nach § 74 StPO kann ein Sachverständiger aus denselben Gründen, die zur Ablehnung eines Richters berechtigen, abgelehnt werden[144].

---

[141] Vgl. die abgestufte Berücksichtigung der „sozialen" Befangenheit bei *G. Arzt* (s. Anm. 124), Strafrichter, S. 47.

[142] Vgl. dazu BGHSt 4, 264, 269.

[143] In Berlin ist dies bereits der Fall.

[144] Dazu: *H. Dahs*, Handbuch des Strafverteidigers, S. 104 f. mit w. Nachweisen.

Im Gesetz nicht ausdrücklich geregelt ist die Ablehnung eines Staatsanwalts. Sie ist statthaft. Es gehört zu den Amtspflichten eines Staatsanwaltes, in den Verfahren nicht tätig zu werden, die ihn naheliegenden Rollenkonflikten aussetzen könnten, also in den Fällen des § 22 Nr. 1—3 StPO und den entsprechenden Fällen, die beim Richter zur Ablehnung führen[145].

§ 155 GVG sieht den Ausschluß des Gerichtsvollziehers von der Ausübung seines Amtes kraft Gesetzes aus Gründen vor, die denen des § 41 ZPO nachgebildet sind. Insoweit kann auf die obige allgemeine Erörterung verwiesen werden[146].

Eine Ablehnung wegen Befangenheit ist nicht vorgesehen. Wegen der erheblich geringeren Weite des Spielsraumes, der Gerichtsvollziehern eingeräumt ist, erscheint diese differenzierte Beachtung von Rollenkonflikten als sinnvoll.

cc) Träger eines unabhängigen Amtes, Notare

Der Notar ist bei der Urkundstätigkeit von der Ausübung seines Amtes ausgeschlossen: bei direkter und indirekter Selbstbeteiligung, bei enger geschäftlicher oder auch rechtlicher Verbindung mit einem Beteiligten (etwa als gesetzlicher Vertreter oder bei ständigem Geschäftsverhältnis) und bei enger persönlicher Beziehung (vgl. § 16 Abs. 1 Nr. 1—5 BRAO). Er hat weiterhin das Recht, sich der Ausübung des Amtes wegen Befangenheit zu enthalten (§ 16 Abs. 3 BNotO).

dd) Soldatischer Disziplinarvorgesetzter

Nach § 19 Abs. 2 WDO ist der nächsthöhere Disziplinarvorgesetzte zur Ahndung der Tat zuständig, wenn der nächste Disziplinarvorgesetzte u. a. meldet, daß er persönlich durch die Tat verletzt ist oder sich für befangen hält. Die Kommentare[147] führen zur Erläuterung Beispiele an, die in Anpassung an die besonderen Verhältnisse in etwa den Rollenkonfliktsituationen befangener Richter entsprechen.

ee) Beamte

Art. 3 GG ordnet im Verhältnis Herrschaftsapparat Staat und Bevölkerung die Ausblendung aller anderen Rollen als die des „unper-

---

[145] Vgl. dazu RGSt 29, 236; BGHSt 14, 226; 21, 85—90; *H. Dahs* (s. Anm. 143), S. 91 m. w. Nachweisen.

[146] Siehe o. S. 142 ff.

[147] Vgl. u. a. *Baden/v. Mitzlaff*, Wehrdisziplinarordnung, § 19 Abs. 2 WDO, Erl. 7.

sönlich" zu denkenden Antragsstellers oder Adressaten einer behördlichen Maßnahme an[148]. Von den Staatsrollenträgern wird daher erwartet, daß sie ihre Aufgaben unparteiisch (vgl. § 52 Abs. 1 BBG, § 35 Abs. 1 BRRG) und uneigennützig (vgl. § 54 BBG) ausüben. Dieses Programm wird durch Ausdehnung der Grundsätze der Befangenheit auf das gesamte Gebiet des öffentlichen Rechtes konkretisiert[149]. Die Wirksamkeit des Grundsatzes ist dabei nicht durch die Anordnung ausdrücklicher partieller Inkompatibilitäten beschränkt, sondern jeder Amtsträger ist schlechthin verpflichtet, bei Befangenheit die fragliche Amtshandlung zu unterlassen[150]. Dieses Gebot greift bereits bei objektiv begründeter Besorgnis der Befangenheit ein[151].

Befangenheit wird u. a. angenommen, wenn Eigen-Rolle-Konflikte durch enge persönliche Beziehungen des Amtsträgers zum Gegenstand des Verfahrens wahrscheinlich sind (eigene Beteiligung am Verfahren, sonstige mögliche unmittelbare Sondervorteile oder -nachteile[152], oder bei Vorbefassung mit dem Verfahrensgegenstand[153]) oder aber Interrollenkonflikte naheliegend sind (enge persönliche Beziehungen zu den am Verfahren beteiligten natürlichen Personen oder auch enge Beziehungen rechtlicher Art zu den am Verwaltungsverfahren beteiligten juristischen Personen usw. und diese durch die Amtshandlung unmittelbar einen Sondervorteil oder -nachteil erlangen können)[154].

Zur Wahrung der Unparteilichkeit tragen auch die strafrechtlichen Bestimmungen über die Bestechung von Beamten (§§ 331 f., 359 StGB) bei. Ihre Wirkung ist vielschichtig. Einmal beeinflussen sie den Beamten im Sinne der Generalprävention, halten ihn also durch die Sanktionsdrohnung von bestimmten Formen der Parteinahme ab. Zum anderen stärken sie ihn aber auch gegenüber „unlauteren" Rollensendern.

Der durch die illegetime Erwartung in einen Interrollenkonflikt geratene Beamte kann den Senderdruck des Dritten leichter abwehren, indem er auf die Strafbestimmungen verweist. Häufig kann der Be-

---

[148] Das Eingehen auf die individuellen Belange des konkreten Staatsbürgers soll damit natürlich nicht ausgeschlossen sein, soweit es sachgemäß ist.

[149] *H. J. Wolff*, Verwaltungsrecht, Bd. I, S. 111; Bd. II, S. 36. Vgl. auch *R. Wimmer*, Der befangene Amtsträger im behördlichen Verfahren, in: MDR 61, 11.

[150] Ein ausdrücklicher Ausschluß ist weiter vorgesehen für das Verfahren vor den Versicherungsbehörden (vgl. §§ 1621, 1641—1648, 1899 RVO, §§ 223, 237, 261, 273, 289 AVG); für die in Steuersachen tätigen Beamten (vgl. § 67 AO), für die Mitglieder des Rechnungshofes (vgl. § 122 RHO und § 49 AO).

[151] Ausführlich dazu *H. J. Wolff*, Verwaltungsrecht, Bd. III, S. 236 f.

[152] Vgl. § 59 BBG, § 7 Abs. 1 a blnVwVerfG.

[153] Vgl. § 67 Abs. 1 Satz 5 AO, dagegen aber keine Berücksichtigung im EVwVerfG, vgl. § 15.

[154] Vgl. § 59 BBG, § 67 Abs. 1 S. 4 AO, § 7 Abs. 1 c blnVwVerfG.

amte mit diesem Hinweis sogar den von ihm unerwünschten Abbruch der Beziehungen mit dem Rollensender vermeiden. Insoweit sind die Strafvorschriften also konfliktentlastend.

ff) „Befangenheit" von juristischen Personen des öffentlichen Rechts und Behörden

Rollenbeeinflussungen (oder -konflikte) sind möglich, wenn zum Beispiel die juristische Person oder Behörde an dem Verwaltungsverfahren als Träger von privaten Rechten beteiligt ist. Wohl werden die Interessen der juristischen Personen usw. von Rollenträgern wahrgenommen, deren „persönliche" Interessen von denen der Organisation abgehoben gedacht werden könnten und die also in der Lage sein müßten, die ihnen aufgegebene jeweilige spezifische Funktion unbeeinflußt von anderen auszufüllen. Das aber widerspricht der Erfahrung. In der Regel entwickelt der Amtsträger neben dem schlichten Loyalitätsbedürfnis eine affektive Bindung zu seiner Organisation, von der er ja nicht zuletzt auch ein gut Teil seiner Identität „bezieht". Diese Bindungen, („Wir"-Einstellungen)[155] verhindern leicht das der jeweiligen spezifischen Funktion allein sachgemäße Verhalten. Daher sollten die Verwaltungsbehörden nicht über eigene Anträge und Rechtsbehelfe entscheiden dürfen[156].

Von rechtssoziologischem und rechtspolitischem Interesse ist schließlich die Frage, inwieweit die durch Gesetz angeordnete und durch strukturelle Vorkehrungen relativ abgesicherte Unparteilichkeit der Beamten tatsächlich besteht und ob Verbesserungen gefunden werden können. Oder ob die heute nicht selten geäußerte Behauptung[157] zutrifft, daß der preußische Beamte tot und Korruption in Grenzen dem Verwaltungstyp „Leistungsträger" angemessener sei als etwa der Ruf nach Unparteilichkeit. Nicht wünschenswert erscheint es jedoch, daß in Zukunft beispielsweise Stadträte auf Grund bestimmter Gruppenzugehörigkeit ihre Genossen bei Amtshandlungen (Wohnungszuteilung usw.) begünstigen können, ohne ihre Stellung zu gefährden.

Eine mögliche strukturelle Absicherung bestünde etwa darin, bei relativ kleinen (geographisch, zahlenmäßig, wirtschaftlich) Verwaltungseinheiten die Leitung nicht Politikern zu überlassen, die durch Be-

---

[155] Sie können auch auf den abstrakt gedachten Dienstherrn, wie z. B. das Land Berlin, projiziert werden.

[156] Anders BGH VwRspr 6, 650, 653; VGH Bremen NJW 52, 719: Oberste Landesbehörde kann über die von ihr selbst eingelegte Beschwerde entscheiden. Im Ergebnis wie hier, *H. J. Wolff*, Verwaltungsrecht, Bd. III, S. 237; *v. Turegg*, Anmerkung zu VGH Bremen, in: NJW 52, 719.

[157] So E. K. Scheuch während der „Berliner Beamtentage 1969", referiert von *L. Unterseher*, „Berliner Beamtentage 1969", in: KJ 69, 422.

förderungspolitik eine Abweichung etwa von der Bauordnung zu Gunsten ihrer entscheidenden Rollensender nicht unwahrscheinlich sein lassen. Der am Gesetz erzogene Fachbeamte wird sich leichter den Vorbehalten seiner Sachbearbeiter öffnen und weniger bereit sein, dem Druck äußerer Sender nachzugeben. Politische Grundsatzentscheidungen sind auf der angegebenen Ebene selten und sollen dadurch auch nicht der Zuständigkeit des Rates entzogen werden.

gg) Mitglieder der kommunalen Vertretungsorgane

Das erwähnte für das gesamte öffentliche Recht geltende allgemeine Mitwirkungsverbot im Falle der Befangenheit ist speziell für Mitglieder[158] kommunaler Vertretungsorgane konkretisiert worden. Nach den westdeutschen Gemeindeordnungen[159] darf ein Ratsmitglied dann nicht beratend oder entscheidend im Gemeinderat mitwirken, wenn die Entscheidung dem Ratsmitglied oder einer ihm nahestehenden Person einen unmittelbaren Vor- und Nachteil bringen kann. Zutreffend wird wieder darauf abgestellt, daß das Ratsmitglied durch den Gemeinderatsbeschluß die bloße Möglichkeit eines Vor- oder Nachteils erlangt[160]. Denn diese Vorschriften wollen erreichen, daß das Vertrauen des Bürgers in seine Verwaltung[161] nicht gestört wird und dies ist bereits bei dem Verdacht einer Rollenbeeinflussung (oder begleitenden Rollenkonfliktes) der Fall. Erwähnenswert ist noch, daß ein Ausschließungsgrund nicht gegeben ist, wenn durch die Beratung und Entscheidung die Belange eines größeren Personenkreises betroffen werden.

So dürfen nach § 23 Abs. 2 GO NW Ratsmitglieder mitwirken, wenn diese „lediglich" als Angehörige eines Berufes oder einer Bevölkerungsschicht beteiligt sind, deren gemeinsame Interessen durch die Angelegenheit berührt werden.

---

158 Siehe Anm. 148; vgl. PrOVG 59, 466 ff.; *R. Wimmer*, Der befangene Amtsträger im behördlichen Verfahren, in: MDR 62, 11.

159 Vgl. § 23 GO NW: (1) Niemand darf in einer ehrenamtlichen Tätigkeit oder in einem Ehrenamt bei Angelegenheiten beratend oder entscheidend mitwirken, wenn die Entscheidung ihm selbst, seinem Ehegatten, seinen Verwandten bis zum dritten oder Verschwägerten bis zum zweiten Grade oder einer von ihm kraft gesetzlicher oder rechtsgeschäftlicher Vollmacht vertretenen Person einen unmittelbaren Vorteil oder Nachteil bringen kann. (2) Das gilt auch, wenn der Betreffende in der Angelegenheit in anderer als öffentlicher Eigenschaft ein Gutachten abgegeben hat oder sonst tätig geworden ist oder gegen Entgelt bei jemandem beschäftigt ist, der an der Erledigung der Angelegenheit ein persönliches oder wirtschaftliches Interesse hat. Vgl. allgemein § 25 DGO.

160 Vgl. *G. Scheffler*, Interessenkollisionen durch Beteiligung an einer Gesamthandsgemeinschaft, in: DÖV 62, 936.

161 *Hoffmeister*, Interessenkollisionen nach deutschem Gemeindeverfassungsrecht, S. 2.

Auf die zahlreichen Einzelfragen[162], wie etwa der Abgrenzung zwischen individuellen Interessen und dem Gruppeninteresse, ist nicht einzugehen[163].

Daß auch im kommunalen Bereich zur Verwirklichung der „Idee" parlamentarische Demokratie, die Inkompatibilitäten der Verfeinerung und des Ausbaues fähig sind[164], soll an einem speziellen Problem belegt werden[165].

Es handelt sich um die Wahrnehmung von leitenden Funktionen durch Mitglieder des Rates in Gesellschaften usw., von denen die Kommune die meisten Anteile besitzt. (Beispiele: Stadtbad — Stadthallen — Städtische Versorgungsbetriebe GmbH usw.)[166] Nach formalrechtlicher Betrachtung bestehen dagegen keine Bedenken. Als Geschäftsführer der GmbH usw. steht der Ratsherr im Dienste einer Handelsgesellschaft und nicht also zugleich im Dienste der Stadt, welches unzulässig wäre (vgl. § 35 a NGO: Ratsherr darf u. a. nicht ein Beamter mit Dienstbezügen sein, der im Dienst der Gemeinde steht). Durch diese Positionshäufung kann aber bei der Bevölkerung der Eindruck entstehen, als ob sich Parlamentarier bestimmte Positionen zuspielen, um auf diese Weise zu lukrativen Einnahmen zu kommen. Daneben besteht eine Gefahr von Rollenkonflikten, die die „saubere" Rollenausführung sowohl der Mitglieder des Rates wie des betreffenden Geschäftsführers usw. der Gesellschaft in Frage stellen. Wohl ist er von den Beratungen und Entscheidungen des Rates, die die Gesellschaft betreffen, nach den angeführten Grundsätzen ausgeschlossen. Für Beratungen in einer *Fraktion* bestehen aber keine entsprechenden gesetzlichen Bestimmungen.

Die Konfliktsituation für den „Doppelmandatsträger" ist die gleiche. Als hauptamtlicher Geschäftsführer einer GmbH etwa hat er seiner Gesellschaft gegenüber eine spezielle Treuepflicht. Als Ratsherr, Fraktions- und Parteiangehöriger ist er in erster Linie verpflichtet, die Interessen der Allgemeinheit, seiner Fraktion und seiner Partei wahrzunehmen. Eine unbeeinflußte Rollenausführung beider Ämter ist daher nicht zu erwarten. Die hier geschilderte Rechtsordnung ist aber im Grundsatz nach auf das „offene" Ausspielen möglicher gegenläufiger

---

162 Vgl. *G. Scheffler* (s. Anm. 159); *H. Krüger*, Die Diäten der Bundestagsabgeordneten, in: DVBl 64, 220.

163 Vgl. *R. Gutknecht*, Ausschluß eines Ratsmitgliedes wegen Interessenkollision (§ 23 GO NW) und Beanstandungspflicht des Hauptverwaltungsbeamten (§ 39 Abs. 2 GO NW), in: StuKommV 63, 14.

164 Allgemein dazu: *H. Krüger*, Allgemeine Staatslehre, S. 271.

165 Weil dabei sowohl der Gesichtspunkt der ausschließlichen wie partiellen Unvereinbarkeit angesprochen ist, wird das Problem erst hier berücksichtigt.

166 Vgl. dazu: *W. Thiele*, Zur Problematik der Inkompatibilität im kommunalen Bereich, in: DVBl 1969, 825. Thieles Darstellung wird in etwa gefolgt.

Funktionen angelegt und will keine „heimliche" Harmonisierung und Koordinierung.

In diesem Zusammenhang hat der Rechnungshof von Schleswig-Holstein in seiner Denkschrift für das Jahr 1967 ausgeführt[167], daß er grundsätzlich Bedenken habe, wenn Mitglieder einer Stadtvertretung zugleich als Vorstandsmitglieder von Eigen- und Beteiligungsgesellschaften angestellt seien, da ein derartiges Anstellungsverhältnis eine Fülle von Verflechtungen und Konfliktsituationen mit sich bringe. Die Vorstandsmitglieder könnten über ihre Mitgliedschaft in der Stadtvertretung nicht nur die Zusammensetzung und Willensbildung ihres Aufsichtsrates beeinflussen, sondern auch auf die Willensbildung ihrer Gesellschaftsversammlung einwirken. Sie nähmen auf diese Weise gleichzeitig an ihrer Beaufsichtigung teil. Der Landesrechnungshof kommt zu der Auffassung, „daß sich insoweit eine Lücke im Gesetz befindet — nämlich hinsichtlich der gleichzeitigen Mitgliedschaft in einer Stadtvertretung und im Vorstand von rechtlich selbständigen Eigen- und Beteiligungsgesellschaften — und der Gesetzgeber derartige Möglichkeiten der Verflechtungen und Interessenkonflikte ausgeschlossen hätte, wenn er die mit der Umwandlung von Eigenbetrieben verbundene Entwicklung vorausgesehen hätte. Vorstandsmitglieder, die zugleich einer Stadtvertretung angehören, haben durch die enge Bindung ihrer Gesellschaften an die Selbstverwaltungsorgane materiell eine ähnliche Stellung wie leitende Beamte oder Angestellte der Stadt oder wie Beamte und Angestellte eines kommunalen Zweckverbandes, dem die Stadt angehört".

Juristisch-technisch ließe sich diesen Rollenkonflikten entweder durch eine ausdehnende Auslegung des Begriffes, „Beamter mit Dienstbezügen im Dienste der Gemeinde" (vgl. § 35 a NGO) oder durch eine Gesetzesergänzung Rechnung tragen und dadurch das Normprogramm des Art. 20 GG: „Um eine der Eigenart der Aufgabe entsprechend gute und sachgemäße Erfüllung sicherzustellen, sollen Struktur, Zusammensetzung und Besetzung der Organe ... funktionsgerecht sein"[168], erfüllen[169].

Um die Konfliktslage auszuschließen, daß ein Inhaber eines gemeindlichen Ehrenamtes, der gegenüber der Gemeinde zur Treue verpflichtet ist, Ansprüche Dritter gegen die Gemeinde geltend macht, wird dem

---

[167] Mitteilungen der Kommunalen Gemeinschaftsstelle für Verwaltungsvereinfachung vom 10. 3. 1969, Nr. 5, S. 19 ff.

[168] *K. Hesse*, Grundzüge des Verfassungsrechts der Bundesrepublik Deutschland, S. 183.

[169] Auch Bedenken wegen Art. 137 GG bestehen nicht. Dazu ausführlich *W. Thiele* (s. Anm. 165), Problematik.

gemeindlichen Rollenträger dies von vornherein versagt (vgl. §§ 24, 30, GO NW; §§ 17 Abs. 3 f. BW; Art. 50 BayGemO)[170].

b) „Private" Rollen

Die situationsbedingte Ausblendung anderer Rollen wird im privaten Bereich auf unterschiedliche Weise durch das Recht angestrebt.

aa) Ausdrückliche Regelungen mit Sanktionen bei Abweichungen sind nur dann sinnvoll, wenn gewisse Chancen für die Überprüfung ihrer Wirksamkeit bestehen. Sind aus „technischen" Gründen diese Möglichkeiten gering, so ist es zweckmäßiger, daß der Rollenträger die gewünschten Einstellungen internalisiert und ihre relative Einhaltung durch bloße innere Kontrolle gewährleistet wird. Beispielhaft wird deshalb den Ärzten ein bestimmtes Berufsethos, u. a. eine strikte Rollentrennung, eingeprägt, die in der Präambel der Berufs- und Facharztordnung für die deutschen Ärzte folgenden Ausdruck gefunden hat: „... mich in meinen ärztlichen Pflichten nicht durch Religion, Nationalität ..., Parteipolitik oder soziale Stellung beeinflussen lassen[171]."

bb) Bei situationsbedingter naheliegender Rollenbeeinflussung und den in der Regel gleichzeitig auftretenden Rollenkonflikten wird jeweils die Mitwirkung in einer Rolle untersagt.

So etwa u. a. aus Gründen der Vorbefassung beim Rechtsanwalt, der in derselben Rechtssache bereits für eine Partei im entgegengesetzten Interesse mitgewirkt hat (vgl. § 45 Nr. 2 BRAO, § 356 StGB) oder dieselbe Rechtssache als Richter, Schiedsrichter, Staatsanwalt oder als Angehöriger des öffentlichen Dienstes zu beurteilen hatte (vgl. § 45 Nr. 3 BRAO) oder wenn es um die Wirksamkeit oder Auslegung einer Urkunde geht, die der Träger der Anwaltsrolle oder sein Sozius als Notar aufgenommen hat (vgl. § 45 Nr. 4 BRAO).

Zu den Rollen, die durch ihre Mischung von öffentlich- und privatrechtlichen Elementen ausgezeichnet sind, können auch die gesetzlichen Vertreter, wie der Vormund gerechnet werden. In Fällen, in denen diese Rollenträger in Eigen-Rolle-Konflikte geraten und die Interessen der Vertretenen leiden könnten, werden die Vertreter von ihrer Befugnis entbunden (vgl. §§ 1643, 1795, 1821 BGB).

Da regelmäßig keine relativ „objektive" Entscheidung zu erwarten ist, wenn jemand über etwas abzustimmen hat, das ihn persönlich und unmittelbar betrifft, ordnen Gesetze für viele dieser Situationen den

---

170 Die Bestimmungen sind verfassungsgemäß; BVerwG NJW 56, 965; OVG Münster NJW 56, 563.

171 Siehe bei *J. Cremer*, Grundlagen der ärztlichen Rechts- und Berufskunde, S. 14.

Ausschluß seines Stimmrechtes an und berücksichtigen so den wohl unvermeidlichen Eigen-Rollen-Konflikt (vgl. § 34 BGB, § 136 Abs. 1 AktG, § 43 Abs. 2 GenG, § 47 Abs. 4 GmbHG, § 72 bs. 2 Satz 1 BRAO). Das persönliche Betroffensein ist aber nicht beachtlich, soweit es sich um Wahlen handelt. Selbstwahl ist zulässig. Die Entscheidung für eine Person wird (bisher) in geringerem Maße von rational nachvollziehbaren objektiven Kriterien bestimmt als etwa die Entscheidung über die Pflichtenversäumnis eines Mitgliedes oder über den Abschluß eines Rechtsgeschäftes mit ihm. Personalentscheidungen sind in höherem Maße als Sachentscheidungen durch die Persönlichkeit usw. der Abstimmenden vorherbestimmt. Die Festlegung des Kandidaten auf sich selbst ist daher kein besonders zu berücksichtigender Fall. Hinzu kommt, daß, wenn ein Mitglied seine eigene Pflichtversäumnis mit zu beurteilen hätte, Identität von Kontrollierenden und Kontrollierten gegeben sein und bei Mitwirkung eines Mitgliedes an der Entscheidung über ein Rechtsgeschäft mit ihm die sachlich gebotene Grenze von Systemumwelt und Systemimmanenz in einer Person aufgehoben werden würde. Bei der Wahl dagegen handelt es sich um einen systeminternen Vorgang.

Einen Ausschluß von der Mitwirkung in bestimmten Situationen sieht auch das Selbstkontrahierungsverbot des § 181 BGB vor. Es untersagt für den Regelfall einem Vertreter (vgl. § 164 BGB), im Namen des Vertretenen mit sich im eigenen Namen oder als Vertreter eines Dritten Rechtsgeschäfte vorzunehmen. Die Auslegung dieser Vorschrift ist umstritten. Nach herrschender Meinung[172] stellt § 181 BGB nur eine formale Ordnungsvorschrift dar, die lediglich im Rechtsverkehr verhindern soll, daß an einem Rechtsgeschäft dieselbe Person auf beiden Seiten beteiligt ist. Eine Interessenkollision in der Person des Vertreters ist nach der h. M. zur Anwendung des § 181 BGB nicht erforderlich und allein auch nicht hinreichend. Interessenkollisionen würden durch das Institut des Mißbrauchs der Vertretungsmacht genügend berücksichtigt werden können. In der Lehre[173] wird dagegen zum Teil angenommen, daß § 181 BGB auch Interessenkollisionen verhindern solle, § 181 BGB also schon bei bloßer Interessenkollision auf beiden Seiten des Geschäfts eingreife. Der hier bereits nachgewiesene Trend der Rechtsordnung, Rollenkonflikte weitgehend zu berücksichtigen, legt es nahe, der Auffassung der bisherigen Mindermeinung zuzustimmen[174].

---

[172] RGZ 108, 407; BGHZ 21, 231; BayObIG 50/51. 456; *Palandt*, Bürgerliches Gesetzbuch, § 181 BGB, Anm. 2.

[173] Ausführlich: *G. Boehmer*, Grundlagen der bürgerlichen Rechtsordnung, Bd. 2, S. 44 ff.; *v. Staudinger/Coing*, Kommentar zum Bürgerlichen Gesetzbuch, § 181 BGB, Anm. 3 d.

[174] Vgl. noch die rollentheoretisch bemerkenswerte Entscheidung des BGH zu § 181 BGB (in MDR 70, 122): danach liegt kein verbotenes In-sich-Geschäft

3. Ausdrückliche Vereinbarkeit von Rollen

Dem Grundsatz der Selbstentfaltung und Selbstdarstellung trägt die Verfassung durch weite Generalklauseln und nähere Konkretisierungen Rechnung (vgl. u. a. Art. 1, 2, 4, 5, 9,12 GG). Durch Art. 12 GG ist speziell das Recht verbürgt, mehrere Berufe zu wählen und nebeneinander auszuüben[175]. Auf die Einschränkung dieser Regel z. B. durch rechtlich fixierte Berufsbilder, die Inkompatibilitäten aufstellen, ist schon eingegangen worden[176].

Aus verschiedenen Gründen kann es zweifelhaft sein, ob eine mehrfache Rollenübernahme zulässig ist. So wenn die Hauptrolle auf ausschließliche Inanspruchnahme des Rollenträgers an sich zugeschnitten ist oder wenn die Funktionen die Annahme eines Wechselbezuges nahelegen oder sonst die mehreren Rollen der Statuskongruenz wegen schlecht verträglich zu sein scheinen. Die ausdrückliche Gestaltung der Rollenhäufung kann dann für den Träger eine erhebliche Entlastung bedeuten, insbesondere ihn auch von Anfeindungen Dritter freihalten und schließlich den allgemeinen Verdacht unredlicher Verhaltensweisen von vornherein ausschließen.

a) Vereinbarkeit von „öffentlichen" Rollen untereinander sowie von „öffentlichen" und „privaten"

Ausdrückliche Anerkennung der Vereinbarkeit von Rollen ist offensichtlich gegeben, wenn der Rollenträger verpflichtet ist, weitere Rollen zu übernehmen. Nach § 64 BBG ist ein Beamter generell verpflichtet, auf Verlangen seiner obersten Dienstbehörde eine Nebentätigkeit im öffentlichen Dienst zu übernehmen. Zur Anwendung gelangt diese Regelung in der Praxis nur selten[177]. Wichtiger dagegen sind Regelungen, die über die bloße Zulässigkeit einer Nebenbeschäftigung entscheiden. Nach § 4 Abs. 2 Satz 1 BVerfGG ist den Bundesverfassungsrichtern allein noch die Tätigkeit an einer deutschen Hochschule erlaubt. Vorsorglich wird zugleich betont, daß die Tätigkeit als Richter

---

vor, wenn bei einem Beschluß über Auflösung einer GmbH ein Gesellschafter das Stimmrecht für sich und zugleich für einen anderen Gesellschafter ausübt. Es handele sich um keinen Vertragsschluß, sondern um einen Sozialakt der körperschaftlichen Willensbildung durch Mehrheitsentscheid. Ein Selbstkontrahieren sei auch nicht erfolgt, weil dem Gesellschafter „seine" Stimmen in seiner Eigenschaft als Geschäftsführer der beklagten GmbH zugegangen seien. Denn es sei gerade Aufgabe eines Geschäftsführers, Gesellschaftsbeschlüsse zur Kenntnis zu nehmen und, wenn nötig, auszuführen.

175 So BVerfGE 7, 377, 397; 9, 39, 48.

176 Siehe o. S. 137.

177 Vgl. dazu die rein theoretische Kommentierung des § 64 BBG bei *O. G. Fischbach*, Bundesbeamtengesetz, § 64 BBG, S. 485.

des Bundesverfassungsgerichts der Tätigkeit als Hochschullehrer vorgeht. Den übrigen Richtern schreibt § 4 Abs. 2 DRiG vor, welche Tätigkeiten sie im Bereich der vollziehenden Gewalt wahrnehmen dürfen (Aufgaben der Gerichtsverwaltung, der Forschung und Lehre usw. Prüfungsangelegenheiten). Ausdrücklich anerkannt wird die Vereinbarkeit mehrerer Rollen durch die Rechtsordnung weiter dadurch, daß sie bestimmte Nebentätigkeiten als nicht genehmigungspflichtig deklariert (vgl. § 66 BBG; u. a. wissenschaftliche Tätigkeit, sowie die Teilnahme an Berufsverbänden usw.).

Die Koppelung einer „öffentlichen" und einer „privaten" Rolle sieht § 150 b Abs. 1 Satz 1 ZVG vor. Danach ist als Zwangsverwalter eines ländlichen Grundstücks der Schuldner zum Verwalter zu bestellen, weil Rollenkonflikte generell nicht erkennbar sind und allgemein anzunehmen ist, daß sich der Schuldner um eine ordnungsgemäße Bewirtschaftung „seines" Grundstückes bemühen wird. Ist anderes konkret zu vermuten, hat die Bestellung zu unterbleiben.

Die Beschreibung der Rechtsordnung ist durch Gesetzesbelege allein unzureichend. Deshalb soll hier noch auf eine Entscheidung[178] hingewiesen werden, die die Vereinbarkeit von Rollen zum Gegenstand hat. Ein Polizist hatte nach Dienstschluß in seiner Eigenschaft als Sektenangehöriger Wohnungsbesuche gemacht und für seine Religion geworben. Das Gericht hielt dies insbesondere im Hinblick auf Artikel 5 GG für zulässig. Es sei nicht zu befürchten, daß sich ein Bürger im demokratischen Staat durch Vorträge und Aufforderungen eines Missionars beeindrucken, einschüchtern und zum Eintritt gegen seine innere Überzeugung bewegen lassen würde, nur weil dessen Anordnungen während des Dienstes als Polizist verbindlich sind. Der vom Gericht beachteten Rollendifferenzierung ist zuzustimmen, wenn auch allerdings nicht verkannt werden darf, daß es immer noch Angehörige der Bevölkerung gibt, die nicht einmal den hierfür erforderlichen geringen Grad an Mündigkeit aufzuweisen haben. Da diese Gruppe aber zahlenmäßig nicht ins Gewicht fällt, ist hier der Ausübung der Meinungsfreiheit der uneingeschränkte Vorrang einzuräumen.

b) Vereinbarkeit von „privaten" Rollen untereinander

Da die Rechtsordnung noch weitgehend durch liberale Grundsätze bestimmt ist, liegt es nahe, daß nur wenige Normen die Vereinbarkeit „privater" Rollen ausdrücklich anordnen. Geregelt sind einmal Fallgruppen, bei denen Zweifel an der Vereinbarkeit wegen der rechtlichen Rollendifferenzierung entstehen können, so etwa bei der Pfandversteigerung. Da hier Rollenkonflikte der Sache nach aber nicht zu be-

[178] BVerwG DVBl 68, 801.

fürchten sind, dürfen betreibender Gläubiger, Eigentümer, Verpfänder und persönlicher Schuldner mitbieten (§ 1239 BGB). Deutlich wird das angegebene Regelungsmotiv weiter im Handelsrecht, wo man beim Kommissionsgeschäft die Rollen des Käufers, Verkäufers und Kommissionärs, beim Speditionsgeschäft die Rollen des Versenders, Frachtführers und Spediteurs unterscheidet. Da nichts dagegen einzuwenden ist, daß ein Spediteur die Beförderung auch selbst ausführt oder ein Kommissionär die Ware selber kauft oder verkauft, gestattet das Gesetz (§§ 403, 412 HGB) den Selbsteintritt (mit der Folge, daß beide Rollenausführungen vom Auftraggeber entsprechend abzugelten sind).

In ähnlicher Weise werden durch die normative Darstellung einer bestimmten Rolle Vorschriften provoziert, die über die Vereinbarkeit mit anderen Rollen entscheiden. So hat die Charakterisierung des Berufs des Steuerberaters zur Frage geführt, welche anderen Rollen mit dem Beruf Steuerberater vereinbar sind (vgl. §§ 14, 22 Abs. 3 SteuerBerG i. V. mit den entsprechenden Richtlinien). Die besondere Stellung des Chefarztes ließ es zweifelhaft sein, ob er zugleich Krankenkassenarzt sein könne. § 368 a Abs. 8 RVO bejaht das, wenn der Chefarzt hinreichend Zeit hat, sich persönlich den Versicherten zu widmen. Ein Doppelrollenverbot wird beim Wegfall dieser Voraussetzung als zulässig angesehen[179].

Eine weitere Gruppe von Vorschriften, die Vereinbarkeit von Rollen anordnen, beruhen auf der staatlichen Anerkennung und dem staatlichen Schutz gesellschaftlicher Gruppierungen. Art. 9 Abs. 1 GG garantiert das Recht, auch Vereins- oder Gesellschaftsmitglied zu sein (vgl. auch §§ 1, 2 VereinsG) und Art. 9 Abs. 3 GG sichert speziell das Recht, bestimmte Vereinigungen zur Wahrung und Förderung der Arbeits- und Wirtschaftsbedingungen zu bilden, auch gegenüber Privaten ab.

4. Bereitstellung von Handlungsalternativen

Rechtsordnungen belegen zumeist alle sozial relevanten Verhaltensweisen mit Prädikaten wie rechtlich geboten, rechtlich möglich und rechtlich unzulässig. Je nach der Staatsstruktur wird dadurch der Handlungsbereich des einzelnen mehr oder weniger eingeengt. Eine direkte Korrelation ist in der Regel allerdings nicht gegeben. Es kommt auch darauf an, wie lange die jeweilige Staatsstruktur besteht. Denn die inhomogene, schwer übersehbare Normenmenge, die die jeweils Herrschenden bei ihrer Machtübernahme vorfinden, läßt sich nicht

179 BVerfGE 16, 297 f., 300.

von heute auf morgen den augenblicklichen Herrschaftsinteressen anpassen.

Eine Staatsstruktur, die auf eine offene Gesellschaft hinzielt, also pluralistischen Kräften Wirkungsmöglichkeiten einräumt, wird konsequent auch den Konflikt widerstreitender Normen, die sie jeweils einzeln allgemein durch ihr Prinzip der Offenheit und Toleranz zuläßt, sehen und in irgendeiner Form berücksichtigen müssen. Andernfalls setzt sie ihre trotz Offenheit notwendige Stabilität dem Zufall, d. h. dem Kampf der gesellschaftlichen Mächte aus und wird so u. a. den Minderheitenschutz nicht mehr durchhalten können. In einer Rechtsordnung muß daher verhindert werden, daß ihre Mitglieder die Loyalität zum geltenden Rechtszustand preisgeben müssen, weil sie einen von dieser Ordnung nicht besonders geschätztem, aber ihren Bestand nicht gefährdenden Wert, den sie internalisiert haben, den Vorrang geben[180]. Als Ausweg hat der für die europäische Geschichte so bedeutungsvolle Dualismus von Staat und Kirche den rechtlichen Topos Gewissensfreiheit hervorgebracht. Im Bewußtsein der Vielfalt größerer und kleinerer pluraler Mächte und möglicher Einzelhaltungen ist es dann konsequent, Art. 4 GG nicht nur als Garantie der religiösen Freiheit zu sehen, sondern Gewissen i. S. des Art. 4 GG allgemein gesellschaftsbezogen auszulegen. Praktisch relevant ist die Gewissensfreiheit in einer Rechtsordnung, die Vorschriften wie Art. 3 Abs. 2, 5, 9, 33 Abs. 2, 136 GG enthält, vor allem im Bereich der Familie, der arbeitsrechtlichen Direktionsverhältnisse und in öffentlich-rechtlichen Gewaltverhältnissen[181].

Eine erste Aufschlüsselung des „Gewissens" wird durch die sozialwissenschaftlich erarbeitete Deutung der Identität im Hinblick auf das Verhältnis des einzelnen zur Gesellschaft erleichtert. Allerdings kann auf Erkenntnisse, die in vergleichbarer Weise wie die der Naturwissenschaft gesichert sind, leider auch hier nicht zurückgegriffen werden. Unter Gewissen sollen die internalisierten Werte (Haltungen) anderer verstanden werden, an denen die Handlungen des spontanen, unreflektierbaren Ichs im Innenprozeß gemessen werden. Ob nun damit das Über-Ich bestimmter psychoanalytischer Schulen oder der sozialpsychologische Ansatz G. H. Meads angesprochen ist, muß hier unerörtert bleiben[182]. In gleicher Weise kann auf Luhmanns Deutung des Gewissens[183] als besondere Kontrollinstanz der Persönlichkeit zur Er-

---

[180] Vgl. *A. Podlech*, Das Grundrecht der Gewissensfreiheit und die besonderen Gewaltverhältnisse, S. 34; *N. Luhmann*, Die Gewissensfreiheit und das Gewissen, in: AöR 90 (1965), S. 261, 270 ff.

[181] *A. Podlech* (s. Anm. 179), Gewissensfreiheit, S. 33.

[182] Vgl. dazu H. P. Dreitzels Versuch, beide Theorien als im Grunde identisch zu deuten (Die gesellschaftlichen Leiden, S. 116 f.).

haltung ihrer Grenzen nicht näher eingegangen werden. Ohne den inneren Mechanismus hinreichend geklärt zu haben, kann aber jedenfalls davon ausgegangen werden, daß das Gewissen den einzelnen zu einer konsistenten Selbstdarstellung zwingt und bei Zuwiderhandlung der einzelne in seiner Persönlichkeit beeinträchtigt wird oder gar am Konflikt zerbricht[184].

Luhmann nennt neben dem bereits erörterten Lösungsmechanismus durch Institutionalisierung unpersönlicher Verhaltensweisen[185] die Bereitstellung einer Vielzahl von Handlungsalternativen, die vor allem bei rechtlich vermittelten Gewissenkonflikten durch das Grundrecht der Gewissensfreiheit dem Staat aufgegeben ist[186]. Diese Auslegung hat auch die Zustimmung von Staatsrechtslehrern gefunden[187].

So müsse nach Böckenförde[188] die Gewissensfreiheit erst dort eingeschränkt werden, wo die elementaren letzten Zwecke des modernen Staates (wie Frieden, Bestand des Staates, Leben und Freiheit der Person) bedroht seien. Bis zu jenen Grenzen sei ein „System von Toleranzen und partiellen Entpflichtungen“ (Adolf Arndt) notwendig, das (lästige) Verhaltensalternativen als Auswege bereitstelle. Damit würde auch die Funktion des Gewissens für die Persönlichkeit, nämlich die Identität der Person mit sich selbst zu ermöglichen, erfüllt werden. Zur Beurteilung des jeweiligen Konfliktes müßten konsequent die Maßstäbe des betroffenen Einzelnen — und nicht die von Gruppen allein — hinreichend sein.

Bevor auf eine grundsätzliche Kritik hieran eingegangen wird, sollen einige rechtliche Ausgestaltungen angedeutet werden. Die bisher wohl bedeutsamste Handlungsalternative ist die im Grundgesetz selbst vorgesehene Ersatzdienstpflicht für Wehrdienstverweigerer aus Gewissensnot (Art. 4 Abs. 3, 12 a GG). Dabei wurde zutreffend vom Bundesverwaltungsgericht[189] auch die Gewissensnot aus politischen Gründen allgemein anerkannt. Die im Rahmen der Verfassung zulässige politische Haltung muß vom Schutz der Selbstdarstellung weitgehend umfaßt werden.

Von dem angesprochenen Problembereich soll hier nur kurz auf die weitgehende Ersatzdienstverweigerung eingegangen werden. Die An-

---

183 *N. Luhmann* (s. Anm. 179), Gewissen, S. 273 ff.

184 Vgl. dazu die geschilderten Folgen von Konflikten, s. o. S. 102.

185 Trennung von formaler und informaler Rolle, s. o. S. 106.

186 Vgl. *A. Podlech* (s. Anm. 179), Gewissensfreiheit, S. 154.

187 Vgl. *F. Ossenbühl*, Staatsrechtslehrertagung 1969, vom 1.—4. Okt. in Berlin, in: DÖV 69, 706.

188 Vgl. den Bericht von *F. Ossenbühl* (s. Anm. 186).

189 BVerwG v. 20. 6. 1968, VIII C 9. 67 (unveröff.).

gehörigen der Religionsgesellschaft Zeugen Jehovas verweigern auch den Ersatzdienst, weil sie sonst rein zeitlich ihren religiösen Verpflichtungen nicht nachkommen können und zum anderen, weil viele von ihnen jeden aktiven Staatsdienst über die Steuerzahlung hinaus ablehnen. Damit sehen sie sich erneut vor einen Gewissenskonflikt gestellt. Fraglich ist daher, ob dieser Konflikt noch im Rahmen des Art. 4 Abs. 1 GG berücksichtigt werden kann. Gegen eine derartige Auslegung des Art. 4 Abs. 1 GG könnten der Wortlaut sowie elementare tragende Staatsschutzgründe sprechen. Das Bundesverfassungsgericht[190] hat die Berufung der Ersatzdienstverweigerer auf Art. 4 Abs. 1 GG mit dem lapidaren Satz abgewehrt, daß Art. 4 Abs. 3 GG für den Fall der Wehrpflicht die Reichweite der freien Gewissensentscheidung abschließend regelt. Das ist eine mögliche, aber keine zwingende und zudem nicht überzeugende Interpretation.

Die vom Bundesverfassungsgericht[191] und dem Schrifttum[192] für und gegen das Recht auf weitere Berücksichtigung der Gewissensnot der Ersatzdienstverweigerer versuchten Begründungen sind im Grunde schlecht verhüllte Dezisionen. Sachgemäß hätte von der angeführten Bedeutung des Gewissenskonfliktes für den einzelnen und der Verpflichtung des offenen, pluralistischen Staates zur Achtung der Würde des einzelnen ausgegangen werden und damit zunächst nach einer verfassungsimmanenten Interpretation gesucht werden müssen. Die nach dem Normwortlaut mögliche erneute Berufung auf die Gewissensfreiheit hätte allenfalls noch daran scheitern dürfen, daß einmal keine Handlungsalternativen denkbar und durchführbar sind, der Gleichheitssatz eine unverhältnismäßige Bevorzugung der Konfliktbetroffenen verbieten würde oder eben für die Allgemeinheit unzumutbare Folgen eintreten könnten[193].

Als Handlungsalternative[194] war eine Wehrersatzabgabe oder die Einführung eines zivilrechtlichen Anstellungsverhältnisses denkbar, das dem Ersatzdienst den öffentlich-rechtlichen Charakter nahm, ihm aber leistungsmäßig voll entsprach.

Daneben würden auch keine rechtlich beachtbaren untragbaren Folgen für die Allgemeinheit eintreten. Rechtspolitisch war nicht zu befürchten, daß die Masse der Wehrpflichtigen die Befreiung vom Wehr- und Ersatzdienst durch die Mitgliedschaft in der Sekte wählen würden. Dazu sind die Pflichten dieser Religionsgesellschaft zu lästig

---

190 BVerfGE 23, 127, 132.

191 BVerfGE 23, 127, 132.

192 *A. Arndt*, in: NJW 65, 2195; ders., in: NJW 68, 980.

193 Vgl. *Podlech* (s. Anm. 179), Gewissensfreiheit, S. 132 f.

194 Vgl. *H. Bogs* (s. Anm. 95), Geistlichenprivileg, S. 57.

und ihr soziales Ansehen zu gering. Und bei einer Lockerung der Pflichten könnte die Relevanz eines Gewissenskonfliktes weitgehend entfallen. Nur kurze Mitgliedschaft würde bei einer strengen Wehrüberwachung die Wehrgerechtigkeit nicht beeinträchtigen können.

Die vom Bundesverfassungsgericht[195] getroffene Lösung, im Falle des Gewissenskonfliktes der Zeugen Jehovas bei mehrfacher Ersatzdienstverweigerung nach einer Erstbestrafung Strafverbrauch anzunehmen, ist einer offenen pluralistischen Ordnung wohl kaum angemessen.

Neben diesem praktisch bedeutsamsten Fall einer Handlungsalternative lassen sich weitere Ausgestaltungen des Selbstdarstellungsschutzes nennen. Beispielsweise kann die Eidesleistung (etwa als Zeuge, bei Übernahme in das Beamtenverhältnis, § 58 Abs. 3 BBG) durch eine Beteuerungsformel ersetzt werden. Diese Alternative ist aber nur für Mitglieder von Religionsgesellschaften, die Eide ablehnen und denen durch Rechtsvorschrift die Verwendung einer Beteuerungsformel gestattet ist, vorgesehen. Die Beschränkungen verstoßen gegen den Gleichheitssatz und die unmittelbar wirkende Gewissensfreiheit[196]. Der weltanschaulich neutrale, offene Staat darf Menschen allenfalls die Selbstbindung an notwendige Systemeinstellungen abverlangen (Loyalitätserklärung), nicht aber sie zu Zeremonien nötigen, die ihrem Selbstverständnis zuwiderlaufen können. Die Loyalitätserklärung selber ist auf ein Mindestmaß zu beschränken. Sie sollte den einzelnen nicht zwingen, sich in erster Linie durch seine Mitgliedschaft im System zu verstehen[197]. Menschen, die bereits vier erheblich voneinander divergierenden Staatsordnungen die Treue geschworen haben, sind beim Bemühen, ihre notwendige subjektive Kontinuität über die Lebensjahre hinweg aufrechtzuerhalten, erheblich in Bedrängnis geraten.

Handlungsalternativen werden durch die Rechtsordnung weiterhin etwa im Schulwesen garantiert[198] (Bekenntnisschulen, Gemeinschaftsschulen, Schulgebet, freiwillige Teilnahme am Religionsunterricht) oder in anderen Bereichen, in der die verpflichtende „öffentliche" Rolle des Staatsbürgers (als Zeuge, als Wehrpflichtiger, als Strafgefangener, als Beamter, als Schüler usw.) dazu verleitet, ihm sachfremde, zu anderen Rollenbezügen gehörende Darstellungen abzunötigen (Kruzifix in Gerichtssälen", befohlene Teilnahme von Soldaten an Prozessionen und Rosenmontagszügen[199].

---

[195] BVerfGE 23, 191.

[196] Vgl. *A. Podlech* (s. Anm. 179), Gewissensfreiheit, S. 121 ff.

[197] Vgl. zuletzt *H. v. Kuehnheim*, Der Eid als Daumenschraube, in: „Die Zeit" v. 19. Juni 1970, Nr. 25, S. 36.

[198] *A. Podlech* (s. Anm. 179), Gewissensfreiheit, S. 93 ff.

[199] Vgl. dazu: OLG Nürnberg NJW 66, 1628.

Auch die Privatrechtsordnung kennt Regelungen, die sich praktisch als Absicherung von Handlungsalternativen auswirken. Aktuell in diesem Sinn ist insbesondere die Arbeitsverweigerung von Gastarbeitern aus Glaubens- und Gewissensnot geworden[200]. Dem Rollenkonflikt auf Grund der Erwartungen des Vertragspartners einerseits und denen der Glaubensgemeinschaft andererseits wird durch eine Befreiung des Schuldners von der Dienstleistung Rechnung getragen (§ 242 BGB)[201]. In diesem Zusammenhang ist auch eine Vorschrift (§ 888 Abs. 2 ZPO) des Zwangsvollstreckungsrechtes zu sehen[202]. Danach dürfen u. a. unvertretbare Dienstleistungen nicht erzwungen werden. Daß nicht alle Gewissensentscheidungen oder konfliktbehaftete Handlungsalternativen berücksichtigt werden können, ist für eine im hohen Maße pluralistische Gesellschaft selbstverständlich. Beispielsweise kann nach der Rechtsprechung[203] der Tatbestand des § 330 c StGB erfüllt sein, wenn ein Sorgeberechtigter seine Zustimmung zum Blutaustausch mit dem Hinweis auf seine göttlichen Geboten folgende Gewissensentscheidung verweigert. — Der Anschluß an rechtswidrig streikende Arbeitnehmer wird auch nicht dadurch zur rechtmäßigen Handlungsalternative, daß er aus Gründen der Solidarität — praktisch also in einer Konfliktsituation — erfolgt[204].

Die rechtssoziologische Betrachtung der Gewissensfreiheit ist auf Kritik gestoßen. So nimmt etwa Scholler[205] Anstoß an Luhmanns These[206], daß die Gewissensfreiheit nur eine tertiäre Funktion erfülle, nur dann wirksam werde, falls die sozialen Entlastungsmechanismen, die Institutionalisierungen unpersönlicher Handlungsweisen und die Handlungsalternativen nicht mehr in der Lage seien, den einzelnen nach Möglichkeit an seinem Gewissen „vorbeizusteuern". Dem grundrechtsgewährenden Staat werde somit eine auf Rollenverteilung und Rollendifferenzierung beschränkte, unfreie und intolerante Gesellschaft vorgezogen.

Luhmanns[207] These ist in dieser Form in der Tat nicht zuzustimmen. Allerdings nicht aus Gründen, die Scholler[208] anführt. Die hinreichende

---

[200] *W. J. Habscheid*, Arbeitsverweigerung aus Glaubens- und Gewissensnot, in: JZ 64, 264 ff.

[201] Vgl. aber: *Münzel*, zu LG Heidelberg, in: NJW 66, 1922; danach kann sog. „politische" Gewissensnot die Lossagung vom Vertrag nicht rechtfertigen, wenn bei dessen Abschluß die maßgeblichen Umstände bekannt waren. Bemerkenswert ist an der insoweit h. M., daß Art. 4 GG nicht unmittelbar zur Anwendung gelangt.

[202] Vgl. *N. Luhmann* (s. Anm. 179), S. 282.

[203] OLG Hamm NJW 68, 212.

[204] BGH BB 70, 126.

[205] *H. J. Scholler*, Gewissen, Gesetz und Rechtsstaat, in: DÖV 69, 526, 533.

[206] Vgl. *Luhmann* (s. Anm. 179), Gewissen, S. 280.

[207] *N. Luhmann* (s. Anm. 179), Gewissen, S. 280.

[208] *H. J. Scholler* (s. Anm. 202), Gesetz, S. 533.

Bereitstellung von Handlungsalternativen bedeutet nicht die Funktionslosigkeit des Gewissens. Vielmehr steuert ja gerade das Gewissen die Auswahl zwischen den Handlungsalternativen. Diese haben regelmäßig verschiedenes Prestige. So setzt sich der Rollensatz des Kriegsdienstverweigerers[209] nicht nur aus Gleichgesonnenen und linken Intellektuellen zusammen. Er hat Klassenkameraden, Eltern, Geschwister und weitere Beziehungspersonen, die häufig anders denken. Auch wird der Ersatzdienst zuweilen als etwas Feminines gegenüber den „Landknechtsvorstellungen" von männlichen Soldaten angesehen. Die nicht selten zu beobachtende Gesellung zu anderen Wehrdienstverweigerern bekundet so auch die Notwendigkeit, sich ein Mindestmaß von Anerkennung zu sichern. Mit anderen Worten, die Wahl der lästigen Handlungsalternative erfolgt nicht problemlos, „am Gewissen vorbei", sondern bedarf erheblicher Entscheidungskraft, d. h. hier „Gewissensstärke". Luhmanns technologische Sicht eilt insoweit an den Erfahrungen des Alltags vorbei.

Neben der Funktion, den Gesetzgeber zur Bereitstellung von Handlungsalternativen zu verpflichten, kann die Gewissensfreiheit als rechtlicher Topos dazu beitragen, dem Wählenden für seine Entscheidung ein Mindestmaß an sozialer Anerkennung zu verschaffen, indem er sich auf das jedenfalls generell anerkannte Toleranzgebot des Art. 4 GG berufen kann. Überschätzt werden darf diese Wirkungsmöglichkeit allerdings nicht. Im übrigen eignet sich die Gewissensfreiheit dazu, dem System einen Zugang für soziale und politische Innovationen freizuhalten und trägt so zur notwendigen Flexibilität bei. Die Entwicklung vom Dualismus von Schwert und Kreuz bis zum Pluralismus unserer Tage beruht nicht zuletzt auch auf der Garantie, anders denken und handeln zu können.

Bei Schollers[210] Kritik wird nicht recht verständlich, warum gerade eine der Metaphysik zugewandte Sozialwissenschaft Beachtung durch die Rechtswissenschaft verdiene, es sei denn, daß Scholler[211] nicht so sehr an einer Analyse der Wirklichkeit interessiert ist, wie sie Wissenschaft eben zu leisten hat, sondern vorrangig an der Wahrung eines Kultes, den nur — jeder Überprüfung entzogen — Anschauungs-Eingeweihte vollziehen können.

Nach Scholler[212] fehlt es im übrigen der heutigen funktional orientierten Sozialwissenschaft am Verständnis für systemfremde Rollen

---

209 Man nennt sie „Anarchisten, Utopisten, Gammler, Vaterlandsverräter". Für jeden zweiten Deutschen sind sie „Drückeberger" usw. Vgl. dazu näher: „Der Spiegel" v. 6. April 1970, Nr. 15, S. 36.

210 *H. J. Scholler* (s. Anm. 202), Gesetz, S. 533 f.

211 *H. J. Scholler* (s. Anm. 202), Gesetz, S. 526 f.

212 *H. J. Scholler* (s. Anm. 202), Gesetz, S. 533 f.

und Leistungsstörungen und schließlich unterliege eine angepaßte Rechtswissenschaft auf Grund der empirischen Methode der Rollenintoleranz besonders leicht. Das Abstellen auf die soziale Rolle endlich führe zur Verdrängung der im rationalen Prozeß entstandenen Norm.

Zur Verdeutlichung von metaphysischen Verhaltensweisen, die das funktionale Verständnis überfordern würde, hätte man sich gern einige Beispiele gewünscht. Die Berücksichtigung anderer Rollen etwa der Primärgruppe oder der Mitgliedschaft in religiösen Gemeinschaften ist doch schon deutlich geworden. Ebenso wurde innovatorischen Verhaltensweisen die gebührende Achtung geschenkt. Wer nicht systemproduktiv ist und auch nicht sein will, wird durch das Rollen-System-Denken nicht benachteiligt. Solange er seine Umwelt nicht erheblich stört, ist er systemneutral, sein Verhalten rechtlich irrelevant. Gesellschaftlich wird er allerdings keine besondere Anerkennung erfahren, da „gesellschaftliche" Wertung eng an die Stellung im System gebunden ist. Mit den Mitteln des Rechts ist daran nichts zu ändern. Stört die Einzelperson ihre Umwelt, wird jede Rechtsordnung, rollenbezogen oder nicht, darauf eine Antwort wissen müssen. Unerfindlich bleibt weiter, warum die empirische Methode zur Intoleranz verleiten würde.

Jede sachgemäß angefertigte sozialwissenschaftliche Untersuchung enthält eine Angabe über den jeweiligen Unsicherheitsfaktor und zwingt schon hierdurch den Kundigen gegenüber Erscheinungen, die bisher nicht erfaßt wurden, zur Toleranz. Für das Undenkbare, Metaphysische ist insoweit hinreichend vorgesorgt. Bedenken sind auch gegen den Glauben an den rationalen Entstehungsprozeß einer Norm angebracht. Normen sind in der Regel Kompromisse der jeweils Einflußreichen. Selbst totalitären Staaten fehlt es insoweit an „reinen" Normen. In die Normen dieser Staaten sind u. a. die jeweiligen nationalen Strömungen eingegangen. Auch sonst ist Skepsis gegenüber „reinen Normen" geboten. Das technisch so gelungene Bürgerliche Gesetzbuch, reine Normen, wie sie sich Scholler[213] vorstellt, war bereits beim Inkrafttreten veraltet und wies zudem grobe soziale Unbilligkeiten auf, die in geläuterter, abstrakt-akademischer Form nicht auffällig waren. Da überwiegen die Vorzüge des Rollenrechtes, das allgemein Flexibilität und Durchsichtigkeit der jeweils beteiligten sozialen Positionen garantiert[214]. Den „Weg zurück" versperrt vor allem aber die immer noch zunehmende soziale Differenzierung.

---

[213] *H. J. Scholler* (s. Anm. 202), Gesetz.

[214] Vgl. *M. Rehbinder*, Status — Rolle — Kontrakt, S. 211.

5. Berücksichtigung des sonstigen gesamten Rollensatzes oder jedenfalls zumeist der Rollen der Primär- und Intimgruppe

a) Sicherung der anderen Rollen bei Ausführung der notwendig ausschließlichen, „öffentlichen" Rollen

Nach § 3 des Gesetzes über die Rechtsstellung der in den Deutschen Bundestag gewählten Angehörigen des öffentlichen Dienstes ist ein Beamter oder Richter nach Beendigung der Mitgliedschaft im Bundestag auf seinen Antrag wieder in das frühere Dienstverhältnis zu übernehmen. Eine entsprechende Regelung sichert dem Wehrpflichtigen nach Beendigung des Wehrdienstes den Arbeitsplatz. Da der Wehrpflichtige häufig Angehörige zu versorgen hat, wird der Unterhalt dieser Angehörigen durch den Dienstherrn bereitgestellt. Diese Regelung und ähnliche Vorschriften sollen den Träger von der Rücksichtnahme auf seine Verpflichtungen gegenüber seinen Angehörigen usw. entlasten und ihm dadurch einen insoweit konfliktfreien Einsatz ermöglichen.

Von dieser Art, Rollenkonflikte und ihre Folgen weitgehend von vornherein auszuschließen, ist bisher unzureichend Gebrauch gemacht worden. Insbesondere hat der Gesetzgeber überwiegend nur an den Schutz der Angehörigen des öffentlichen Dienstes gedacht und durch diese Ungleichbehandlung u. a. mit zu der schon erörterten „Überrepräsentation" des öffentlichen Dienstes in den Parlamenten beigetragen. Die Freiberufler, die im Falle einer Wahl zu einem Vertretungsorgan das Zurückgehen ihrer Praxis in Kauf nehmen müssen oder die Angestellten, bei denen mit zunehmendem Alter die Chance einer Wiedereinstellung erheblich sinkt, werden ständig von diesen Zukunftsaspekten belastet sein. Daß damit ihre Produktivität ohne Beeinträchtigung ihrer Gesundheit absinken muß, bedarf keiner näheren Erläuterung. Hier Abhilfe zu schaffen, ist eine wichtige Aufgabe der Parlamente[216].

Vor Benachteiligung in anderen Rollenbezügen sollen auch die Vorschriften schützen, die den mit Sanktionen belegen, der einem öffentlichen Rollenträger wegen der Übernahme oder Ausübung des Amtes Schaden zufügt (vgl. §§ 26 ArbGG, 20 SGG). Um relativ objektiv, unparteiisch urteilen zu können, muß jeder Richter weitgehend von persönlichen Rücksichten auf die eigenen anderen Rollen als Parteimitglied, als Sektenangehöriger, als Bewohner eines bestimmten Bezirks, als

[215] Vgl. dazu umfassend *Kriegbaum*, Das Bayerische Rechtstellungsgesetz und die Unvereinbarkeit von Amt und Mandat in Bund und Ländern, in: ZBR 67, 234 f.

[216] Der Bayerische Landtag hat den Freiberuflern eine Diäten-Zulage von 750,— DM zugestanden. (Vgl. „Der Spiegel" v. 6. April 1970, Nr. 15, S. 250.)

Nachbar usw. entlastet werden[217]. Die Sanktion, die bei Beeinflussung eines Richters angedroht ist (vgl. § 334 Abs. 2 StGB), kann nur als ein Mittel unter anderen angesehen werden. Die Bedeutung der Vorschriften über den Ausschluß und die Ablehnung eines Richters wurden bereits auch im Hinblick auf die Rollenausdifferenzierung erörtert[218].

b) Völlige oder teilweise Freistellung von „öffentlichen" Rollen auf Antrag

So werden Wehrpflichtige auf Antrag vom Wehrdienst befreit, wenn sie u. a. geltend machen können, daß die Einberufung eine besondere Härte wegen häuslicher, wirtschaftlicher oder beruflicher Rollenbeziehungen bedeuten würde (vgl. § 12 Abs. 4 WPflG). Das Abstellen auf dringende Rollenerwartungen wird beispielhaft in folgender Formulierung sichtbar: „Härte liegt vor, wenn die Versorgung hilfsbedürftiger Personen, für deren Lebensunterhalt er aus rechtlicher oder aus *sittlicher* Verpflichtung aufzukommen hat, gefährdet würde (vgl. § 12 Abs. 4 Nr. 1 a WPflG).

Die Übernahme der Rolle eines Vormundes, zu der jeder Deutsche generell verpflichtet ist (§ 1785 BGB), kann ablehnen: eine Frau, die mindestens zwei noch nicht schulpflichtige Kinder zu versorgen hat oder sonst von ihrer Familie entsprechend in Anspruch genommen wird und wer aus anderen einzeln aufgeführten Gründen der Arbeitsüberlastung nicht in der Lage ist, das Amt ordnungsgemäß auszuführen.

Eine ehrenamtliche Tätigkeit als Richter kann nach den entsprechenden Gesetzen der Gerichtszweige und dem Gerichtsverfassungsgesetz ablehnen — abgesehen von den politischen Rollenträgern (vgl. § 35 GVG) — wer als Frau für die Familie sorgen muß, wer in der medizinischen Versorgung der Bevölkerung tätig ist, wer bereits für Ehrenämter überlastet ist (vgl. §§ 35 GVG, 18 Abs. 1, 3 SGG; 35 GVG).

Nach § 53 GVG sind Schöffen an bestimmten Sitzungstagen, an denen sie anderen wichtigen Rollenverpflichtungen nachzukommen haben, von der Dienstleistung befreit. — Bei der Erläuterung des § 24 Nr. 5 AGG — danach kann ein ehrenamtlicher Arbeitsrichter das Amt ablehnen oder niederlegen, wenn er wichtige Gründe glaubhaft macht, die ihm die Ausübung des Amtes im besonderen Maße erschweren — führen Dersch/Volkmar[217/219] als Gründe die Fürsorge auch für Verwandte an, soweit sie nur einer *sittlichen* Pflicht entspricht. — Die Berücksichtigung bestimmter anderer Rollen — auch wenn den Er-

---

217/219 *Dersch/Volkmar*, Arbeitsgerichtsgesetz, § 24 Nr. 5 ArbGG, Rdnr. 9.

wartungen keine normative Berechtigung zugrunde liegt — und der damit erreichte Ausschluß von Rollenkonflikten bedarf insoweit hier keiner Kommentierung.

Da Zeugenpflicht allgemeine, zwingende Bürgerpflicht ist[220], liegt es nahe, daß im Recht Vorkehrungen getroffen sind, die sonst unvermeidliche Konflikte von vornherein ausschließen. Damit ist das alle gerichtliche Verfahren auszeichnende Institut der Zeugnisverweigerung gemeint. In seinen Ausgestaltungen lassen sich etwa folgende Personengruppen unterscheiden, die das Zeugnis verweigern dürfen.

aa) Mitglieder der Intim- und Primärgruppe der Partei, des Angeklagten (vgl. § 52 StPO).

Auf die umfangreiche Kasuistik hierzu kann nur verwiesen werden[221]. Beispielhaft[222] soll eine neuere Entscheidung angeführt werden. Danach gehören die früheren Adoptiveltern nach Aufhebung oder nach Feststellung der Nichtigkeit des Annahmevertrages nicht zu den zeugnisverweigerungsberechtigten Angehörigen des Angeklagten. Maßgebend sei nicht eine Verbundenheit an Kindes Statt zur Zeit der Tat, sondern bei Vernehmung. Das Gesetz wolle auf den Konflikt Rücksicht nehmen, in dem der Zeuge durch die *Pflicht*, vor Gericht die Wahrheit zu sagen, und durch die *Neigung*, seinen Adoptionspartner zu schonen, gerät. Sei aber das Band der Zugehörigkeit gelöst, so würde die Ursache für den Konflikt fortfallen. Rollentheoretisch betrachtet ist die Differenzierung in Pflicht und Neigung irreführend. Für den Betroffenen handelt es sich in beiden Fällen um Rollenerwartungen, deren Nichterfüllung mit Sanktionen (inneren und/oder äußeren) bedroht ist.

Innere Verbundenheit und damit der entsprechende Senderdruck kann auch dann bestehen, wenn die rechtliche Bindung aufgehoben ist. Von der Rechtsordnung wird insoweit nur der Fall der aufgelösten Ehe und der früheren Schwägerschaft berücksichtigt (vgl. § 52 Abs. 1 Nr. 1, 2, 3 StPO). Eine analoge Anwendung des § 52 Abs. 1 Nr. 3 StPO wird so im Falle der Auflösung des Adoptionsverhältnisses abgelehnt, weil nach Beseitigung des Adoptionsvertrages beachtliche Konfliktslagen aus der früheren, nur fiktiven Verbindung regelmäßig nicht zu erwarten seien. Auf eine konkrete Untersuchung der jeweiligen Bindung muß verzichtet werden, weil die Bindungsstärke praktisch noch nicht exakt

---

220 Vgl. *Löwe/Rosenberg/Kohlhaas*, Die Strafprozeßordnung, §§ 52—55 StPO, Vorbem. Anm. I; *Müller/Sax*, Kommentar zur Strafprozeßordnung, § 48 StPO, Vorbem. 4.

221 Vgl. hierzu die Kommentare von *Löwe/Rosenberg*, *Müller/Sax*, *Eberhard Schmidt*.

222 BGH MDR 69, 773.

genug bestimmt werden kann und zum anderen der Prozeßgang unangemessen aufgehalten werden würde. Die getroffene pauschale grobe Unterscheidung und Berücksichtigung der Interrollenkonflikte entspricht der Spannung zwischen dem Bedürfnis nach umfassender genereller Regelung und dem Bemühen um eine angemessene Einzelfall-Lösung. Detaillierte Untersuchungen können aber auch hier noch praktisch sinnvolle Verfeinerungen leisten.

bb) Sogenannte Geheimnisträger, die durch ihre berufliche Rolle zur Verschwiegenheit verpflichtet sind[223] (vgl. §§ 53 f. StPO, § 300 StGB, Art. 47 GG).

Gemeint sind Rollenträger wie Geistliche, Verteidiger, Rechtsanwälte, Ärzte, Mitglieder des Bundestages, Redakteure, Verleger und Rundfunkintendanten. Dabei darf nur die Preisgabe der Kenntnis von Umständen verweigert werden, die der Geheimnisträger in seiner spezifischen Rolle erworben hat. Am Beispiel der Ärzte und Rechtsanwälte wurde bereits die Notwendigkeit der umfassenden Schweigepflicht und ihre Berücksichtigung durch die übrige Rechtsordnung dargelegt. Auch Redakteure, Verleger und Mitglieder des Bundestages sind in ihrer Arbeit auf eine hinreichende Versorgung mit Informationen angewiesen. Und der Informationsfluß ist gerade in den entscheidenden Fällen von dem jeweiligen Vertrauen abhängig, das der Informant zu seinem Rollenpartner haben kann.

In diesem Sinne ist es wenig einleuchtend, daß bei der Kommentierung des Zeugnisverweigerungsrechtes der Geistlichen etwa bei Löwe/Rosenberg/Kohlhaas[224] ausgeführt wird, daß das Zeugnisverweigerungsrecht des Geistlichen durch Artikel 140 GG i. V. m. Art. 137 WV verfassungsrechtlich abgesichert sei. Konsequent wird dann als Geistlicher i. S. des § 51 Abs. 1 Nr. 1 StPO nur der Vertreter der öffentlich-rechtlichen Religionsgemeinschaften angesehen. In einem weltanschaulich neutralen und dem Pluralismus zugewandten Staate kann diese Privilegierung bestimmter religiöser Vereinigungen nur als Relikt begriffen werden. Da keine der üblichen Auslegungsmethoden zwingend zur engen Auffassung des Geistlichen-Begriffes führt[225], ist Raum für eine funktiona-

---

[223] Vgl. *M. Sader*, Rollentheorie (s. S. 24, Anm. 35), S. 224.

[224] *Löwe/Rosenberg/Kohlhaas* (s. Anm. 217), § 53 Abs. 1 Nr. 1 StPO, Anm. 2.

[225] Durch Art. 140 GG i. V. m. Art. 137 WV ist allen Religionsgesellschaften ein Selbstordnungsrecht innerhalb der Schranken der für alle geltenden Gesetze eingeräumt. Über die Sonderstellung der Geistlichen von öffentlich-rechtlichen Körperschaften besagen die angeführten Verfassungsartikel dagegen nichts. Die Anlehnung an den Sprachgebrauch, nach dem nur die Religionsdiener der öffentlich-rechtlichen Religionsgesellschaften Geistliche i. S. des § 53 Abs. 1 Nr. 1 StPO sind (vgl. BGH Urt. v. 5. 5. 1953, 1 StR 194/53 für Zeugen Jehovas, zitiert bei *Löwe/Rosenberg/Kohlhaas*, s. Anm. 217, § 53

listische, weite Deutung. Danach bedürfen Geistliche, um ihre Aufgabe ausführen zu können, des Vertrauens ihrer Glaubensgenossen. Von einer Wertung dieser Glaubensgemeinschaft darf im toleranten offenen Staat der Schutz dieses Vertrauens nicht abhängig gemacht werden. Der Begriff Geistlicher im Sinne des § 53 Abs. 1 Nr. 1 StPO umfaßt mit anderen Worten die entsprechenden Rollenträger aller Konfessionen und Sekten[226].

Zu den Geheimnisträgern zählen auch die Staatsrollenträger (vgl. § 54 StPO), die auf Grund ihres Treueverhältnisses zur Verschwiegenheit verpflichtet sind, wenn das Bekanntwerden der in Frage stehenden Angelegenheiten das Staatswohl beeinträchtigen könnte (vgl. §§ 61, 62 BBG).

cc) Jeder Zeuge, der sich oder seine Angehörigen durch seine Aussage etwa der strafrechtlichen Verfolgung aussetzen[227] oder für den angegebenen Personenkreis unmittelbare vermögensrechtliche Schäden oder ähnlich einschneidende — auch immaterielle — Nachteile verursachen würde (vgl. §§ 55 StPO, 384 ZPO). — Es ist leicht erkennbar, daß die angeführten Zeugnisverweigerungsrechte unterschiedlichen Zielen des Gesetzgebers dienen. Einmal ist der Rechtspflege mit „konfliktbehafteten"[228] Beweismitteln wenig gedient. Sie würden auch die Bildung des Vertrauens erschweren, das der Rechtsuchende zu den Rechtspflegeinstitutionen gewinnen muß, damit die Integration der Rechtsgemeinschaft in hinreichendem Maße erreicht werden kann. Die Vorschriften dienen weiter dem persönlichen und sachlichen Interesse der gesamten

---

Abs. 1 StPO), hemmt die Förderung allgemeiner gesellschaftlicher Toleranz durch den Staat. Die von Persönlichkeiten wie Stein, Hardenberg, Scharnhorst und Gneisenau eingeleitete liberale Entwicklung in Preußen konnte sich auch nicht auf einen herrschenden „liberalen" Sprachschatz abstützen, sondern mußte ihn erschaffen. Mit anderen Worten, die einer Bevölkerung durch Sprachregelung eingeimpften Vorstellungen können nicht durch eben diesen Sprachgebrauch selber, der ja nur Ausdruck ist, gerechtfertigt werden. Daß Rechtsprechung im allgemeinen dazu tendiert, „konservierend" zu wirken, statt Wandel und Entwicklung zu fördern, entspricht wohl bisheriger Erfahrung, muß aber nicht „Gesetz" sein. Die Voraussetzungen, insbesondere die Legitimation zu einer fortschrittlicheren der Offenheit und Toleranz zugewandten Rechtsprechung sind gegeben. Im Zugzwang jedenfalls — mindestens hier — sind die Richter (im Falle der Gleichstellung der unehelichen Kinder war es umgekehrt).

[226] So auch *Erbs/Kohlhaas*, Strafrechtliche Nebengesetze, § 53 StPO, Anm. 3.

[227] In diesen Zusammenhang gehört auch die jüngst erörterte Frage, ob der Beschuldigte bei der Befragung zur Person zum Schweigen berechtigt ist. Ein Eigen-Rolle-Konflikt ist insoweit nicht auszuschließen, weil u. a. die Angaben über den Beruf und den Familienstand die Überführung erleichtern können, zum anderen die Strafzumessung beeinflussen. Angesichts dieses möglichen Konfliktes kommt Seebode (*M. Seebode*, Schweigen des Beschuldigten zur Person, in: MDR 70, 185 f.) zu einem umfassenden Schweigerecht des Beschuldigten.

[228] Vgl. *Müller/Sax* (s. Anm. 217), § 52 StPO, Anm. 1 c.

Rechtsordnung, indem einmal verhindert wird, daß das „Ansehen“ von Rechtsnormen leidet, weil die Zeugen häufig dem stärkeren Senderdruck ihrer näheren „Identitätsgruppe“ folgen und die Effektivität der normierten Wahrheitspflicht notwendig gering ist, zum anderen wird den Geheimnisträgern der Aufbau von sozial erforderlichen Vertrauenspositionen ermöglicht[229]. Ob den Staatsrollenträgern ein zu weitreichendes, allzu generelles Zeugnisverweigerungsrecht eingeräumt ist, veranlaßt durch ein überholtes hoheitliches Selbstverständnis der Staatsbürokratie, soll hier nur als Frage aufgeworfen werden.

c) Befreiung von einzelnen Rollenanforderungen oder allgemein verbindliche neue Eingrenzung von Rollen

aa) Als Beispiel sei § 18 Abs. 3 Satz 2 BSHG angeführt. Danach darf Frauen eine Arbeit nicht zugemutet werden, soweit dadurch die geordnete Erziehung ihrer Kinder gefährdet würde; auch sonst sind bei Frauen die Pflichten zu berücksichtigen, die ihnen die Führung eines Haushaltes oder die Pflege von Angehörigen auferlegt. — Um Jugendliche nicht in einen Konflikt zwischen den Anforderungen ihres Arbeitgebers und des Staates zu bringen, der sie zum Besuch einer Berufsschule verpflichtet, wird dem Arbeitgeber aufgegeben, Jugendlichen die zum Schulbesuch erforderliche Zeit zu gewähren (§ 13 JArbSchG).

bb) Charakteristisch für eine am Rollenmodell (notwendig) ausgerichtete Rechtsprechung ist folgende Entscheidung des Bundesarbeitsgerichts[230] „Ein Betriebsratsmitglied hat wie jeder andere Arbeitnehmer einen Anspruch darauf, nicht über die gesetzliche und normierte Arbeitszeit hinaus beschäftigt zu sein. *Als Mensch* hat er auch einen Anspruch darauf, neben seiner Berufsarbeit Gelegenheit zu haben, *sich* mit *außerberuflichen* Dingen zu beschäftigen.“

---

[229] Daß mit der Berufung auf das Recht der Zeugnisverweigerung nicht auch die allgemeine soziale Anerkennung verbunden sein muß, versteht sich von selbst. Im gleichgelagerten Fall der Unterlassung der Meldepflicht von Verbrechen in den USA umschreibt „Time“ bei Erörterung des Falles Edward Kennedy die Problematik treffend: „Als Anwälte können sie sich auf ihre Schweigepflicht berufen. Haben sie also ihre juristischen Pflichten höher gestellt als ihre Pflicht als Mensch und Bürger?“ (so zitiert aus: „Die Welt“ vom 30. Juli 1969, „Staranwalt Floriot äußert großes Unbehagen über Fall Kennedy“). Rein juristisch gesehen ist die Frage in „Time“ Unsinn. — Rechtssoziologisch ist sie dagegen aufschlußreich, da sie belegt, wie vielfältig die sozialen Wirkungen rechtlicher Wertungen und Verhaltensmodelle sein können. Das allgemein hohe Ansehen des Anwaltsberufs soll generell die Aufnahme von — unvorbereiteten — Vertrauensbeziehungen erleichtern. Durch das Verhalten der Anwälte Kennedys ist das Ansehen ihres Standes sicher nicht gestiegen. Dagegen kann generelles Vertrauen im Hinblick auf die Erfüllung einer spezifischen Rollenerwartung — Verschwiegenheit — erzeugt oder verstärkt worden sein. Die Auswirkung dieser Vertrauenskomponenten insgesamt läßt sich schwer abschätzen.

[230] BAG JZ 69, 179.

d) *Stellvertreter für öffentliche Funktionsinhaber*

So hätte zum Beispiel der Parlamentspräsident und DGB-Vorsitzende in Berlin, Sickert, seinen Konflikt anläßlich des Besuches eines Ministers eines diktatorisch regierten Landes lösen können, indem er sich bei der Eröffnung der Grünen Woche durch einen Stellvertreter vertreten ließ[231]. Politiker, die staatliche Funktionen innehaben, können auf diese Weise vermeiden, daß sie praktisch gezwungen sind, häufig parteipolitische Gegner und sonst zu ihrem übrigen Rollensatz schlecht passende Besucher zu empfangen und ihnen zu gewisser Publizität verhelfen zu müssen.

6. Positive Wertung einer bestimmten Rolle oder Handlungsalternative

Indem von vornherein feststeht, daß das aus einer Entscheidung resultierende bestimmte Verhalten mit dem Prädikat rechtmäßig versehen ist, kann die Wahl dieses Verhaltens dadurch erheblich erleichtert sein, daß sich der Rollenträger gegenüber seinen Rollensendern auf die Rechtsordnung berufen kann und ihm in der Regel so ein Mindestmaß an sozialer Anerkennung sicher ist[232]. Das gilt insbesondere für die heute vorwiegend außengeleiteten Menschen[233]. Aber auch innengeleitete bedürfen der Absicherung, des Konsensus mit der Rechtsgemeinschaft.

Beispiele: Wer von einem anderen lebensbedrohend angegriffen wird, steht in der Wahl, selber „Mörder" zu sein oder eben das „Opfer" zu werden. In diesem Fall kann der Angegriffene ohne Sorge um rechtliche Abqualifizierung den Gegner niederschlagen[234]. Sein Verhalten ist rechtmäßig (vgl. § 53 StGB). Soziale Mechanismen unterstützen jene Entscheidung. Läßt er sich ohne Gegenwehr zusammenschlagen, wird er von anderen oder durch sein „Alter" als feige usw. eingestuft. Dem Gebot, die Integrität anderer zu achten (vgl. §§ 223, 212 StGB), ist hier eindeutig die Forderung, sich zu wehren, übergeordnet.

---

[231] Ihm selber ging es aber wohl mehr um die politische Demonstration, und er nahm daher die Belastung durch den Konflikt zwischen den Anforderungen als Repräsentationsorgan und Vorstandsmitglied der Grünen Woche kraft Amtes und den Erwartungen, die sich ihm als DGB-Vorsitzenden — dieser Rolle ist er stärker verbunden — stellten, auf sich.

[232] Am Beispiel der Kriegsdienstverweigerer wurde bereits die Möglichkeit äußerst geringer Wirkungschancen von Normen angedeutet, soziale Anerkennung zu vermitteln (s. o. S. 165, Anm. 209).

[233] Vgl. dazu *D. Riesmann*, Die einsame Masse, 1. Kapitel, S. 45, 51.

[234] Vgl. dazu: *Rocheblave-Spenlé*, La notion de rôle, S. 321. Es handelt sich aber rollentheoretisch um eine bloße Kann-Erwartung, siehe dazu näher *W. Maihofer*, Die gesellschaftliche Funktion des Rechts, in: JRR 1 (1970), S. 24.

Zur Regelung mehrerer widerstreitender Erwartungen sind insbesondere im Strafrecht die Figuren übergesetzlicher Notstand und rechtfertigende Pflichtenkollision entwickelt worden. Der übergesetzliche Notstand ist jetzt in § 12 OWiG positiv geregelt. Danach handelt nicht ordnungswidrig, wer in einer gegenwärtigen nicht anders abwendbaren Gefahr für Leben, Leib, Freiheit, Ehre, Eigentum oder ein anderes Rechtsgut handelt, um die Gefahr von sich oder einem anderen abzuwenden, wenn bei Abwägung der widerstreitenden Interessen, namentlich der betroffenen Rechtsgüter und des Grades ihnen drohender Gefahren das geschützte Interesse das beeinträchtigte wesentlich überwiegt.

Die Schulbeispiele für den übergesetzlichen Notstand lassen deutlich die Rollenkonfliktproblematik erkennen. Der Arzt durchfährt als Verkehrsteilnehmer eine Einbahnstraße in der Gegenrichtung[235] oder überschreitet die Höchstgeschwindigkeit[236], um zu einem Verletzten zu eilen. Der Unfallbeteiligte verläßt den Unfallort (§ 142 StGB), um einen Schwerverletzten ins Krankenhaus zu fahren (§ 330 c StGB)[237]. — Einen Intrarollenkonflikt entscheiden die Grundsätze zur Schwangerschaftsunterbrechung wegen Selbstmordgefahr.

Eine spezielle Ausformung hat der Rechtfertigungsgrund übergesetzlicher Notstand in der sogenannten unrechtsausschließenden Pflichtenkollision gefunden. Während das umfassende Institut auch Fälle meint, in denen die Rettungshandlung — rechtmäßig — unterbleiben kann, so die Einhaltung von Preisvorschriften, die zur Gefährdung der Arbeitsplätze der Belegschaft führen[238], muß bei der Pflichtenkollision unausweichlich eine Pflicht erfüllt werden. Über die Frage, welche Pflichten im Sinne des Rechtfertigungsgrundes Pflichtenkollision beachtlich sind, besteht Streit. So meint Blei[239], daß eine sachgerechte Erfassung der Kollisionsfälle nur möglich sei, wenn jemand die Erfüllung einer (strafrechtlich sanktionierten) Rechtspflicht unterläßt, weil er eine andere Rechtspflicht erfüllt und beiden nicht nachkommen kann. Jescheck[240] erweitert diesen Bereich um jene Fälle, in denen jemand durch aktives Tun einen Straftatbestand erfüllt, um einer kollidierenden Rechtspflicht zu genügen. (Ein Arzt verletzt das Berufsgeheimnis nach § 300 StGB, um andere Hausbewohner vor der ansteckenden Krankheit seiner Patienten zu warnen)[241]. Die Begründung, die Blei[242]

---

235 OLG Düsseldorf, VRS 30, 444.
236 OLG Frankfurt, DAR 63, 244.
237 BGHSt 5, 124, 127.
238 BayOLG NJW 53, 1603; dazu noch BGHSt 12, 299, 304 ff.
239 *Mezger/Blei*, Strafrecht I, S. 136 ff.
240 *H. H. Jescheck*, Lehrbuch des Strafrechts, S. 243.
241 RGSt 38, 62, 64.
242 *Mezger/Blei* (s. Anm. 236), S. 136 ff.

für seine einengende Darstellung der Pflichtenkollision gibt, — er stellt auf die Unterscheidung eines Deliktes durch positives Tun oder Unterlassen ab —, überzeugt nicht. Die Differenzierung ist zwar im Hinblick auf die Strafzumessung von Belang, nicht aber bei der Klassifizierung bestimmter Rollenkonflikte durch eine Rechtsfigur. Denn es geht allein darum, ob ein Rollenträger gegensätzlichen rechtlichen Erwartungen entsprechen muß oder nicht. Daß damit nicht die jeder Verbotsnorm eigene Korrelation von Verbot einer Handlung und die Pflicht, sie zu unterlassen, gemeint ist, bedarf keiner Erläuterung. Im Falle der Verletzung der Schweigepflicht stehen sich aber — entgegen Blei — zwei ausgeprägte und dem „Herkommen" nach unterschiedliche Rollenerwartungen gegenüber. Einmal das Gebot, das Anvertraute für sich zu behalten (Berufsbild des Arztes usw., abgestützt durch § 300 StGB) und zum anderen die Pflicht, bestimmte Gefahren für die Allgemeinheit durch Anzeige aufzudecken, mag den Arzt diese Pflicht wie jeden anderen Staatsbürger treffen (vgl. § 138 StGB) oder auch nur in seiner Arztrolle (vgl. §§ 12, 16 GeschlG, § 4 DVO GeschlG).

Liegt eine Kollision gleichwertiger Pflichten vor, von denen nur eine erfüllt werden kann, besteht von vornherein nur die Pflicht zur Rettung eines Hilfebedürftigen. Im Gegensatz dazu steht die Auffassung von Jescheck[243]. Nach ihm sei der Rechtsordnung die Erfüllung der einen Pflicht dann ebenso wichtig wie die Erfüllung der anderen. Die Verletzung keiner von beiden sei zu billigen. Die Kollision gleichwertiger Interessen könne deshalb nur einen Schuldausschließungsgrund abgeben. Die Entscheidung dieser Frage hängt davon ab, welche grundsätzliche Funktion man dem Recht zuordnet. Wird das Recht als totales und hinreichendes Regelungsinstrument der Gesellschaft begriffen, ist es konsequent, unlösbare Widersprüche auf den einzelnen abzuschieben. Erkennt man dagegen die begrenzten Möglichkeiten rechtlicher Ordnung an, so verbietet sich die Belastung des einzelnen durch systemimmanente Widersprüche.

„Entzaubertem" Rechtsverhältnis entspricht dann die Frage, welche Einstufung: rechtmäßig, rechtswidrig, aber nicht schuldhaft oder rechtswidrig und schuldhaft, am vernünftigsten ist, d. h. der sozialen Wirklichkeit am besten dient. Dabei wird sich im Falle der unauslösbaren Wertungskonflikte die Qualifizierung danach zu richten haben, welches Vorverhalten der Konfliktbetroffenen generell wünschenswert ist. Belegt man die Erfüllung jeder der möglichen Handlungsalternativen mit dem Urteil rechtmäßig und läßt die notwendig erfolgende Pflichtunterlassung irrelevant sein, bedeutet dieses eine erhebliche Konfliktentlastung. Wenn der Wählende kein generell entscheidungsschwacher Mensch ist, ist so für rasches Handeln vorgesorgt. Räumt man dem

[243] *H. H. Jescheck* (s. Anm. 237), Lehrbuch, S. 243.

Wählenden für sein Handeln allenfalls bei Nachweis gründlicher Verhaltensprüfung einen Schuldausschließungsgrund ein, dann ist Anlaß für Verzögerungen geschaffen. — Dabei ist stillschweigend vorausgesetzt worden, daß diese feinen Unterschiede den Entscheidenden überhaupt bekannt sind. Empirische Untersuchungen müßten insoweit den Kenntnisstand noch erst belegen[244]. — Nach dieser Erwägung wird es auf die Situationen ankommen, bei denen entweder das Interesse an rascher konfliktentlastender Entscheidung oder an einer gründlichen, allen Gesichtspunkten offenen Vorbereitung der Entscheidung überwiegt. So ist im Falle, daß von zwei Ertrinkenden, zwei Unfallverletzten nur einer gerettet werden kann, eine rasche konfliktfreie Entscheidung erwünscht[245]. Ob die rechtliche Konstruktion, nur das gewählte Verhalten ist gefordert, gewählt wird oder ob an die Nichterfüllung der anderen erwarteten Handlungen keine Sanktionen zu knüpfen sind, ist dann insoweit nur noch eine technische Frage. Gründliche Prüfung des Konfliktes ist dagegen in Situationen zu fordern, in denen etwa Ärzte bei der sogenannten Euthanasieaktion standen[246]. — In ähnlicher Weise ist das Problem der ärztlichen Aufklärung zu sehen. Der ärztliche Eingriff ist nach bisheriger Rechtslage zulässig, wenn eine Einwilligung des Patienten vorliegt. Die Einwilligung ist nur wirksam, wenn der Patient in der Lage gewesen ist, das Für und Wider des Eingriffs zu beurteilen[247]. Das setzt eine Aufklärung durch den Arzt voraus. Streit besteht insoweit nur, ob der Arzt den Patienten über alle typischen Folgen des Eingriffs zu unterrichten hat[248] oder ob er Risiken verschweigen darf, um den Patienten nicht zu beunruhigen und so die Heilung zu gefährden[249]. Die widersprüchlichen Anforderungen weitgehender Aufklärung des Selbstbestimmungsrechtes um der Wirksamkeit einer Einwilligung wegen (Recht) und beschränkte Aufklärung der Heilung halber (Berufsethik), versetzen den Arzt in einen geradezu klassischen Rollenkonflikt. Die Gegenüberstellung von Recht und Berufsethik erscheint hier jedoch nicht glücklich. Auch das Recht muß dem Heilungsgedanken Rechnung tragen und tut es in vielen Vorschriften. Eine

---

244 Die Juristen gehen in ihren Erörterungen insoweit bisher allein von bloßen durch den engen eigenen Erfahrungsbereich erhärteten Annahmen aus. Und der eigene Erfahrungsbereich ist leicht schon durch die vorher gebildete Meinung selbst begrenzt worden, d. h. soziale Erscheinungen, die nicht zur vorher gebildeten Annahme passen, werden gar nicht erst wahrgenommen oder zumindest in ihrer Bedeutung heruntergespielt.

245 Vgl. den entlastenden rein sozialen Mechanismus, der am sogenannten „Buddy"-System amerikanischer Soldaten aufgezeigt wurde, s. o. S. 107.

246 Vgl. OGHSt 1, 121, 334; 217, 121.

247 Vgl. *Schönke/Schröder*, Strafgesetzbuch, § 223 StGB, Anm. 16.

248 Vgl. BGHSt 11, 115; 29, 184.

249 *H. F. v. Kress*, Zum Problem der Medizinischen Aufklärung, in: Universitätstage 1964 (Berlin), S. 186, 198; vgl. auch *H. P. Dreitzel*, Die gesellschaftlichen Leiden, S. 204.

Entlastung des Arztes durch Anpassung der Aufklärungsvoraussetzungen an den vom medizinischen Standpunkt vertretbaren Umfang sollte jedenfalls dann erfolgen, wenn Gewähr gegeben ist, daß der Arzt wirklich alle erheblichen Gesichtspunkte hinreichend prüft und daß seine Entscheidung an von Medizinern und Juristen erarbeiteten Maßstäben, die natürlich Bewertungsspielräume aufweisen und dem Arzt eine individualisierende Aufklärung der Patienten ermöglichen müssen[250], tatsächlich nachkontrollierbar ist. Anderenfalls würde der Mediziner — nicht zuletzt durch eine in jüngster Zeit nachgewiesene[251] berufliche Herrschaftsideologie veranlaßt — allzu leicht das Recht des Patienten auf Selbstbestimmung verletzen und hinsichtlich seiner Entscheidung die Abwägung zu unbeschwert treffen können. Entsprechendes gilt für das aktuelle Problem der Organtransplantation. In all diesen Fällen darf das Recht keine zu leicht erfüllbaren und der Überprüfung unzugänglichen Kriterien aufstellen. Sie würden unter Umständen verhindern, daß der Handelnde vorzeitig die Suche nach einer optimalen Lösung abbricht oder die wesentlichen Gesichtspunkte eines Problems nicht hinreichend bedenkt.

Die angesprochene Zielsetzung liegt auch den Grundsätzen zum Widerstandsrecht, die in Art. 20 Abs. 4 GG Verfassungsrang erhalten haben, zugrunde. Einerseits wird Menschen die Entscheidung für den Eingriff in das politische Leben, für bestimmte Innovationen erleichtert — konfliktfrei geht dieser Schritt nie vor sich, dazu sind die Gehorsams- und Anpassungsnormen zu tief eingeprägt worden — andererseits wird ihnen die Konfliktentlastung nur dann zugestanden, wenn keine anderen Möglichkeiten bestehen, den verfassungsmäßigen Zustand wieder ohne Eingriffe herzustellen[252].

Daß in Einzelfällen die gesetzlich getroffenen Konfliktvorkehrungen keine Verhaltenserleichterung bedeuten, weil die Handelnden ausgeprägte eigene Wertsysteme haben, die ihnen keine schlichte Anpassung gestatten, entspricht alltäglicher Erfahrung und soll hier nur der Vollständigkeit wegen erwähnt werden.

Um bestimmte relativ konfliktfreie Verhaltensweisen zu erzielen, sind die an Beamte gerichteten Normenprogramme weitgehend von Widersprüchen befreit. Zu Gegensätzen in den Rollenerwartungen könnte es unter anderem durch die verschiedenen Normebenen kommen. Nach Art. 20 Abs. 2 GG ist die vollziehende Gewalt an Gesetz und Recht gebunden, nach Art. 1 Abs. 3 GG insbesondere an die unmittelbar

---

[250] *H. F. v. Kress* (s. Anm. 246), S. 198.

[251] Nachweise bei *M. Pflanz*, Medizinsoziologie, in: (s. o. S. 96, Anm. 27), Handbuch 2, S. 1130.

[252] Vgl. *G. Scheidle*, Das Widerstandsrecht, S. 63.

geltenden Grundrechte. Dementsprechend bürdet etwa § 56 Abs. 1 BBG dem einzelnen Beamten die volle persönliche Verantwortung für die Rechtmäßigkeit seiner dienstlichen Handlungen auf. Hat der Beamte Bedenken, ob die Anwendung eines Gesetzes mit der Verfassung im Einklang steht, könnte aber die Effektivität der Organisation erheblich gefährdet werden, wenn seine Zweifel über die Vereinbarkeit der Normenprogramme von Verfassung und sonstigen Rechtsvorschriften die Entscheidung verzögern würde. Deshalb entwirft § 56 Abs. 2 BBG ein eindeutiges Weisungsmuster, das den Beamten allein von der Ausführung für ihn erkennbarer strafbarer Handlungen und von jenen Verhaltensweisen befreit, die die Würde des Menschen verletzen. In diesem Zusammenhang steht die Frage, ob es bei der sogenannten exekutiven Normenkontrolle — die nach § 56 Abs. 2 BBG erst bei den Spitzen der Verwaltung wirklich problematisch wird — um den angesprochenen inneren Konflikt des Organwalters geht[253], oder um die prinzipielle Frage, ob die Staatsfunktion „Verwaltung" zur Aussetzung oder Verwerfung vermeintlich verfassungswidriger Gesetze befugt ist. Schon die Ausgestaltung des § 56 BBG spricht m. E. gegen die erste Hypothese. Nur wenn der Konflikt die Grenze des Zumutbaren überschreitet (Verstoß gegen die Strafgesetze und Menschenwürde), kann der Nicht-Spitzenbeamte die Ausführung von Weisungen ablehnen. Warum den Spitzen der Verwaltung durch ein denkbares Aussetzungs- und Verwerfungsrecht eine größere Konfliktentlastung zugebilligt wird, ist sachlich nicht zu begründen. Es geht also vorrangig um die zweite Frage[254]. Sie ist allein im Hinblick auf die Zuweisung bestimmter staatlicher Funktionen zu entscheiden und also hier nicht näher zu erörtern. Die Konfliktbetroffenheit des Organwalters ist insoweit nur Randphänomen, aber im Hinblick auf die Effektivität der Organisation von erheblicher Bedeutung.

Den Notwendigkeiten der spezifischen Organisation entsprechend, sind die Befehlsstränge beim Militär noch klarer und straffer geregelt. Das bedarf keiner näheren Ausführung. Nur erwähnt werden soll, daß zum Beispiel in untergesetzlichen Dienstvorschriften für mögliche Konflikte durch gegensätzliche Befehle Lösungswege vorgeschrieben werden. So hat der einfache Soldat seinen Zugführer, der ihm einen Befehl erteilen will, darauf hinzuweisen, daß ihm sein Gruppenführer in der gleichen Sache bereits einen entgegengesetzten Auftrag erteilt hat[255].

---

[253] Vgl. *F. Ossenbühl*, Normenkontrolle durch die Verwaltung, in: Die Verwaltung 69, 393 f. mit weiteren Nachweisen.

[254] So auch *F. Ossenbühl* (s. Anm. 250), der treffend Innen und Außen eines Systems unterscheidet und nur im administrativen Innenraum den gehorsamspflichtigen Beamten sehen will.

[255] Zu unproduktivem Ausweichen wie im erwähnten Falle der Stilisten der Ford-Werke braucht es daher nicht zu kommen (s. o. S. 108, Anm. 18).

Abschließend soll noch auf die gesetzliche Prämiierung der Wahl einer besonderen Handlungsalternative hingewiesen werden[256]. Nach § 3 Abs. 1 BVFG wird die Flucht aus der DDR auf Grund eines schweren Gewissenskonfliktes durch die Anerkennung als Sowjetzonenflüchtling belohnt. Ein nicht „schwerer" Gewissenskonflikt bleibt also insoweit unberücksichtigt, das „Recht" ist vorrangig.

7. Entlastung von den Folgen einer Entscheidung oder einer notwendig gefährlichen Handlung des Rollenträgers

Nach § 839 Abs. 1 Satz 2 BGB haftet ein Beamter bei fahrlässigem Handeln nur dann, wenn der Verletzte nicht auf andere Weise Ersatz zu erlangen vermag. Dadurch soll „Verantwortungsfreude und Entschlußkraft des Beamten" geschützt werden[257]. Anders ausgedrückt, die in Grenzen gewährte Entlastung vom Haftungsrisiko im Beruf bedeutet die Milderung eines sonst wahrscheinlichen Eigen-Rolle- oder Interrollenkonfliktes, dessen Folgen eben wie bereits ausgeführt[258], Entschlußlosigkeit und Absicherungsdenken sein können.

Auf diesen Erwägungen beruht auch die ersatzlose Streichung der fahrlässigen Gefangenenbefreiung (vgl. §§ 121 Abs. 2, 347 StGB in der Fassung des Gesetzes vor dem 1. September 1969). Es wurde befürchtet, daß die alten Strafdrohungen die Durchsetzung eines modernen Strafvollzuges unterlaufen würden, da sie geeignet sind „die Entschlußfreudigkeit" der namentlich für den offenen und halboffenen Vollzug verantwortlichen Beamten zu lähmen[259]. Im übrigen hält man organisatorische Maßnahmen für sinnvoller als die Androhung krimineller Strafen, um Nachlässigkeiten des Bewachungspersonals entgegenzuwirken.

Auch das sogenannte Spruchrichter-Privileg des § 839 Abs. 2 BGB, danach ist die Haftung eines Richters auf die Verwirklichung des Tatbestandes der Richterbestechung oder der Rechtsbeugung (§§ 334 StGB) beschränkt, kann in diesem Zusammenhang verstanden werden. Sie befreit den Richter bei seiner Tätigkeit von Rücksichten auf seine eigenen Interessen nach Sicherheit und den Anforderungen seines übrigen Rollensatzes. Auf diese Weise soll der Berufskrankheit mancher (älterer) Richter, der Entscheidungsschwäche, keine Unterstützung gewährt werden. In der Sprache des Bundesgerichtshofes[260] beruht das Richter-

[256] Vgl. *H. J. Scholler*, Gewissen, Gesetz und Rechtsstaat, in: DÖV 69, 531.

[257] Vgl. BGHZ 13, 88; *H. J. Wolff*, Verwaltungsrecht I, S. 443.

[258] Siehe o. S. 102, 103 f.

[259] Vgl. *R. Sturm*, Die Änderung des besonderen Teils des Strafgesetzbuches zum 1. September 1969, in: NJW 69, 1606.

[260] BGHZ 50, 14 ff., 20.

privileg auf der Würdigung des richterlichen Amtes als solchem, das nur in echter Unabhängigkeit geführt werden kann, und auf der rechten Einschätzung des Wertes der Rechtskraft richterlicher Entscheidungen. Damit ist die Nachprüfung einer richterlichen Entscheidung, um wegen angeblicher Unrichtigkeit Ersatzansprüche geltend zu machen, ausgeschlossen. Eine offene Darlegung der tragenden Gesichtspunkte unter Abwägung der Interessen würde diesem Urteil mehr „Ansehen" verleihen können als die vorgeschobene Wertung der Rechtskraft, zumal hier Richter über Angelegenheiten von Richtern entschieden haben.

Die beispielhaft für den öffentlichen Dienst angeführten Konfliktentlastungsnormen sind unzureichend. Die Beobachtung lehrt, daß im öffentlichen Dienst das Absicherungsdenken immer noch vorherrschend ist und so den Erfordernissen einer modernen Verwaltung noch immer nicht genügend Rechnung getragen wird. Da ein Rest obrigkeitlichen Denkens den einzelnen Positionsinhaber nur schwer als selbständigen Verantwortungsträger begreifen kann und ihn für unbefähigt hält, für einzelne Situationen ein sinnvolles Handlungsmuster selber zu entwerfen, ergießt sich eine Flut von detaillierten Einzelanweisungen über den Positionsträger, der nunmehr vollauf sich seiner Selbständigkeit begeben muß, nur um den Vorschriften hinreichend zu genügen. Flexibilität der Verwaltung ist damit natürlich nicht zu erreichen, und der Integration von Herrschaftsapparat und beauftragender Bevölkerung steht hemmend das Ärgernis über die „sture" Verwaltung entgegen. Die Absicherung durch spezielle Ausführungsvorschriften führt dazu, daß in den Ministerialbürokratien Normen entstehen, die praktisch die Erreichung von zum Beispiel Ausbildungs- und Heilzwecken vereiteln, weil nur wenige Ausführende es wagen, sich über die übertriebenen Aufsichts- und Sicherheitsvorschriften hinwegzusetzen. Beispielhaft ist das Schwimmen und Baden auf Ausflügen und Schülerfahrten nur in Gruppen von 10 Schülern erlaubt[261] usw., verhindern strenge und praktisch unerfüllbare Aufsichtsvorschriften den Waldspaziergang kleiner Kinder, die von Kindergärtnerinnen betreut werden, und erschweren übertriebene Sicherheitsvorschriften eine sachgerechte Ausbildung etwa von Soldaten[262].

Sinnvoller wäre es, statt der zwingenden Einzelvorschriften Generalklauseln zu entwickeln, die von Aufsichtsführenden etwa nur ein der Situation angepaßtes vernünftiges, umsichtiges Handeln erwarten und seiner Eigeninitiative und Eigenverantwortung Raum lassen. Die

---

261 Vgl. BDBl. III/1966 Nr. 11 i. V. m. BDBl. III/1969 Nr. 10/27.

262 Vgl. Frankfurter Rundschau v. 20. Sept. 69, Nr. 218 „Frische Luft oder Paragraphen, Streit um ungewöhnlichen Kindergarten vor Bundesverwaltungsgericht" (Die Entscheidung ist noch nicht veröffentlicht) und die insoweit berechtigte Kritik in der Schnez-Studie (siehe Auszüge, in: „Der Spiegel" v. 5. Jan. 1970, Nr. 1/2, S. 22, 23).

Ministerialbürokratie soll dadurch nicht gehindert werden, Mindestvoraussetzungen von Sicherheitsvorkehrungen vorzuschreiben. Nur soll sie sich nicht selber vor dem Haftungsrisiko auf dem angegebenen Wege absichern dürfen.

Im privaten Bereich bietet sich ein Vergleich zur beschränkten Haftung des Arbeitnehmers bei gefahrgeneigter Tätigkeit an. Da gefährliches und leistungsgerechtes Verhalten identisch sein können, schafft in diesen Fällen die Übernahme der Haftung erst die Voraussetzung, insoweit konfliktlos gefährlich handeln zu können. In der Rechtsprechung und der arbeitsrechtlichen Literatur[263] überwiegt bei aller Entlastungsfreudigkeit die Besorgnis, daß eine allzuweit gehende Befreiung von der Haftung zur Sorglosigkeit ermutigen könnte. Einer Auseinandersetzung mit dieser Auffassung bedarf es hier nicht, da die konfliktentlastende Wirkung der Haftungsbeschränkung jedenfalls allgemein anerkannt und für die Haftungsverteilung auch mitbestimmend ist, wenn sie auch als Ausfluß der Fürsorgepflicht des Arbeitgebers bezeichnet wird[264].

8. Berücksichtigung der möglicherweise schon entstandenen oder jedenfalls wahrscheinlich eintretenden Konflikte

a) Durch Strafbefreiung

Die im Strafrecht anerkannten Entschuldigungsgründe lassen sich auf den Grundtopos der Unzumutbarkeit normgemäßen Verhaltens zurückführen[265], mit anderen Worten, gewisse Rollenkonflikte werden generell vom Recht als schuldbefreiend angesehen (vgl. §§ 52, 54 StGB). Es handelt sich dabei um besonders dringliche Eigen-Rolle-Konflikte (Leib oder Leben des Täters ist in Gefahr) oder Interrollenkonflikte (Leib oder Leben des Angehörigen des Täters sind betroffen). Nach § 257 Abs. 2 StGB ist die Begünstigung straflos, (persönlicher Strafausschließungsgrund) wenn sie dem Täter oder Teilnehmer von einem Angehörigen gewährt worden ist, um ihn der Bestrafung zu entziehen. Inkonsequent ist es jedoch, wenn nach der Rechtsprechung[266] ein Angehöriger des Täters straflos bleibt, weil er einen Dritten zur Begünstigung des Täters angestiftet hat, während die Anstiftung des Dritten durch den Täter strafbar sein soll. Warum hier anders als in den Para-

---

[263] Vgl. *Gamillscheg/Hanau*, Die Haftung des Arbeitnehmers, S. 64 mit Belegen.

[264] BGH BB 69, 1435.

[265] Vgl. die Kritik zu dieser häufig vertretenen Meinung bei *H. H. Jescheck* (s. Anm. 237), Lehrbuch, S. 315.

[266] BGHSt 7, 236.

graphen 52, 54 StGB Eigen-Rolle- und Interrollenkonflikte unterschiedlich bewertet werden, ist von der Sache her nicht zu ergründen. Eher liegt es nahe, den Eigen-Rolle-Konflikt als stärker einzuschätzen[267]. Nach § 5 Abs. 1 WStG trifft einen Untergebenen, der auf Befehl eine mit Strafe bedrohte Handlung begeht, nur dann der Schuldvorwurf, wenn es sich um ein Verbrechen oder Vergehen handelt und er dies erkennt oder erkennen mußte. Dadurch ist einmal durch Ausschaltung einer erheblichen Konfliktquelle den Bedürfnissen des Militärs Rechnung getragen, wie auch dem möglichen Bemühen des einzelnen Soldaten, mit der Rechtsordnung im Einklang zu bleiben. — Richtet sich eine Rollenerwartung in den Notstandsfällen auf das Ertragen der „gefährlichen" Situation, (als Feuerwehrmann, als Polizist) entfällt die Berücksichtigung[268].

b) Durch Anwendung eines „Sonderstrafgesetzes" (Jugendgerichtsgesetz)

Nach § 3 JGG ist ein Jugendlicher nur dann strafrechtlich verantwortlich, wenn er zur Zeit der Tat nach seiner sittlichen und geistigen Entwicklung reif genug ist, das Unrecht der Tat einzusehen. Das Jugendgerichtsgesetz trägt der besonderen Situation des Jugendlichen, die mit Rollenkonfusion zu umschreiben ist, Rechnung[269]. Die Unentschiedenheit des Jugendlichen, entweder die Rolle des Erwachsenen oder die des Kindes zu wählen, führt zu dem extremen unberechenbaren und unsicheren Verhalten, das für Heranwachsende charakteristisch ist[270]. Zutreffend werden sie daher auch als Randpersönlichkeit mit entsprechenden Konflikten und Verhaltensstörungen angesehen[271].

c) Bei der Strafzumessung

Nach § 13 Abs. 2 StGB ist bei der Strafzumessung die Gesinnung, die aus der Tat spricht, zu berücksichtigen. Danach können Täter, die anderen an sich auch achtungswerten Rollenerwartungen nachkommen,

---

267 Vgl. dazu *Schönke/Schröder*, Strafgesetzbuch, § 257 StGB, 44.

268 Vgl. *H. H. Jescheck* (s. Anm. 237), Lehrbuch, S. 316.

269 Vgl. aber die Kritik zu § 3 JGG bei *Grethlein/Brunner*, Jugendgerichtsgesetz, § 3 JGG Vorbem. mit Nachweisen. Durch die Exkulpierung Jugendlicher würde die Ausbildung ethischer Normen bei ihnen empfindlich gestört.

270 Vgl. die Definition bei *H. Schelsky*, Die skeptische Generation, S. 16: „Jugend ist die Verhaltensphase des Menschen, in der er nicht mehr die Rolle des Kindes spielt ... und in der er noch nicht die Rolle des Erwachsenen als vollgültigen Trägers der sozialen Institutionen, also z. B. der Familie, der Öffentlichkeit und politischen Ordnung usw. ... übernommen hat."; sowie die Arbeiten *E. Eriksons*, Kindheit und Gesellschaft; Identität und Lebenszyklus, S. 255 f.

271 *K. Lewin*, Field Theory in Social Science, S. 141 f.

dabei aber notwendig staatliche Normen verletzen müssen, milder bestraft werden. Gedacht ist unter anderem an die sogenannten Überzeugungs- und Gewissenstäter[272]. Am Beispiel der Zeugen Jehovas wurden bereits mögliche staatliche Reaktionen, Art. 4 GG entsprechend, kritisch erörtert[273]. Auf die kommunistischen Delinquenten soll nur ergänzend hingewiesen werden.

d) Bei sonstiger Würdigung (etwa Prognose) von Verhaltensweisen

Als Beispiel soll ein hierzu vom Bundesverwaltungsgericht[274] entschiedener und nicht nur in rollentheoretischer Hinsicht bemerkenswerter Fall dienen. Ein lediger Leutnant hatte intime Beziehungen zu der Ehefrau eines Obergefreiten aufgenommen. In einem Verhör des Dienstvorgesetzten des Leutnants, an dem auch der Obergefreite teilnahm, stritt der Offizier die Beziehungen ab. Er heiratete kurz nach der Scheidung des Obergefreiten dessen Ehefrau und wurde wegen mangelnder Eignung als Berufsoffizier unter anderem entlassen, weil er seinem Vorgesetzten wissentlich die Unwahrheit gesagt habe. Das Bundesverwaltungsgericht verweist in seinem der Klage des Leutnants stattgegebenen Urteils zutreffend auf die besondere Zwangslage des Offiziers beim Verhör hin. Dem anwesenden Unteroffizier sei es im wesentlichen um Material für den anhängigen Scheidungsprozeß gegangen. Der Leutnant habe daher vor der Wahl gestanden, entweder seinem Vorgesetzten die Unwahrheit zu sagen oder die Frau zu schädigen, die er heiraten wollte und von der er ein Kind erwartete. Das Verhalten in dieser „Rollenkonfliktsituation" erlaube nun nicht, den Schluß zu ziehen, daß es dem Kläger allgemein an Wahrheitsliebe fehle und er in Zukunft in dienstlichen Angelegenheiten nicht die Wahrheit sagen werde.

9. Schaffung konfliktreicher Positionen um durch die jeweiligen Rollenträger den Ausgleich divergierender sozialer Kräfte herbeizuführen

Nach § 1 BRAO ist der Rechtsanwalt unabhängiges Organ der Rechtspflege, nach § 3 BRAO ist er der berufene unabhängige Berater und Vertreter in allen Rechtsangelegenheiten. In seinem Handbuch des

---

272 Vgl. *K. Peters*, Überzeugungstäter und Gewissenstäter, in: Festschrift für H. Mayer, S. 257 f.; *G. Greffenius*, Der Täter aus Überzeugung und der Täter aus Gewissensnot; *H. J. Bruns*, Strafzumessungsrecht, S. 489.

273 Siehe o. S. 161 f.

274 Auszugsweise vorerst zitiert in: „Die Zeit" v. 28. Nov. 1969, Nr. 48, S. 13.

Strafverteidigers schreibt Dahs[275]: „Konflikte erwachsen zwangsläufig aus der Antinomie der Rechte und Pflichten seines Berufs. Es widersprechen und überschneiden sich die Verpflichtungen gegenüber der Allgemeinheit mit seiner Schutzaufgabe als Verteidiger, seine strafprozessualen Möglichkeiten mit den standesrechtlichen Bindungen, das Interesse des Mandanten mit seinem beruflichen Imperativ, seine Unabhängigkeit mit der vertraglichen Mandatsbindung, seine Wahrheitspflicht mit der Verschwiegenheitspflicht, seine Pflicht zur Unerschrockenheit mit dem Gebot des Maßhaltens."

Von den vielen Einzelheiten, die Dahs[276] erörtert, soll hier nur kurz das Problem des Pflichtverteidigers gestreift werden. Es liegt nahe, daß Vorsitzende bei der Auswahl von Pflichtverteidigern auch darauf achten, daß es sich mit dem Anwalt „gut arbeiten lasse" und dieser „keine Schwierigkeiten mache". Im Hinblick auf diese Wahlkriterien besteht die Gefahr, daß Pflichtverteidiger sich um weitere Zuteilung von Pflichtmandaten durch Nachgiebigkeit bemühen. Diese Werbung um den „favor judicis" geschieht aber auf dem Rücken des Angeklagten[277]. Um hier von vornherein derartigen schwer kontrollierbaren, aber naheliegenden Verletzungen des Standesrechtes vorzubeugen, sollte die Bestellung von Pflichtverteidigern nicht durch die Vorsitzenden erfolgen, sondern den Anwaltskammern aufgetragen werden. Da Fragen der Justizorganisation (im weiteren Sinne) schon eingehend zur Sprache gekommen sind, sollten die Rollenkonflikte des Verteidigers hier nur angedeutet werden.

Während der Anwalt Mittler zwischen allgemeiner Rechtsordnung — verkörpert durch den Herrschaftsapparat Justiz — und den einzelnen Rechtsgenossen ist, wird dem Betriebsrat, den Vertretern der Arbeitnehmer im Aufsichtsrat und dem Arbeitsdirektor aufgegeben, zum Wohle des Betriebes als auch seiner Arbeitnehmer unter Berücksichtigung des Gemeinwohls zu wirken (vgl. § 49 Abs. 1 BetrVerfG, §§ 4, 13, Abs. 2 MitbestG).

Auf Einzelfragen, wann Interessenkollisionen zum Ausschluß des Stimmrechtes führen können, wie sich Arbeitnehmervertreter im Aufsichtsrat beim Streik verhalten sollen, kann hier nicht eingegangen werden. Daß Funktionsinhaber, durch viele gegensätzliche Rollensender (unter anderen Belegschaft, Gewerkschaft, Betriebsführung) notwendig notorischen Rollenkonflikten ausgesetzt sind, und deshalb bei den Rol-

---

[275] *H. Dahs*, Handbuch des Strafverteidigers, S. 22 f.

[276] *H. Dahs* (s. Anm. 272), S. 22 ff., 59, 60.

[277] Mit dem Hinweis auf „rechte" Vorsitzende, die den schwächlichen, nachgiebigen Verteidiger auch gar nicht haben wollen, ist das angesprochene Problem (s. *H. Dahs*, Strafverteidiger, S. 79, 59 Rdnr. 83) nicht aus der Welt geschafft.

lensendern an Vertrauen einbüßen, bestätigt einen im Zusammenhang mit der Unabhängigkeit von Richtern angedeuteten Grundsatz[278]. Abgesehen von den Belastungen der „Puffer-Funktionsinhaber“ hat sich[279] die Einrichtung der Mitbestimmung weitgehend bewährt[280]. Insbesondere ist bei einer Ausdehnung der Mitbestimmung nicht zu befürchten, daß die Beteiligung der Arbeitnehmer am Entscheidungsprozeß zu gefährlichen Verzögerungen in der Entschlußfassung führt und so aus einer dynamischen Unternehmensführung eine bürokratische Apparatur wird[281]. Diese Erscheinung lag rollentheoretisch als Reaktion auf den durch die grundsätzlichen Rollenerwartungen der Arbeitnehmer und der Arbeitgeber erwarteten Rollenkonflikt bei der Unternehmensleitung nahe. Die Untersuchungen der Biedenkopf-Kommission[282] haben ergeben, daß das gemeinsame Interesse an einer leistungsfähigen Unternehmensführung bestehende Unterschiede in den Auffassungen jedenfalls in der alltäglichen Praxis überwindet.

---

278 Siehe o. S. 129.

279 Vgl. zuletzt das Dokumentarspiel *Wolfgang Menges* „Sessel zwischen Stühlen“, das die Rollenkonflikte des Arbeitsdirektors anschaulich schildert.

280 Vgl. Gutachten Mitbestimmung, Bundestagsdrucksache VI/334.

281 Vgl. *H. Janberg*, Macht und Mitbestimmung, in: „Frankfurter Allgemeine Zeitung“ v. 23. Aug. 1969, S. 15.

282 Gutachten Mitbestimmung (s. Anm. 277).

Viertes Kapitel

Zusammenfassung

§ 11 Zusammenfassende Würdigung

1. Vergleich der rechtlich geregelten Bereiche

a) Bei der Darstellung der vorgefundenen rechtlichen „Lösungen" von Rollenkonflikten überwiegt bei weitem der Anteil, in dem „öffentliche" Rollen analysiert werden. Auffallend ist dabei die Vielzahl der ins Detail gehenden Normen, die Rollen der umfassend verstandenen Justizorganisation ausdifferenzieren. An zweiter Stelle sind die Imkompatibilitätsvorschriften zu nennen, die die politischen Funktionsinhaber und sonstigen Staatsrollenträger betreffen. Es folgen die Regeln, die sich auf den Staatsbürger sonst beziehen. Im spezifischen privat-beruflichen Handlungsbereich lassen sich dagegen nur wenige Konfliktsnormen ausmachen[1]. Die wenigen Regelungen (Mutterschutz-, Jugendschutzgesetz, Arbeitszeitverordnung, Grundsätze über gefahrgeneigte Arbeit usw.) sind überwiegend auf Arbeiter und Angestellte, die leitenden ausgenommen, zugeschnitten. Eine schichtspezifische Verteilung der „Häufigkeit" der Regelungen läßt sich schwer abschätzen. Von den erörterten speziellen „öffentlichen" Rollenkonfliksnormen sind vor allem die höheren Schichten betroffen, da ihre Mitglieder weitgehend die wesentlichen Staatsfunktionen, die ausdifferenziert werden sollen, wahrnehmen.

Dem Inhalt nach wird in den Vorschriften vor allem auf Konflikte Rücksicht genommen, die auf Grund der Anforderungen durch die Primär-Intimgruppen und der Erwartungen der Außengruppen entstehen können. Hinsichtlich der Erscheinungsformen Intra- und Interrollenkonflikte lassen sich nur wenige Normen ausmachen, die Intrarollenkonflikte zum Gegenstand haben.

b) Die unterschiedliche Konfliktregelung in den jeweiligen Ausschnitten der sozialen Wirklichkeit ist Folge liberalen Staatsdenkens, das

[1] Vgl. die Kritik bei *K. Thomas*, Analyse der Arbeit, S. 239: „Gesetze werden insoweit nur geschaffen, um einem akuten Notstand abzuhelfen."

durch das Leitbild des Sozialstaates eine gewisse Modifizierung erfahren hat[2]. Erwartungen der Intim-Primärgruppe werden vor allem berücksichtigt, weil die zugeordneten Rollensender in hohem Maße die Identität der Person mitbestimmen, der Vorrang von Erwartungen dieser Gruppe durch den Selbsterhaltungstrieb im Regelfall programmiert ist und zudem durch diese Rollensender der notwendige Ausgleich zu den oft affektlosen anderen Rollenbezügen geschaffen wird. Bescheidet sich die Rechtsordnung bei Kollisionen in diesem Bereich nicht im Regelfall mit dem zweiten Platz, so provoziert sie den unvermeidlichen Bruch von Normen und diskreditiert das gesamte Normengefüge. Daß Intrarollenkonflikte, also Inter-Normen-, Intra-Norm- und Eigen-Rolle-Konflikte kaum der rechtlichen Regelung erfahren, ist leicht erklärbar. Einmal ist der Rollensenderkreis eines Rollenträgers selten vorgeschrieben, so daß der Gesetzgeber nicht notwendig auf diese Konflikte stoßen mußte, zum anderen ist durch die Spannung innerhalb der Norm bereits generell die Unlösbarkeit dem Normadressaten aufgelastet und im Falle der Eigen-Rolle-Konflikte scheidet eine generelle Regelung wegen Mannigfaltigkeit der vielen Eigen-Wertesysteme aus.

2. Motivationen der Konfliktsnormen

a) Erzeugung und Stabilisierung von Vertrauen

aa) Koppelung und Integration von Bevölkerung und Staatsfunktionen erfordern, wie an den Beispielen des Bundespräsidenten, der Parlamentsabgeordneten einschließlich der Kommunalvertreter, des Wehrbeauftragten, der Richter usw. gezeigt wurde, ein hohes Maß an Vertrauen. Damit ist nichts über die Notwendigkeit von Kontrollen gesagt. Vertrauen und Kontrolle müssen keine Gegensätze sein. Im Gegensatz zum hier gemeinten Vertrauen steht das Gefühl, an einen Staatsapparat ausgeliefert zu sein, dessen Funktionsträger sich nicht vor allem an den Interessen der Bevölkerung, sondern an den eigenen oder an besonderen nicht funktionsnotwendigen des Apparates orientieren. Der Bürger selbst ist bei der Vielfalt der auch ihn betreffenden Probleme gar nicht in der Lage, die erwogenen Lösungsmöglichkeiten abzuschätzen (und will es auch meistens nicht). Im übrigen bleibt die Frage, wer die Kontrolleure kontrolliert. Deshalb wird auf die „Institutionalisierung" von Vertrauen durch die Rechtsordnung soviel Wert gelegt. Auch in einer Gesellschaft mündiger Teilhaber wird diese Integrationsbedingung schon wegen der überall herrschenden „Komplexität"[3]

[2] Vgl. *M. Rehbinder*, Status — Kontrakt — Rolle, S. 207.

[3] Vgl. dazu allgemein: *N. Luhmann*, Vertrauen, Ein Mechanismus der Reduktion sozialer Komplexität.

erfüllt werden müssen. Eine allgemeine Bejahung der Rechtsordnung in ihren Grundzügen durch den einzelnen, dieser Prozeß ist wie jeder Sozialisationsprozeß nie abgeschlossen, wird auch um so dringlicher, je geringer die Möglichkeiten einer Überwachung durch staatliche Sanktionsinstanzen werden. Schon erörtert wurde, daß die Kenntnis von den möglichen Konflikten eines Rollenträgers zum Vertrauensschwund seiner Rollensender führt. Bestimmte Rollenkonfliktsnormen ermöglichen und fördern also die Bildung von Vertrauen.

bb) Die Bejahung einer Rechtsordnung hängt auch weitgehend davon ab, ob ihre Sanktionen angemessen sind. Harte Strafen führen nicht selten eher zur Verrohung der Sitten als zur besseren Einhaltung. Es ist leichter, sich gegen „unangemessene" Regeln aufzulehnen, als gegen Normen, die man grundsätzlich für sinnvoll hält[4]. Die Versöhnung des Täters mit der „Allgemeinheit" in der Rechtsgemeinschaft erfolgt deshalb problemloser, wenn auch die besondere Situation des Täters, die etwa durch andere Erwartungen gekennzeichnet ist, die er seines Selbstbildes wegen zu erfüllen hat, berücksichtigt wird. Das kann in Abstufungen, zum Beispiel Rollenpflicht als Rechtfertigungsgrund, als Schuldausschließungsgrund oder als Umstand, der bei der Strafzumessung Beachtung findet, geschehen.

cc) Vertrauen ist nur auf der Grundlage gegenseitiger Achtung möglich. Wenn der einzelne mit der Rechtsgemeinschaft hadert, so kämpft er nicht gegen ein Abstraktum, sondern er wehrt sich gegen die Person, die ihm die lästige Normerfüllung abverlangt. Da die Rechtsordnung dem einzelnen personifiziert erscheint, ist auch die Übertragung der Bedingungen, die zur Entstehung zwischenmenschlicher Vertrauensbeziehungen führen, erlaubt. Gegenseitige Achtung gebietet, daß dem anderen eine konsistente Selbstdarstellung nicht verwehrt wird. Zur Bejahung dieser Rechtsordnung kann daher auch die Garantie der Wahl und Ausübung von Handlungsalternativen beitragen.

Ein Angeklagter, eine Partei wird sich mit der Entscheidung eines Richters innerlich freier und ernster auseinandersetzen und Gründe eher akzeptieren können, wenn sie den Eindruck gewinnen können, daß auch sie die Chance einer für ihren Fall ausreichenden Selbstdarstellung und eines Vorbringens ihres Anliegens hatten. Das ist aller-

---

[4] Überkommenem „hoheitlichen" Verständnis des Rechts muß dieses Argument zuwider sein. Typisch für jenes Denken ist der in diesem Zusammenhang regelmäßig anzutreffende Hinweis auf die Gerechtigkeit, die die Differenzierung gebiete. Der Leerformelcharakter von „Gerechtigkeit" bedarf keines Nachweises mehr. Hier verbirgt sich dahinter der abstrakt zu denkende „Staat", der sich gnädig herabläßt, Unterschiede zu bemerken und ihnen zu entsprechen, aber nicht eine Staatsorganisation, die die mögliche Effektivität ihrer Normen einschätzt und die von der weitestgehenden Toleranz gegenüber anderen Verhaltensweisen bestimmt wird.

dings noch bloße Hypothese. Die Erforschung des Verhältnisses Rechtsstab und Bevölkerung hat in der Bundesrepublik erst eingesetzt[5]. Festzuhalten bleibt aber schon jetzt, daß „Recht und Gerechtigkeit" nicht „auf einem anderen Blatt als die Rationalisierung der Sozialordnung" stehen und „drängende Not, Haß, Zorn, Triumph, Tränen und Ohnmacht derer, die um Recht und Unrecht streiten"[6], nicht Sache einer „Sui-generis Jurisprudenz" ist. Die von der Soziologie in jüngster Zeit geleistete Analyse der Arzt-Patient-Beziehung läßt keinen Grund erkennen, warum diese und ähnliche „besonderen Wirklichkeiten"[7] der näheren Untersuchung unzugänglich seien, es sei denn, es gäbe etwas zu verbergen, und/oder es sei ein Statusverlust zu befürchten.

dd) Für gewisse soziale Rollenbeziehungen (der Ärzte, Rechtsanwälte, Steuerberater, Geistlichen usw.) ist es notwendig, daß unvermittelt Vertrauensbeziehungen entstehen können, um unter anderem den notwendigen Informationsfluß einzuleiten. Indem das Recht den Rollenerwartungen wie der Schweigepflicht verbindlichen Charakter verleiht, erleichtert es die Bildung dieses besonderen Kontaktes.

b) Konzentration der Leistungskraft des Rollenträgers auf seine Rolle

Diese Regelungen stehen im Falle der öffentlichen Rollen in Verbindung zur Erzeugung von Vertrauen, das bei einer Verzettelung der Funktionsinhaber leiden könnte. Im Bereich der Wirtschaft überwiegt das rein kommerzielle Leistungsinteresse.

c) Bildung und Bewahrung der Statusinkongruenz bei bestimmten Rollenträgern

Der negativen Folgen der Statusinkongruenz wegen wird das Individuum sich um die Kongruenz seiner verschiedenen sozialen Positionen selber bemühen. Da aber beispielsweise das Abgleiten in gewerbliche Rollenbeziehungen vom Rollenträger selber häufig als nicht besonders negativ bewertet wird, beugen viele Vorschriften der Übernahme gewerblicher Funktionen vor. Der erreichte hohe Status erleichtert es dem Inhaber, unpersönlich mit seinem Rollensender zu verkehren und Forderungen abzuwehren, ohne persönlich einschneidende Sanktionen zu befürchten.

---

[5] Vgl. *R. Lautmann* (s. o. S. 93, Anm. 19), Rolle des Richters, in: JRR 1 (1970), S. 381 mit weiteren Nachweisen; *W. Zitscher*, Rechtssoziologische und organisatorische Fragen der Justizreform.

[6] *W. Henke*, Sozialtechnologie und Rechtswissenschaft, in: Der Staat 69, 1. f., 17.

[7] *W. Henke* (s. Anm. 6), S. 12.

d) Garantie des offenen Ausspielens von möglichen Gegensätzen oder jedenfalls der Vielfalt von Aspekten eines Problems durch personelle Trennung

aa) Daß Funktionenhemmung nur bei „subjektiver Gewaltenteilung" wirksam ist, wurde ausführlich herausgestellt und als ein Leitmotiv der Inkompatibilitätsnormen des öffentlichen Rechtes erkannt[8].

bb) Daneben erwies sich das Prinzip des offenen Austragens von Gegensätzen, der Vermeidung der Innen-Harmonisierung und Gleichschaltung von „Instanzen" durch Vorbefassung als charakteristisch für diese Rechtsordnung. Um auch konkret bei allgemein vorgesehenen unterschiedlichen Rastern die Unterschiede zu erhalten, wird auf die Sicherung der personellen Trennung durch das Recht besonderer Wert gelegt.

e) Handlungserleichterung

aa) Durch Risikoentlastung soll die notwendige Entschlußkraft und ein leistungsgerechtes, gefährliches Handeln gefördert werden.

bb) Die staatliche Garantie (Art. 4, 20 Abs. 4 GG) ermöglicht innovatorisches Verhalten und kann ein Mindestmaß an sozialer Anerkennung verschaffen.

cc) Durch Inter-Normen-Konfliktsvorschriften werden bestimmte mögliche Störungen von Befehlsbahnen von vornherein ausgeschlossen.

dd) Durch abgestufte rechtliche Qualifizierung kann auf das Vorverhalten, das in der Auslösung eines Reflexes, in einer kurzen Überlegung oder im sorgfältigen und gründlichen Prüfen der Situation bestehen kann, erheblich eingewirkt werden.

f) Milderung von sozialen Spannungen und Koppelung unterschiedlicher Subsysteme durch Einrichtung von Puffer-Funktionen

In diesen Fällen (Betriebs-, Personalräte, Arbeitsdirektor usw., Rechtsanwälte) benutzt das Recht die „Person" als Integrationszentrum, bündelt die den einzelnen sonst mehr oder weniger zufällig treffenden divergierenden Erwartungen und weist ihm den Ausgleich als Aufgabe zu.

3. Verschränkung von sozialen und rechtlichen Lösungsmechanismen

Die sozialen Konfliktmechanismen wie Flucht vor der Situation[9], alternierende Erwartungstreue[10] oder Handlungsverzögerung bis zur

---

[8] Vgl. *W. Weber*, Parlamentarische Unvereinbarkeiten, in: AöR 58 (1930), S. 161 ff.; *N. Achterberg*, Probleme der Funktionenlehre, S. 164 f.

[9] Siehe o. S. 108.

[10] Siehe o. S. 108.

Situationsveränderung[11] stehen in keinem erkennbaren Zusammenhang mit Rechtsnormen. Dagegen wird die Wirksamkeit einer „Rangordnung"[12] von Rollenerwartungen durch die auch rechtliche Festlegung einer solchen Rangfolge erheblich gesteigert. Die vom Recht vermittelte Legitimität einer Erwartung[13] bedeutet im Regelfall, daß die Erwartung allgemein von der Bevölkerung akzeptiert wird. Mit dem Hinweis auf derartige zumeist bindende Vorschriften, die regelmäßig auch Sanktionen für den Fall anordnen, daß ihnen nicht entsprochen wird, läßt sich der faktische Druck der anderen Sender verringern und der Abbruch der persönlichen Beziehungen mit ihnen vermeiden.

Abgesehen von diesem wichtigsten Lösungsmechanismus, der häufig rechtliche und rein soziale Elemente in sich verbindet, der „Rollenhierarchie", soll nur noch beispielhaft auf die „Solidarisierung mit Gleichbelasteten"[14], die durch die Koalitionsfreiheit (Art. 9 GG i. V. mit dem Vereinsgesetz) institutionell abgesichert ist, die „Delegierung von Aufgaben"[15], die im Bereich der „öffentlichen" Rollen als Nebenfolge durch die Einrichtung von Stellvertretern bei besonders wichtigen Funktionsinhabern ermöglicht wird und den „Rückzug aus allen beruflichen Rollenverpflichtungen"[16], der durch die Vorschriften über den Urlaub jedermann offensteht, hingewiesen werden.

Allgemein gilt, daß rechtliche und soziale Lösungsmechanismen nicht notwendig miteinander verknüpft sind. Eine Verschränkung ist jedoch möglich und auch häufig festzustellen.

§ 12 Rechtspolitische Forderungen

Die biblische Weisheit, daß niemand zweien Herren dienen kann[1], kennzeichnet ein altes Grundproblem menschlichen Zusammenlebens. In der modernen pluralistischen Gesellschaft ist nunmehr fast jedermann genötigt, den angesprochenen Rollenkonflikt und seine anderen Erscheinungsformen zu bewältigen. Da das Recht in hochentwickelten Gesellschaften zum wesentlichsten Regelungsmechanismus wurde, erfolgt die Lösung vieler Rollenkonflikte durch die Rechtsordnung, zumal

[11] Siehe o. S. 109.
[12] Siehe o. S. 106.
[13] Siehe o. S. 110.
[14] Siehe o. S. 109.
[15] Siehe o. S. 108.
[16] Siehe o. S. 110.
[1] *Matthäus*, 6, 24.

nicht wenige Konflikte in rechtlich fixierten Erwartungen ihren Ursprung haben und die rechtlichen Lösungen gleichsam durch die Schaffung der konflikterzeugenden Normen provoziert worden sind. Das allgemeine Bewußtsein von den Rollenkonflikten ist noch jung, die Konflikte werden eher „persönlich" empfunden, als daß man ihre Ursachen dem Grundzug heutiger Sozialstruktur, der Desintegration, anlastet.

Die Kenntnis der erarbeiteten Grundzüge von Erscheinungsformen, Vorkommen, Folgen und Lösungen der Rollenkonflikte führt rückkoppelnd dazu, Verfeinerungen und Ausweitungen bisheriger rechtlicher Berücksichtigung anzuregen.

1. Bei der Darstellung der „öffentlichen" und einiger „privater" Rollen wurde auf den Ausschließlichkeitscharakter der jeweiligen Rolle (Beamte, Kranker, Soldat, Steuerberater, Geistlicher usw.) im Hinblick auf andere und die dadurch indizierten Konflikte des Rollenträgers aufmerksam gemacht. Der Ausschluß der anderen (Berufs-)Rollen wurde sozialwissenschaftlich mit der (meist abträglichen) Wirkung der anderen (niedrigeren) Rollenbilder auf das spezielle Bild erklärt.

Fraglich ist insoweit, ob hier auf eine soziale „Konstante" Rücksicht genommen wird oder ob nicht doch eine „Variable" vorliegt, die mit dem allgemeinen Rollenbewußtsein korreliert. Wenn dies der Fall sein würde, wenn also die Kenntnis vom Verhalten des anderen in anderen Rollenbereichen die augenblicklich aktualisierte Beziehung nicht mehr beeinflussen würde[2], so könnte, dem wachsenden Rollenbewußtsein entsprechend, der Ausschließlichkeitsanspruch eingeschränkt werden. Mit einer theoretischen Erörterung allein kann die Frage hier jedoch noch nicht vorschnell entschieden werden. Die geltenden Regelungen im Beamtenrecht (Beamter innerhalb und außerhalb des Dienstes) usw. werden aber auch davon unabhängig als Anmaßung empfunden und einer kritischen Betrachtung empfohlen. Die Anmaßung läßt sich sozialwissenschaftlich näher verständlich machen. Mit der Einbeziehung des außerdienstlichen Verhaltens sind die Möglichkeiten der Selbstdarstellung eingeschränkt. Dem Bedürfnis des einzelnen, der Vielfalt seiner Anlagen und Neigungen, Ausdruck zu verleihen, individuell sein zu können, wird nicht hinreichend Rechnung getragen.

Vor allem bei der heute vorwiegenden Unübersehbarkeit des gesellschaftlichen Lebens — übersehbar ist es nur noch in Kleinstädten und auch dort wegen der „Pendler" usw. nur begrenzt — erscheint eine Berücksichtigung des außerdienstlichen Verhaltens allenfalls im Einzelfall durch Versetzung angemessen und erträglich.

---

[2] Gegenüber der oben dargestellten Lehre Simmels (s. o. S. 19) zeichnet sich diese These durch die Betonung des allgemeinen Rollenbewußtseins aus.

2. Im Anschluß an die Garantie eines Mindestmaßes von möglichen Selbstdarstellungen muß generell der Ausbau weiterer Handlungsalternativen gefordert werden. Das gilt vor allem für die besonderen Gewaltverhältnisse. Allgemein abzuschaffen ist die Erzwingung der Selbstbindung durch Eid.

3. Beim Vergleich der Regelungen in den einzelnen Konfliktbereichen erscheint die Berücksichtigung der Konflikte im Bereich: Beruf — Familie, als unzureichend.

Wohl wird bei der Verwirklichung des Normprogrammes des Art. 6 GG weitgehend die Funktion der Frau als Mutter beachtet, aber damit ist dem notwendigen Schutz der Familie nur teilweise entsprochen. Eine gesetzliche Regelung der Schichtarbeit etwa steht noch aus. Erwägenswert scheint es auch zu sein, Familien von zur mittleren Führungsebene gehörenden Angestellten den Vater jedenfalls für bestimmte Zeiten im Rahmen des Möglichen zu garantieren. Wie erörtert[3], werden diese Angestellten durch den Anreiz einer weiteren Karriere nicht nur für mehr als eine Schicht der Familie entzogen, sondern verbringen auch Teile des Wochenendes an ihren Arbeitsplätzen. Sozialstaatliches Denken führt zur Forderung, daß die Betriebe für jede Schicht eine hinreichende Anzahl von derartigen Führungskräften anstellen müssen. An Bewerbern für diese Positionen ist sicher kein Mangel. Die Belastungen der Führungskräfte in der Unternehmensspitze korrelieren dagegen nicht regelmäßig mit der Anwesenheit im Betrieb. Ihnen ist auch durch ihre hohe Dotierung die Möglichkeit einer sonst weniger konfliktreichen Lebensführung gegeben.

In einem Bericht der schwedischen Regierung[4] wird versprochen, im Zuge der Emanzipation des Mannes die Familienväter von ihren beruflichen Pflichten teilweise zu entlasten, um sie mehr für häusliche Aufgaben freizustellen. Diese Absicht soll von der Bevölkerung wachsend unterstützt werden. Ob die Tendenz auch in der BRD Anklang finden wird und entsprechende rechtspolitische Forderungen zu formulieren sind, ist vorerst nicht abzusehen.

4. Verbesserungen im Bereich der Justiz.

Ein umfassender Beitrag zur Justizreform kann hier nicht erbracht werden. Im Rahmen dieser Untersuchung wurde konkret im Hinblick auf die allgemeine Rollenkonfliktproblematik deutlich, daß ein größeres Vertrauen der Bevölkerung zur Justiz entstehen kann, wenn

---

[3] Siehe o. S. 91 f.

[4] Besprochen v. *J. Langer-El Sayed*, Die Lebensrollen von Mann und Frau/ Schwedische Beobachtungen und Schlußfolgerungen, in: Frankfurter Hefte 70, 26 f.

a) der Status der Richter allgemein angehoben wird[5],

b) die Beurteilung der Mitglieder einer Kammer nicht dem Vorsitzenden, sondern einem Personalrat aufgetragen wird,

c) Berufsrichter im Ruhestand nicht ehrenamtliche Richter sein können,

d) Pflichtverteidiger nicht durch das Gericht, sondern durch Anwaltskammern ausgewählt werden,

e) § 354 Abs. 2 StPO dahin ausgelegt wird, daß bei Zurückverweisungen an eine andere Kammer kein Richter dieser Kammer angehören darf, der bei der Erstentscheidung mitgewirkt hat,

f) § 257 Abs. 2 StGB dahin ausgelegt wird, daß die Konfliktsituation des zur Begünstigung anstiftenden Täters angemessener als bisher berücksichtigt wird,

g) die zur Freiheitsstrafe Verurteilten ihrem Ausbildungsstand weitgehend entsprechend tatsächlich beschäftigt werden, um die Versöhnung mit der Rechtsordnung nicht durch eine sinnlose Statusinkongruenz zu erschweren.

5. Verbesserungen im Bereich der Legislative im weiteren Sinne.

Auch hier sollen nur beispielhaft einige schon erörterte Forderungen zusammengestellt werden. Die Bildung von Vertrauen zu den „gesetzgebenden" Körperschaften kann u. a. erleichtert werden, wenn

a) Bundestagsabgeordnete ihre Arbeitskraft nicht auch für die Wahrnehmung eines Mandates als Landtagsabgeordneter verwenden können,

b) in speziellen Ausschüssen wie dem für Angelegenheiten der Landwirtschaft nicht nur, d. h. eine beschlußfähige Mehrheit, Landwirte sitzen, oder dem Verteidigungsausschuß Personen angehören, die im festen Anstellungsverhältnis zur Rüstungsindustrie stehen[6].

c) Gemeindevertreter nicht leitende Funktionen in Eigenbetrieben der Gemeinde innehaben.

Die Frage der Vereinbarkeit von bestimmten Berufen und der Mitgliedschaft in einem Parlament wurde eingehend im Fall der Angehörigen des öffentlichen Dienstes erörtert. Von rechtspolitischem Interesse ist weiterhin die Frage der sogenannten „wirtschaftlichen Inkompatibilität". Gemeint ist damit die Unvereinbarkeit der Wahrnehmung des Mandats bei gleichzeitiger wirtschaftlicher Interessenverbindung mit dem Staat, bei gleichzeitiger Tätigkeit als Aufsichtsrat eines Wirt-

---

[5] Vgl. dazu näher: W. *Zitscher*, Rechtssoziologische und organisatorische Fragen der Justizreform, S. 17 f.

[6] Vgl. W. *Hoffmann*, „Lobbyisten" im Verteidigungsausschuß?, in: „Die Zeit" v. 20. März 1970, Nr. 12, S. 44.

schaftsunternehmens oder der gleichzeitigen Ausübung einer Funktion einer Interessenorganisation. Diese Frage hat im Schrifttum[7] häufig Beachtung gefunden. Hier ist nur vor einem falschen Neutralitätsglaubens zu warnen. Die Verflechtung der Parlamentarier mit den gesellschaftlichen Kräften ist unvermeidbar und auch wegen eines genügenden Informationsflusses erwünscht. Der einseitig gerichteten Einflußnahme der Interessenvertreter kann auch nicht durch den Stimmausschluß in bestimmten Situationen vorgebeugt werden, — die einzelne Stimme etwa des „Flick"-vertreters ist ohne Gewicht, sein Einfluß auf viele andere Abgeordnete dagegen kann beträchtlich sein —, sondern als Vorkehrung empfiehlt sich eine besondere Publizität der wirtschaftlichen Bindungen jedes Abgeordneten. Wirkt dieser Abgeordnete dann nur im Interesse seiner Firma usw., so disqualifiziert er sich selber und sein Einfluß wird gering sein. Ist der Spielraum seines Auftretens größer, eröffnen sich ihm weitere Wirkungschancen und andererseits „zwingt" er seine Firma usw. in gewissem Umfange, auch das „Gemeininteresse" zu berücksichtigen.

6. Für den Bereich der Verwaltung soll angeregt werden, daß

a) keine Politiker als Leiter relativ kleiner, örtlich gebundener Verwaltungseinheiten eingesetzt werden.

b) Sicherheitsvorschriften beseitigt werden, die in erster Linie der Absicherung der Ministerialbürokratie dienen und soweit es möglich ist, sie durch Generalklauseln weitgehend zu ersetzen, durch die den tatsächlichen Lebensverhältnissen besser entsprochen werden kann,

c) Behörden nicht über ihre eigenen Anträge und Rechtsbehelfe entscheiden dürfen.

7. Bestimmte Entflechtung von Staat und Wirtschaft usw. durch klare personelle Trennung.

Beispielhaft soll hier vorgeschlagen werden, durch Gesetz die Beschäftigung pensionierter höherer Offiziere in der Rüstungswirtschaft zu verbieten[8].

Die Ausnutzung der Rollenbeziehungen der pensionierten Offiziere zu den Kameraden in den Ministerien und Beschaffungsämtern usw. ist anderenfalls unvermeidlich, denn dafür werden sie so hoch bezahlt. Die spezifischen Konflikte der aktiven Militärs (Unparteilichkeit — ehemalige Vorgesetzte, Kameraden, Fachgenossen) und der pensionier-

[7] Vgl. dazu G. *Sturm*, Die Inkompatibilität, S. 111 ff.

[8] Vgl. W. *Hoffmann*, Generale in privatem Sold, in: „Die Zeit" v. 5. Juni 1970, Nr. 23, S. 25 f. mit einleuchtenden konkreten Beispielen aus der BRD.

ten in der Industrie (gut dotierter Auftrag — Treue zum Staat, die die Empfehlung einer ungünstigen Waffe verbietet, Verschwiegenheitspflicht) sind dabei von sekundärem Interesse[9]. Die Verbotsnorm ist wegen der möglichen Auswirkung der Rollenbeeinflussung erforderlich. Denn es besteht die nicht geringe Gefahr, daß bei einer allzu engen Koppelung von Wirtschaft und Militär (Staat), sich — wie in den USA — die von der BRD bisher eingehaltenen Prioritäten mit allen Folgen verschieben und im übrigen die Truppe nicht das beste Material zum günstigsten Preis erhält. — Die rechtspolitischen Forderungen sollten auch verdeutlichen, daß das Schwergewicht künftiger Regelung der Gesellschaft weiterhin dem Ordnungsmechanismus Recht zukommt und nicht bei den anderen sozialen Mechanismen liegt[10]. Der Zug zur einheitlichen Gestaltung der Gesellschaft mag hierfür ein Grund sein. Im übrigen erlaubt der Gesetzgebungsprozeß im weiteren Sinne die Beteiligung und Einwirkung vieler Gruppen, deren Gegensätze aber nicht regelmäßig die Gesetzesproduktion blockieren, sondern durch das spezifische Verfahren zum Teil überspielt werden können.

Damit soll die notwendig unvollständige Erörterung des Rollenkonfliktes im Recht abgebrochen werden. Manche Ausführungen scheinen „Selbstverständliches" zu enthalten. Im rechtssoziologischen Sinne gibt es jedoch keine „Selbstverständlichkeiten". Schon die Vertrautheit mit nur einem Rechts- und Kultursystem legt diese Annahme nahe. Die Verfremdung mancher „natürlichen Regelung" durch Beispiele aus anderen Rechtskulturen hätte jedoch den Rahmen dieser Untersuchung gesprengt.

---

[9] Vgl. Zitat eines Verteidigungsexperten, der ironisch meinte: „Auf die Dauer muß der Industriejob eines Ex-Generals mit der Pflicht zur Verschwiegenheit doch zu einer Persönlichkeitsspaltung führen", in: „Die Zeit" (s. Anm. 7), S. 26.

[10] So aber *P. Trappe*, Zur Situation der Rechtssoziologie, S. 20 ff.

Literaturverzeichnis

Abel, D. M.: Wege ins Verbrechen, Stuttgart 1970

Abraham, H. J. u. a.: Kommentar zum Bonner Grundgesetz, Hamburg 1950 ff. (Scupin, Erstlieferung)

Achterberg, N.: Probleme der Funktionenlehre, München 1970

Adorno, T. W.: Negative Dialektik, Frankfurt a. M. 1966

— Jargon der Eigentlichkeit (edition suhrkamp 91) 4. Aufl., Frankfurt a. M. 1969

— Spätkapitalismus oder Industriegesellschaft, Hrsg., Stuttgart 1969

Allport, G. W.: Persönlichkeit, Stuttgart 1949

Altmann, R.: Zum Rechtscharakter der Geschäftsordnung des Bundestages, in: DÖV 56, 751 ff.

Arens, P.: Willensmängel bei Parteihandlungen im Zivilprozeß, Bad Homburg v. d. H./Berlin/Zürich 1968

Arndt, A.: Anmerkung zu BVerfGE 19, 135, in: NJW 65, 2195

— Anmerkung zu BVerfG NJW 68, 880, in: NJW 68, 880

Baden/v. Mitzlaff: Wehrdisziplinarordnung, 6. Aufl., Frankfurt a. M. 1965

Bahrdt, H. P.: Industriebürokratie, Stuttgart 1968

Banton, M.: Roles. An Introduction to the Study of Social Relations, London 1965

Battes, R.: Erfüllungsansprüche trotz beiderseits bewußten Formmangels, in: JZ 69, 683 f.

Baumbach/Duden: Handelsgesetzbuch, 18. Aufl., München 1968

Ben-David, J.: The professional role of the physician in bureaucratized medicine: a study in role conflict, in: Human Relations 11 (1958), S. 154 bis 274

Bendix, L.: Zur Psychologie der Urteilstätigkeit des Berufsrichters und andere Schriften, Neuwied/Berlin 1968

Bernsdorf, W.: Wörterbuch der Soziologie, 2. Aufl., Stuttgart 1969

Bettermann, K. A.: Juristische Personen des öffentlichen Rechts als Grundrechtsträger, in: NJW 69, 1321 f.

— Anmerkung zu OVG Lüneburg, in: DVBl 54, 298

Biddle/Thomas (Hrsg.): Role Theory: Concepts and Research, New York/London/Sydney 1966

Blumberg, A. S.: The Practice of Law as Confidence Game: Organizational Cooptation of a Profession, in: Law and Society Rev. 1 Nr. 2 (1967), S. 15 bis 39

Boehmer, G.: Grundlagen der bürgerlichen Rechtsordnung, Bd. 2, 2., Tübingen 1951

Bogs, H.: Probleme des Geistlichenprivilegs im Wehrrecht, in: Der Staat 70, 43 f.

de Boor, W.: Bewußtsein und Bewußtseinsstörungen, Berlin/Heidelberg/ New York 1966

Brack, R.: Richter als Mitglieder politischer Parteien, in: DRiZ 66, 254 ff.

Brüggemann/Würdinger: Handelsgesetzbuch, Bd. 1, 3. Aufl., Berlin 1967

Bruns, H.-J.: Strafzumessungsrecht, Allgemeiner Teil, Köln/Berlin/Bonn/ München 1967

Bühl, W.: Dialektische Soziologie und soziologische Dialektik, in: KZfSS 21 (1969), S. 712 ff.

Burchard, W. W.: Role conflicts of military chaplains, in: Americ. Soc. Rev. 19 (1954), S. 528—535

Burckhardt, J.: Die Kultur der Renaissance in Italien, Gesamtausgabe, Bd. 5, Berlin/Leipzig 1930

Bydlinski, F.: Privatautonomie und objektive Grundlagen des verpflichtenden Rechtsgeschäftes, Wien/New York 1967

Claessens, D.: Rolle und Macht, München 1968

— Rolle und Verantwortung, in: Angst, Furcht und gesellschaftlicher Druck, S. 102 ff., Dortmund 1965

— Rollentheorie als bildungsbürgerliche Verschleierungsideologie, in: Spätkapitalismus oder Industriegesellschaft

Cloward, R. A.: Illegitime Mittel, Anomie und abweichendes Verhalten, in: Sack/König, Hrsg., Kriminalsoziologie, S. 314 ff.

Cremer, J.: Grundlagen der ärztlichen Rechts- und Berufskunde, Stuttgart 1962

Cressey, D. R.: Statistische Verteilung und individuelles Verhalten: Eine Abhandlung zur Kriminologie, in: Sack/König (Hrsg.), Kriminalsoziologie, S. 490 ff.

Daheim, H.: Desorganisationsprozesse in einem Bürobetrieb, in: KZfSS 10 (1958), S. 256 f.

Dahm, G.: Der Tätertyp im Strafrecht, Leipzig 1940

Dahrendorf, R.: Homo Sociologicus, 7. Aufl., Köln/Opladen 1968

— Gesellschaft und Freiheit, München 1961

— Struktur und Funktion. Talcott Parsons und die Entwicklung der soziologischen Theorie, in: Pfade aus Utopia, München 1967

— Rolle und Rollentheorie; Soziale Position, in: W. Bernsdorf, Wörterbuch der Soziologie

Dahs, H.: Handbuch des Strafverteidigers, Köln/Marienburg 1969

Denninger, E.: Polizei in der freiheitlichen Demokratie, Frankfurt a. M. 1968

— Rechtsperson und Solidarität, Frankfurt a. M./Berlin 1967

— Rezension von P. Häberle, Die Wesensgehaltsgarantie des Art. 18 Abs. 2 GG, in: JZ 63, 424

Dersch/Volkmar: Arbeitsgerichtsgesetz, Kommentar, 6. Aufl., Berlin/Frankfurt a. M. 1955

Deutsch, K.: Fahrlässigkeit und erforderliche Sorgfalt, Köln/Berlin/Bonn/ München 1963

Drath, M.: Über eine kohärente sozio-kulturelle Theorie des Staats und des Rechts, in: Festschrift für Gerhard Leibholz I, S. 35 f., Tübingen 1966.

— Staat, in: Evangelisches Staatslexikon, hrsg. v. Kunst/Grundmann, Sp. 2123, Stuttgart/Berlin 1966

Dreitzel, H. P.: Die gesellschaftlichen Leiden und das Leiden an der Gesellschaft, Stuttgart 1968

Dürig, G.: Das Eigentum als Menschenrecht, in: ZgesStW 109 (1953), S. 326 f.

Ebert, K.: Das Recht des öffentlichen Dienstes. Ein Handbuch für die Personalverwaltung und die Personalvertretungspraxis, Berlin 1965

Ehrlich, E.: Die Rechtsfähigkeit, Berlin 1909

Elias, N.: Über den Prozeß der Zivilisation, Bd. I, 2. Aufl., Bern/München 1969

Eliot, T. S.: Mord im Dom (edition suhrkamp 8), 4. Aufl., Frankfurt a. M. 1968

Emmet, R.: Rules, Roles and Relations, London/Melbourne/Toronto 1966.

Enneccerus/Nipperdey: Allgemeiner Teil des Bürgerlichen Rechts, Bd. 1, 1.2., 15. Aufl., Tübingen 1959

Erbs/Kohlhaas: Strafrechtliche Nebengesetze, 2. Aufl., Frankfurt a. M./Bonn 1967

Erikson, E. H.: Identität und Lebenszyklus, Frankfurt a. M. 1966

— Kindheit und Gesellschaft, 2. Aufl., Stuttgart 1965

Eschenburg, T.: Der Beamte in Partei und Parlament, in: Kleine Schriften für den Staatsbürger, Heft 15, Frankfurt a. M. 1952

Esser, J.: Schuldrecht, Bd. 1, Karlsruhe 1968

— Gedanken zur Dogmatik der faktischen Schuldverhältnisse, in: AcP 157 (1958), S. 86 ff.

Etzioni, A.: Soziologie der Organisation, München 1967

Fallada, H.: Wer einmal aus dem Blechnapf frißt.

Fikentscher, W.: Das Schuldrecht, 2. Aufl., Berlin 1969

Fischbach, O. G.: Bundesbeamtengesetz, Kommentar, Berlin/Köln, 3. Aufl. 1964

Flume, W.: Allgemeiner Teil des Bürgerlichen Rechts, Bd. 2, Das Rechtsgeschäft, Berlin 1965

— Rechtsgeschäft und Privatautonomie, in: Festschrift Deutscher Juristentag 1960 I, S. 135—238, Karlsruhe 1960

— Das Rechtsgeschäft und das rechtlich relevante Verhalten, in: AcP 161 (1962), S. 52 f.

Forsthoff, E.: Lehrbuch des Verwaltungsrechts, Bd. I, 9. Aufl., München/Berlin 1966

Fraenkel, E.: Soziologie der Klassenjustiz und Aufsätze zur Verfassungskrise 1931—32, Darmstadt 1968

— Strukturdefekte der Demokratie und deren Überwindung, in: Deutschland und die westlichen Demokratien, S. 48 ff., Stuttgart 1964.

France, A.: Die rote Lilie.

Franßen, E.: Positivismus als juristische Strategie, in: JZ 69, 766 ff.

Friedmann, G.: Der Mensch in der mechanisierten Produktion, Köln 1952

Friedmann, W. G.: Some Reflections on Status and Freedom, in: R. A. Newman, Hrsg., Essays in Jurisprudence in Honor of Roscoe Pound, S. 222 ff., Cambridge, Mass. 1962

Fromm, E.: Moderner Mensch und seine Zukunft, 2. Aufl., Frankfurt a. M. 1967

— Die Angst vor der Freiheit, Frankfurt a. M. 1966

Gamillscheg/Hanau: Die Haftung des Arbeitnehmers, Karlsruhe 1969

Geißler, A.: Zur Psychologie des Arzt-Patient-Verhältnisses, in: Probleme und Ergebnisse der Psychologie, Bd. 12 (1964)

Gehlen, A.: Moral und Hypermoral, Frankfurt a. M./Bonn 1969

— Urmensch und Spätkultur, Frankfurt a. M./Bonn 1964

— Die neue Weltschau, Stuttgart 1953

Geiger, T.: Vorstudien zu einer Soziologie des Rechts, Neuwied/Berlin 1964

— Demokratie ohne Dogma, 2. Aufl., München 1964

Gernhuber, J.: Lehrbuch des Familienrechts, München/Berlin 1964

Gibbs/Martin: Status Integration and Suicide, Oregon 1964

Glueck, E.: Culture Conflict and Delinquency, in: Mental Hygiene 21 (1937), S. 46—66

Glueck, S.: in: A. Mergen, Hrsg., Kriminologie — heute, S. 45 f., Hamburg 1961

Götze/Mitzka: Trübners deutsches Wörterbuch, Bd. 5, Berlin 1954

Goode, W. J.: Eine Theorie des Rollen-Stress (Auszug aus: A Theory of Role Strain, in: Americ. Soc. Rev. 25 [1960], S. 483—496), in: H. Hartmann, Hrsg., Moderne amerikanische Soziologie, S. 269 ff.

Gough, G. H.: A sociological theory of psychopathy, in: Americ. Journ. of Soc. 53 (1948), S. 359—366

Graveson, R. H.: Status in the Common Law, 1953

Greffenius, G.: Der Täter aus Überzeugung und der Täter aus Gewissensnot, Hamburg 1969

Grethlein/Brunner: Jugendgerichtsgesetz, 3. Aufl., Berlin 1969

Gronau, H.: Die soziologische Rollenanalyse als betriebsorganisatorisches und berufspädagogisches Instrument, Stuttgart 1965

Gröttrup, H.: Richteramt und Gemeindemandat, in: DÖV 69, 489 f.

Gruber, H. B.: Kriminalität der Gastarbeiter, Diss. Hamburg 1969

v. Grün, M.: Irrlicht und Feuer (rororo Nr. 916), 2. Aufl., Hamburg 1969

Gutknecht, A.: Ausschluß eines Ratsmitgliedes wegen Interessenkollision (23 GONW) und Beanstandungspflicht des Hauptverwaltungsbeamten (§ 39 Abs. 2 GONW), in: StuKommV 63, 14

Gutmann, A.: Der Vermögensschaden beim Betrug im Lichte der neueren höchstrichterlichen Rechtsprechung, in: MDR 63, 3 f.

Habermas, J.: Theorie und Praxis, 2. Aufl., Neuwied 1967

Habscheid, W. J.: Arbeitsverweigerung aus Glaubens- und Gewissensnot, in: JZ 64, 246 ff.

Hahnenfeld, G.: Wehrpflichtgesetz, München 1969

Hanack, E.-W.: Anmerkung zu BGH NJW 67, 62, in: NJW 67, 580 f.

Hanau, P.: Objektive Elemente im Tatbestand der Willenserklärung, in: AcP 165 (1965), S. 220 f.

Hannover, H.: Ist die Bestrafung der Ersatzdienstverweigerung der Zeugen Jehovas mit dem Grundrecht der Glaubens- und Gewissensfreiheit vereinbar?, in: GA 64, 33, 43 f.

Harbordt, S.: Die Subkultur des Gefängnisses, eine soziologische Studie zur Resozialisierung, Stuttgart 1967

Hardwig, W.: Zur Abgrenzung von Mittäterschaft und Beihilfe, in: GA 54, 333—358

Hartley, E. L./*Hartley*, R. E.: Die Grundlagen der Sozialpsychologie, Berlin 1955

Hartmann, H. (Hrsg.): Moderne amerikanische Soziologie, Stuttgart 1967

Hartmann, N.: Ethik, 4. Aufl., Berlin 1962

Hassemer, W.: Tatbestand und Typus, Köln/Berlin/Bonn/München 1968

Haupt, G.: Über faktische Vertragsverhältnisse, Leipzig 1943

Hegel, G. W. F.: Sämtliche Werke, Jubiläumsausgabe in zwanzig Bänden, Bd. 12, Vorlesungen über die Ästhetik, Stuttgart 1953

Hehlmann, W.: Rollenverhalten, in: Hehlmann, W., Wörterbuch der Psychologie, 5. Aufl., Stuttgart 1968

v. Heiseler, J.: Militär und Technik, in: Studien zur politischen und gesellschaftlichen Situation der Bundeswehr, hrsg. v. G. Picht, S. 66 ff., Berlin 1966

Heller, H.: Staatslehre, 2. Aufl., Leiden 1961

— Bemerkungen zur staats- und rechtstheoretischen Problematik der Gegenwart, in: AöR 55 (1925), S. 331.

Hesse, K.: Grundzüge des Verfassungsrechts, 2. Aufl., Karlsruhe 1968

Henke, W.: Sozialtechnologie und Rechtswissenschaft, in: Der Staat 69, 1 f.

Herzog, R.: Inkompatibilität, in: Evangelisches Staatslexikon, Sp. 787, hrsg. v. Kunst/Grundmann, Stuttgart/Berlin 1966

Hirsch, E. E.: Das Recht im sozialen Ordnungsgefüge, Berlin 1967

— Die Rezeption fremden Rechts als sozialer Prozeß, in: Festgabe für Friedrich Bülow, S. 121—137, Berlin 1960

— Rechtssoziologie, in: G. Eisermann, Hrsg., Die Lehre von der Gesellschaft, 2. Aufl., Stuttgart 1969

Hoffmann, W.: „Lobbyisten" im Verteidigungsausschuß?, in: „Die Zeit"" v. 20. März 1970, Nr. 12, S. 44

— Generale in privatem Sold, in: „Die Zeit" v. 5. Juni 1970, Nr. 23, S. 25 f.

Hoffmann/Stephan: Ehegesetz, 2. Aufl., München 1968

v. Hofmannsthal, H.: Das Theater der Narren, Lustspiele IV. 1956

Hofmeister, H.: Interessenkollisionen nach deutschem Gemeindeverfassungsrecht, Göttingen 1955

Hübner, H.: Zurechnung statt Fiktion einer Willenserklärung, in: Nipperdey-Festschrift I (1965), München/Berlin 1965, S. 373 ff.

Husserl, G.: Recht und Welt, Frankfurt a. M. 1964

Imboden, M.: Montesquieu und die Lehre der Gewaltentrennung, Berlin 1959

Janberg, H.: Macht und Mitbestimmung, in: „Frankfurter Allgemeine Zeitung", v. 23. Aug. 1969, S. 15

Janowitz, M.: The Professional Soldier. A Social and Political Portrait, Glencoe 1961

Jellinek, G.: Allgemeine Staatslehre, 3. Aufl., Berlin 1914

Jescheck, H. H.: Lehrbuch des Strafrechts, Allgemeiner Teil, Berlin 1970

v. Jhering, R.: Culpa in contrahendo oder Schadenersatz bei nichtigen oder nicht zur Perfektion gelangten Verträgen, in: Jherings Jb 4 (1861), S. 1 ff.

Johnson, E. H.: Crime, Correction and Society, Homewood, Illinois 1964

Jonas, F.: Die Institutionenlehre Arnold Gehlens, Tübingen 1966

Jung, C. G.: Die Beziehungen zwischen dem Ich und dem Unbewußten, 7. Aufl., Zürich/Stuttgart 1966

Käser, U.: Die politische Tätigkeit des Richters. Gedanken zu einem Richtergesetz, Diss. Tübingen 1952

Kahn/Wolfe/Quinn/Snoek/Rosenthal: Organizational Stress: Studies in Role Conflict and Ambuiguity, New York/London/Sydney 1964

Kalsbach, W.: Bundesrechtsanwaltsordnung und Richtlinie für die Ausübung des Rechtsanwaltsberufs, Köln 1960

Kaufmann, F.-X.: Sicherheit als soziologisches und sozialpolitisches Problem. Stuttgart 1969

Kellner, W.: Der moderne soziale Konflikt, Stuttgart 1961

Köttgen, A.: Abgeordnete und Minister als Statusinhaber, in: Gedächtnisschrift für Walter Jellinek, Forschungen und Berichte aus dem öffentlichen Recht, Bd. 6, München 1955

— Das deutsche Berufsbeamtentum und die parlamentarische Demokratie, Berlin/Leipzig 1928

Kohlbeck/Peter/Rawald: Kommentar zum Steuerberatungsgesetz, 2. Aufl., Herne/Berlin 1965

Kohlrausch/Lange: Strafgesetzbuch, 43. Aufl., Berlin 1961

Komarowsky, M.: Cultural contradictions and sex roles, in: Americ. Journ. of. Soc. 52 (1946), S. 185—189

Krause, H.: Schweigen im Rechtsverkehr, Marburg 1933

v. Kress, H. F.: Zum Problem der Medizinischen Aufklärung, in: Universitätstage 1964 (Berlin), Berlin 1964

Kriegbaum: Das Bayrische Rechtstellungsgesetz und die Unvereinbarkeit von Amt und Mandat in Bund und Ländern, in: ZBR 67, 234 f.

Krüger, H.: Allgemeine Staatslehre, 2. Aufl., Stuttgart/Berlin 1966

Krüger, Hildeg.: Gibt es eine Inkompatibilität für die Mitglieder der Gesetzgebungsorgane nach dem Grundgesetz, in: ZgesStW 106 (1950), S. 200 ff.

— Die Diäten der Bundestagsabgeordneten, in: DVBl 64, 220

Kübler, F.: Kodifikation und Demokratie, in: JZ 69, 647 f.

v. Kuehnheim, H.: Der Eid als Daumenschraube, in: „Die Zeit" v. 19. Juni 1970, Nr. 25, S. 36

Lampe, E.-J.: Über den Begriff und die Formen der Teilnahme am Verbrechen, in: ZStW 77 (1965), S. 262 f.

Lange, R.: Das Menschenbild des Positivismus und die philosophische Anthropologie unserer Zeit, in: Franz von Liszt zum Gedächtnis, Berlin 1969

Langer-El Sayer, J.: Die Lebensrollen von Mann und Frau, Schwedische Beobachtungen und Schlußfolgerungen, in: Frankfurter Hefte 70, 26 f.

Larenz, K.: Allgemeiner Teil des Deutschen Bürgerlichen Rechts, München/Berlin 1967

— Lehrbuch des Schuldrechts, Bd. 1, Allgemeiner Teil, 8. Aufl., München/Berlin 1967

— Methodenlehre der Rechtswissenschaft, 2. Aufl., München/Berlin 1969

Lautmann, R.: Rolle und Entscheidung des Richters. Ein soziologischer Problemkatalog, in: JRR 1 (1970), S. 392 f.

Lehr/Thomae: Konflikt, seelische Belastung und Lebensalter, Köln/Opladen 1965

Leibholz, G.: Der Strukturwandel der modernen Demokratie, Karlsruhe 1952

— Staat und Verbände, in: VVDStRL 24 (1966), S. 5 ff.

Leissner, W.: Die Unvereinbarkeit von öffentlichem Amt und Parlamentsmandat, Wiesbaden 1967

Lersch, P.: Aufbau der Person, 8. Aufl., München 1962

Lewin, K.: Field Theory in Social Science, New York 1948 (deutsch: Bern/Stuttgart 1963)

Leyhausen, P.: Biologie von Ausdruck und Eindruck in: Lorenz/Leyhausen, Antriebe tierischen und menschlichen Verhaltens, München 1968

Lind, A. W.: The Getto and the Slum, in: Social Forces 95 (1930), S. 206—214

Linton, R.: Rolle und Status, in: H. Hartmann, Hrsg., Moderne amerikanische Soziologie, S. 250 f.

— The cultural background of personality, New York 1945

— The Study of Man, New York 1936

Löwe/Rosenberg: Die Strafprozeßordnung und das Gerichtsverfassungsgesetz, Bd. 1, 21. Aufl., Berlin 1963

Löwenstein, K.: Verfassungslehre, 2. Aufl., Tübingen 1969

Luhmann, N.: Die Gewissensfreiheit und das Gewissen, in: AöR 90 (1965), S. 257 ff.

— Funktionen und Folgen formaler Organisation, Berlin 1964

— Funktionale Methode und juristische Entscheidung, in: AöR 91 (1969), S. 1 ff.

— Grundrechte als Institution, Berlin 1965

— Legitimation durch Verfahren, Neuwied/Berlin 1970

— Vertrauen. Ein Mechanismus der Reduktion sozialer Komplexität, Stuttgart 1968

— Zweckbegriff und Systemrationalität. Über die Funktion von Zwecken in sozialen Systemen, Tübingen 1968

Lückert, H. R.: Konfliktpsychologie, München/Basel 1957

— Der Mensch, das konfliktträchtige Wesen, München 1964

Maihofer, W.: Recht und Sein, Frankfurt a. M. 1954

— Der soziale Handlungsbegriff, in: Festschrift für Eberhardt Schmidt, S. 156 f., Götingen 1961

Maine, H. S.: Ancient Law. Its Connection with the Early History Ideas (Nachdruck von 1861), London 1954

v. Mangoldt/Klein: Das Bonner Grundgesetz, 2. Aufl., Bd. 1, Berlin/Frankfurt a. M. 1957, Bd. 2, 1964

Manigk, A.: Das rechtswirksame Verhalten, Berlin 1939

Maunz/Dürig/Herzog: Grundgesetz, 3. Aufl., München 1969

Maurach, R.: Deutsches Strafrecht, Allgemeiner Teil, 3. Aufl., Karlsruhe 1965; Besonderer Teil, 5. Aufl., 1969

Mayer, F.: Der Rechtswert des Begriffes „Öffentliche Sicherheit und Ordnung", in: DVBl 59, 449 ff.

Mayntz, R.: Soziologie der Organisation (rde 166), Hamburg 1963

— Versuch eines Vergleichs, Nachwort in R. Presthus, Individuum und Organisation, S. 295 ff., Frankfurt a. M. 1962

Mayntz/Zieger: Soziologie der Organisation, in: R. König, Hrsg., Handbuch der empirischen Sozialforschung, Bd. 2, S. 450

Mead, G. H.: Mind, Self and Society, Chicago 1934

— Sozialpsychologie, Neuwied/Berlin 1969

Mead, M.: Geschlecht und Temperament in den primitiven Gesellschaften (dtv Nr. 4034), München 1970

Menger, A.: Das bürgerliche Recht und besitzlosen Volksklassen, 5. Aufl., Freiburg 1927

— Über die sozialen Aufgaben der Rechtswissenschaft, 2. Aufl., Wien/Leipzig 1905

Menges, W.: Sessel zwischen den Stühlen (Dokumentarspiel), 1970

Mergen, A.: Die Kriminologie, Berlin/Frankfurt a. M. 1967

— Kriminologie — heute, Hrsg., Hamburg 1962

Merton, R. K.: Der Rollen-Set: Probleme der soziologischen Theorie, in: H. Hartmann, Hrsg., Moderne amerikanische Soziologie, S. 255 ff.

Mezger, E.: Die Straftat als Ganzes, in: ZStW 57 (1938), S. 688 ff.

Mezger/Blei: Strafrecht I, Allgemeiner Teil, 13. Aufl., München/Berlin 1968; II, Besonderer Teil, 9. Aufl., München/Berlin 1966

Michel, K. M.: Herrschaftsfreie Institutionen, in: Kursbuch 19 (1965), S. 163 f.

Mitscherlich, A.: Das soziale und das persönliche Ich, in: KZfSS 18 (1965), S. 21 f.

Mörsdorf, K.: Lehrbuch des Kirchenrechts, 11. Aufl., München/Paderborn/Wien 1964

Mols, H.: Allgemeine Staatslehre oder politische Theorie, Berlin 1969

Montesquieu: Vom Geist der Gesetze (Reclam Universalbibliothek Nr. 8953 bis 57), Stuttgart 1965

Mühle, G.: Rolle und Rollenbewußtsein als entwicklungspsychologisches Problem, in: Arch. f. ges. Psych. 116 (1964), S. 267 f.

Müller, F.: Normstruktur und Normativität, Berlin 1966

Müller-Freienfels, R.: Philosophie der Individualität, 2. Aufl., Leipzig 1923

Müller/Sax: Kommentar zur Strafprozeßordnung, 6. Aufl., Darmstadt 1966

Münzel, K.: Anmerkung zu LG Heidelberg NJW 66, 1922, in: NJW 66, 1922

Murphy, G.: Personality: A biosocial approach to origins and structure, New York/London 1947

Myrdal/Klein: Women's Two Roles, Home and World, 2. Aufl., London 1968

Nadel, S. F.: The Theory of Social Structure, London 1957

Naucke, W.: Über die Zusammenarbeit zwischen Juristen und Rechtssoziologen, in: JRR 1 (1970), S. 492

Niesen, H.: Ethologie und Kriminologie, Diss. Mainz 1969

Neswetha, W.: Formen der Reaktion auf Konflikte, Diss. Bonn 1964.

Niethammer-Vonberg, C.: Parteipolitische Betätigung der Richter, Berlin 1969

Oldendorff, A.: Sozialpsychologie im Industriebetrieb, Köln 1970

Oppenheimer, J. R.: Drei Krisen der Physiker, Freiburg/Olten 1966

Ossenbühl, F.: Normenkontrolle durch die Verwaltung, in: Die Verwaltung 69, 393 f.

— Staatsrechtslehrertagung 1969 vom 1.—4. Okt. in Bern, in: NJW 69, 706

Palandt, O.: Bürgerliches Gesetzbuch, 28. Aufl., München 1969

Parsons, T.: Beiträge zur soziologischen Theorie, Neuwied/Berlin 1964

— Recht und soziale Kontrolle, in: Hirsch/Rehbinder, Hrsg., Studien und Materialien zur Rechtssoziologie, Sonderheft 11/1967 der Kölner Zeitschrift für Soziologie und Sozialpsychologie, S. 121 ff.

— Role Conflict and the Genesis of Deviance, in: Biddle/Thomas, Hrsg., Role Theory: Concepts and Research, S. 275—277

Partsch/Genzer: Inkompatibilität der Mitgliedschaft im Bundestag und Bundesrat, in: AöR 76 (1950), S. 186 ff.

Paul/Betz: Deutsches Wörterbuch, 5. Aufl., Tübingen 1966

Peters, K.: Überzeugungstäter und Gewissenstäter, in: Festschrift für Helmuth Mayer, S. 257 f., Berlin 1966

Pflanz, M.: Medizinsoziologie, in: R. König, Hrsg., Handbuch der empirischen Sozialforschung, Bd. 2, S. 1123

Philipps, L.: Zur Ontologie der sozialen Rolle, Frankfurt a. M. 1963

Plaum, W.: Inkompatibilitätsprobleme bei der Bildung bzw. Umbildung der Bundesregierung, in: DVBl 58, 452 ff.

Plessner, H.: Conditio Humana, Pfullingen 1964

— Das Problem der Öffentlichkeit und die Idee der Entfremdung; Soziale Rolle und menschliche Natur, beide in: Diesseits der Utopie, S. 9—22; 23—36, Düsseldorf/Köln 1966

Podlech, A.: Das Grundrecht der Gewissensfreiheit und die besonderen Gewaltverhältnisse, Berlin 1969

Popitz, H.: Der Begriff der sozialen Rolle als Element der soziologischen Theorie, Tübingen 1969

Popitz/Bahrdt/Jüres/Kesting: Das Gesellschaftsbild des Arbeiters, 1. Aufl., Tübingen 1957, 3. Aufl. 1967

Presthus, R.: Individuum und Organisation, Frankfurt a. M. 1966

Rabel, E.: Grundzüge des römischen Privatrechts, 2. Aufl., Darmstadt 1955

Radbruch, G.: Vom individualistischen zum sozialen Recht, in: Hanseatische Rechts- und Gerichts-Zeitschrift 13 (1930), Sp. 458—468

Raiser, L.: Das Recht der Allgemeinen Geschäftsbedingungen, Hamburg 1935

— Vertragsfunktion und Vertragsfreiheit, in: Festschrift Deutscher Juristentag I 1960, S. 101—134, Karlsruhe 1960

Ramm, T.: Einführung in das Privatrecht, Allgemeiner Teil des BGB, Bd. I, II, III (dtv Nr. 5501—02—03), München 1970

Rasehorn, T.: Von der Klassenjustiz zum Ende der Justiz, in: KJ 69, 273 f.

Redeker/v. Oertzen: Verwaltungsgerichtsordnung, 3. Aufl., Stuttgart 1969

Renner, K.: Die Rechtsinstitution des Privatrechts und ihre soziale Funktion (Neudruck von 1929), Stuttgart 1965

Rehbinder, M.: Die Rechtstatsachenforschung im Schnittpunkt von Rechtssoziologie und soziologischer Jurisprudenz, in: JRR 1 (1970), S. 334 ff.

— Status — Kontrakt Rolle, Wandlungen der Rechtsstruktur auf dem Wege zur offenen Gesellschaft, in: Berliner Festschrift für E. E. Hirsch, S. 141 ff., gekürzt in: Hirsch/Rehbinder, Hrsg., Studien und Materialien zur Rechtssoziologie, Sonderheft 11/1967 (zitiert: Status — Kontrakt — Rolle)

Rhode, J. J.: Soziologie des Krankenhauses, Zur Einführung in die Soziologie der Medizin, 1962

Ridder, H.: Über Minima Rationalia des Judizierens, in: ZRP 69, 217

Riesmann, D.: Die einsame Masse, Darmstadt/Berlin/Neuwied 1956

Rocheblave-Spenlé, A.-M.: La notion de rôle en psychologie sociale, Paris 1962

Rose, G.: Anomie and Deviation. A Conceptual Frame-Work for Empirical Studies, in: Brit. Journ. of Soc. 17 (1966), S. 29 ff.

Rottleuthner: Klassenjustiz, in: U. Sonnemann, Hrsg., Wie frei ist unsere Justiz? Vom Systembau der Niedertracht, München 1969

Roxin, K.: Täterschaft und Tatherrschaft, 2. Aufl., Hamburg 1967

Ruegg, W.: Soziologie, Frankfurt a. M. 1969

Rueggeberg, J.: Zur Funktion der ehrenamtlichen Richter in den öffentlichrechtlichen Gerichtsbarkeiten, in: VerwArch 61 (1970), 189 ff.

Rupp, H. H.: Zum politischen Mandat der Studentenschaft, in: ZRP 69, 288

Ryffel, H.: Grundprobleme der Rechts- und Staatsphilosophie, Neuwied/ Berlin 1969

Sack, F.: Kriminalsoziologie, in: R. König, Hrsg., Handbuch der empirischen Sozialforschung, Bd. 2, S. 978 ff.

Sack/König (Hrsg.): Kriminalsoziologie, Köln/Berlin/Bonn, München 1968

Sader, M.: Rollentheorie, in: Handbuch der Psychologie, Bd. 7/1, Sozialpsychologie, S. 217 ff., Göttingen 1969

Sarbin, T. R.: Role Theory, in: Lindzey/Aronson, Hrsg., Handbook of social Psychology, S. 488 ff., 2. Aufl., Reading/London/DonMills 1968

v. Savigny, F. C.: Entstehung des positiven Rechts, in: Grundgedanken der Historischen Rechtsschule, hrsg. v. Erik Wolf, 3. Aufl., Frankfurt a. M. 1965

Schaffstein, F.: Zur Lehre vom Tätertyp im Kriegsstrafrecht, in: DStR 42, 36

Scharmann, T.: Persönlichkeit und Gesellschaft, Göttingen 1966

Schaumann, W.: Der Auftrag des Gesetzgebers zur Verwirklichung der Freiheitsrechte, in: JZ 69, 41 f.

Scheffler, G.: Interessenkollision durch Beteiligung an einer Gesamthandsgemeinschaft, in: DÖV 62, 936

Scheidle, G.: Das Widerstandsrecht, Berlin 1969

Scheler, M.: Vom Ewigen im Menschen, Gesammelte Werke, Bd. 5, hrsg. v. Maria Scheler, 4. Aufl., Bern 1954

— Der Formalismus in der Ethik, Gesammelte Werke, Bd. 2, hrsg. v. Maria Scheler, 4. Aufl., Bern 1954

Schelsky, H.: Die skeptische Generation, 4. Aufl., Köln/Düsseldorf 1960

— Die Bedeutung des Berufes in der modernen Gesellschaft, in: Auf der Suche nach Wirklichkeit, 1. Aufl., 1965

— Systemfunktionaler, anthropologischer und personfunktionaler Ansatz der Rechtssoziologie,in: JRR (1970), S. 37—90

Scheuch, E. K.: Methodische Probleme gesamtgesellschaftlicher Analyse, in: Spätkapitalismus oder Industriegesellschaft, S. 153 f.

Schiffer, E.: Die deutsche Justiz, 2. Aufl., Berlin 1949

Schlegelberger/Geßler: Handelsgesetzbuch, Berlin/Frankfurt a. M., 4. Aufl., 1965

Schmidt, E.: Berufsjurist und Staatliche Rechtspflege, in: MDR 47, 374 ff.

Schmidt-Salzer: Subjektiver Wille und Willenserklärung, in: JR 69, 281 f.

Schössler, D.: Militär und Gewerkschaften, in: R. König, Hrsg., Beiträge zur Militärsoziologie, Sonderheft 12/1969 der Kölner Zeitschrift für Soziologie und Sozialpsychologie

Schönke/Schröder: Strafgesetzbuch, 15. Aufl., München 1970

Scholler, H. J.: Gewissen, Gesetz und Rechtsstaat, in: DÖV 69, 526 ff.

Schott, R.: Die Funktion des Rechts in primitiven Gesellschaften, in: JRR (1970), S. 107—174

Schwarz/Dreher: Strafgesetzbuch, 30. Aufl., München/Berlin 1968

Schwarz/Kleinknecht: Strafprozeßordnung, 28. Aufl., München/Berlin 1969

Schwerdtner, P.: Gemeinschaft, Treue — Fürsorge — oder die Himmelfahrt des Wortes, in: ZRP 70, 62

Seebode, M.: Schweigen des Beschuldigten zur Person, in: MDR 70, 785 f.

Segal, D. R.: Status Inconsistency, Cross Pressures and American Political Behaviour, in: Americ. Soc. Rev. 74 (1969), S. 352 f.

Seifert/Geeb: Das Deutsche Bundesrecht, Baden-Baden 1949 ff.

Sellin, T.: Culture Conflict and Crime, New York 1938

Seybold/Hornig: Bundesnotarordnung, 4. Aufl., Berlin/Frankfurt a. M. 1962

Shaw, C. R.: The Jack-Roller, Chicago 1970

Simmel, G.: Soziologie, 2. Aufl., München/Leipzig 1922

— Über sociale Differenzierung, Leipzig 1890

Smith/Blumberg: The Problem of Objectivity in Judicial Decision — Making, Social Forces 46 (1967), S. 96—105

Snoek, J. D.: Role Strain in Diversified Role Sets, in: Americ. Journ. of Soc. 61 (1966), S. 363—372

Soergel/Siebert: Bürgerliches Gesetzbuch, Schuldrecht 1, 10. Aufl., Stuttgart/Berlin/Köln/Mainz 1967

Spendel, G.: Die goldene Regel als Rechtsprinzip, in: Festschrift Fritz von Hippel, Tübingen 1967, S. 491—516

Spittler, G.: Norm und Sanktion, Olten/Freiburg 1967

Sutherland, E. H.: Principes de criminologie, Paris 1966

v. Staudinger: Kommentar zum Bürgerlichen Gesetzbuch, Bd. 1, Berlin 1957

Stendenbach, F. J.: Zur Theorie des sozialen Handelns, in: KZfSS 16 (1964), S. 50 f.

Stengl, E.: Selbstmord und Selbstmordversuch, Frankfurt a. M. 1969

Stone, J.: Social Dimensions of Law and Justice, Stanford 1966

Stonequist, E. V.: Randseiter, in: W. Bernsdorf, Wörterbuch der Soziologie, S. 862

Strauß, A.: Spiegel und Masken. Die Suche nach Identität, Frankfurt a. M. 1968

Stoufer, A.: An analysis of conflicting social norms, in: Americ. Soc. Rev. 14 (1949), S. 707—717

Sturm, G.: Die Inkompatibilität, München 1967

Sturm, R.: Die Änderung des besonderen Teils des Strafgesetzbuches zum 1. September 1969, in: NJW 69, 1606

Sykes/Matza: Techniken der Neutralisierung: Eine Theorie der Delinquenz, in: Sack/König, Hrsg., Kriminalsoziologie, S. 360 f.

Teplitzky, O.: Die Richterablehnung wegen Befangenheit, in: JuS 69, 318 f.

Tenbruck, F. H.: Rolle, in: Handwörterbuch der Organisation, Sp. 1468, hrsg. v. E. Grochla, Stuttgart 1969

— Zur deutschen Rezeption der Rollentheorie, in: KZfSS 13 (1961), S. 1—40

Thiele, W.: Zur Problematik der Inkompatibilität im kommunalen Bereich, in: DVBl 69, 825 ff.

Thomae, H.: Der Mensch in der Entscheidung, München 1960

— Arbeitsunfall und seelische Belastung, Basel/New York 1963

Thomas, K.: Analyse der Arbeit, Stuttgart 1969

Trappe, P.: Zur Situation der Rechtssoziologie, in: Recht und Staat in Geschichte und Gegenwart, Heft 369, Tübingen 1968

— Die legitimen Forschungsbereiche der Rechtssoziologie, Vorwort zu T. Geiger, Vorstudien zu einer Soziologie des Rechts, S. 13 f.

v. Turegg, K. E.: Anmerkung zu VGH Bremen, in: NJW 52, 719

Tsatsos, D.: Die Unzulässigkeit der Kumulation von Bundestags- und Bundesratsmandat. Die Rechtsproblematik einer lex imperfecta des Bonner Grundgesetzes, in: Recht und Staat in Geschichte und Gegenwart, Heft 310 bis 311, Tübingen 1965

Ulmer, E.: Die deliktische Haftung aus der Übernahme von Handlungspflichten, in: JZ 69, 163 f.

v. Unruh/Frotscher: Die Entwicklung des Inkompatibilitätsprinzips im neueren deutschen Verfassungsrecht, in: DVBl 69, 821 ff.

Unterseher, L.: Arbeitsvertrag und innerbetriebliche Herrschaft, Frankfurt a. M. 1969

Venohr, W.: Preußische Portraits, Hamburg 1969

Weber, A.: Kulturgeschichte als Kultursoziologie, 2. Aufl., München 1950

Weber, M.: Wirtschaft und Gesellschaft, Köln/Berlin 1964

Weber, W.: Parlamentarische Unvereinbarkeiten, in: AöR 58 (1930), S. 161 ff.

Weinacht, P.-L.: „Staatsbürger“, Zur Geschichte und Kritik eines politischen Begriffes, in: Der Staat 69, 41

Weinkauff, H.: Was heißt das: „Positivismus als juristische Strategie“?, in: JZ 70, 54

Weischedel, W.: Das Wesen der Verantwortung, Frankfurt a. M. 1958

Wellershoff, D.: Literatur und Veränderung, Köln/Berlin 1969

Welzel, H.: Das neue Bild des Strafrechtssystems, 4. Aufl., Göttingen 1961

— Das deutsche Strafrecht, 11. Aufl., Berlin 1970

Weisstein, N.: Warum Psychologen das Rätsel Frau nicht lösen können, in: „Die Zeit“ v. 5. Dez. 1969, Nr. 49, S. 71

Wertenbruch, W.: Sozialrecht und allgemeines Verwaltungsrecht, in: DÖV 69, 94

Westermann, H.: Besprechung des Lehrbuches von K. Larenz, Allgemeiner Teil des Deutschen Bürgerlichen Rechts, in: NJW 69, 1949

Wieacker, F.: Willenserklärung und sozialtypisches Verhalten, in: Göttinger Festschrift für das Oberlandesgericht Celle, S. 274 f., Göttingen 1961

Wiedemann, H.: Gesellschaftsrecht, 3. Aufl., München 1969

Willms, B.: Revolution und Protest oder Glanz und Elend des bürgerlichen Subjektes, Stuttgart/Berlin/Köln/Mainz 1969

— Gesellschaftsvertrag und Rollentheorie, in: JRR 1 (1970), S. 275 ff.

Wimmer, R.: Der befangene Amtsträger im behördlichen Verfahren, in: MDR 61, 11

Wössner, J.: Mensch und Gesellschaft, Berlin 1963

— Die ordnungspolitische Bedeutung des Verbandswesens, Tübingen 1961

Wolff, H. J. (Freiburg): Das Verhältnis der Rechtsordnung zur gesellschaftlichen, wirtschaftlichen und politischen Ordnung antiker Staaten, in: Zur Einheit der Rechts- und Staatswissenschaften, S. 167 ff., Karlsruhe 1967

Wolff, H. J. (Münster): Verwaltungsrecht I, 7. Aufl., München 1968, II, 2. Aufl., München/Berlin 1967, III, München/Berlin 1966

Wurzbacher, G.: Sozialisation — Enkulturation — Personalisation, in: Der Mensch als soziales und personales Wesen, Stuttgart 1963

Zitelmann, E.: Irrtum und Rechtsgeschäft, Leipzig 1879

Zitscher, W.: Rechtssoziologische und organisatorische Fragen der Justizreform, Köln/Berlin/Bonn/München 1969

Zipf, H.: Kriminologischer und strafrechtlicher Verbrechensbegriff, in: MDR 69, 898

Zippelius, R.: Allgemeine Staatslehre, München 1969

FSC
www.fsc.org
MIX
Papier | Fördert
gute Waldnutzung
FSC® C083411

Kolibri 360 GmbH
Ferdinand-Jühlke-Straße 7
99095 Erfurt, Deutschland
produktsicherheit@kolibri360.de

Druck:
CPI Druckdienstleistungen GmbH
im Auftrag der
Kolibri 360 GmbH
Ferdinand-Jühlke-Str. 7
99095 Erfurt